职业教 … 材

刘春青　甘志兰　主编

清华大学出版社
北　京

内容简介

"网络零售实务"是电子商务专业特色课程之一。本书通过翔实的案例和清晰直观的操作步骤，介绍了网络零售应用技能，旨在帮助读者熟悉常见的网络零售平台及网络零售业务中具体任务的实现方法和技巧，以便快速掌握网络零售应用技能。

本书按照从事网络零售行业的要求，首先介绍网络零售业及网络零售的基本知识、网上购物的一般流程及注意事项，之后介绍网货选择与采购的基本方法，接着重点讲述基于淘宝、天猫和速卖通三大网络零售平台开展网络零售业务的方法与技巧。全书根据业务逻辑关系安排6大项目，各项目包括若干个任务，共精心设计了29个任务活动，每个活动的操作指引清晰，涉及的网络零售技巧既经典实用又具有前瞻性、新颖性，引领行业步伐；每个项目还配有一定量的理实一体化习题，以满足读者不同的学习需求。

本书可作为职业院校电子商务专业、计算机专业、市场营销专业及其他商贸类专业"网络零售实务"课程的教材，也可以作为电子商务、网络零售爱好者和创业者的自学用书。

图书在版编目(CIP)数据

网络零售实务/刘春青，甘志兰主编. --北京：清华大学出版社，2016（2020.1重印）
职业教育电子商务"网实一体"特色规划教材
ISBN 978-7-302-42515-1

Ⅰ.①网…　Ⅱ.①刘…　②甘…　Ⅲ.①网上销售－零售－职业教育－教材　Ⅳ.①F713.36

中国版本图书馆CIP数据核字(2015)第316495号

责任编辑：孟毅新
封面设计：傅瑞学
责任校对：袁　芳
责任印制：沈　露

出版发行：清华大学出版社
　　网　　址：http://www.tup.com.cn，http://www.wqbook.com
　　地　　址：北京清华大学学研大厦A座　　**邮　　编**：100084
　　社 总 机：010-62770175　　**邮　　购**：010-62786544
　　投稿与读者服务：010-62776969，c-service@tup.tsinghua.edu.cn
　　质量反馈：010-62772015，zhiliang@tup.tsinghua.edu.cn
　　课件下载：http://www.tup.com.cn，010-62795764
印 装 者：北京鑫海金澳胶印有限公司
经　　销：全国新华书店
开　　本：185mm×260mm　　**印　　张**：14.75　　**字　　数**：338千字
版　　次：2016年2月第1版　　**印　　次**：2020年1月第5次印刷
定　　价：39.00元

产品编号：066792-02

职业教育电子商务“网实一体”特色规划教材
丛书编委会

前言

近年来，电子商务伴随着互联网的广泛应用而得到了迅猛发展，我国的电子商务正进入高速发展阶段，市场对电子商务人才的需求数量呈现快速增长趋势，电子商务业态初具雏形。2014年7月，中国互联网络信息中心(CNNIC)在京发布第34次《中国互联网络发展状况统计报告》，数据显示，截至2014年6月，中国网民规模达6.32亿，其中，手机网民规模5.27亿，互联网普及率达到46.9%。网民上网设备中，手机使用率达83.4%，首次超越传统PC整体80.9%的使用率，手机作为第一大上网终端的地位更加巩固。网民在手机电子商务类、休闲娱乐类、信息获取类以及交通沟通类等的使用率都在快速增长，移动互联网带动了整体互联网各类应用发展。2013年中国电子商务市场交易规模达10.2万亿元，相比2012年的8.5万亿元，增长20%；手机购物、手机团购和手机网上银行等也有较大幅度增长。

我国网络购物与网络零售业的渗透率有了较大的发展，但网络购物的增长还远没有触顶，对于将成为未来网民增长重要群体的中年人群，还有较大的渗透空间，特别是发展农村电商以后，未来网络购物用户和市场增长空间十分巨大。此外，移动互联应用不断丰富，其中手机微博的应用增长最快。截至2013年6月底，我国微博网民达到3.31亿，手机微博用户达2.30亿。

社会调查实践数据显示，绝大多数企业已步入电子商务行列，众多企业和创业者选择淘宝、天猫、京东和速卖通等知名网络零售平台，开展不同层次的网络推广活动，各种网络零售方式层出不穷，且得到了广泛深入的应用，网络零售取得了显著成效。2014年"双十一"活动当天，仅支付宝成交额突破571亿元大关，再度刷新纪录。

随着我国电子商务急剧发展，电子商务人才严重短缺，其中网络零售业因其面向终端客户，从业人员更为紧缺，预计我国在未来10年大约需要200万名电子商务专业人才，而我国目前包括各类院校和培训机构每年输出的这类人才数量不到10万人。截至2013年12月，电子商务服务企业直接从业人员超过235万人，由电子商务间接带动的就业人数超过1680万。预计未来5年，全国3100多万家中小企业中将有一半以上的企业进入电子商务行业，电商人才需求更加趋紧。国家政策正在大力支持电子商务的发展，商务部已经对电子商务专业人才给予极大重视。

本书为适应经济发展对电子商务网络零售人才的需求而编写。本书按照"理实一体，情境设计，行动导向，任务驱动，活动实施"的原则，根据网络零售业务的要求、任务分工及业务流程的要求，重点认识网络零售、了解网上购物和网货采购规则、梳理出基于网络零售主流平台开网店与经营网店的步骤与技巧，精心设计选择网货、创业网店和营销店铺等29个任务活动，力求实现内容上的先进性和适用性，技术上的前沿性和代表性，工作任务上的可操作性与可拓展性，与企业应用零距离对接。本书在内容选择上，主次分明，重点突出，循序渐进，文字精练，步骤清晰，通俗易懂；在呈现形式上，设计任务情境，紧依职业背景，符合现代“师徒制”学习方式。学习者通过任务驱动练习，可以快捷、直接、简单地掌握网络零售的核心技能。

本书除了精心设计任务情境的新颖特色之外，还广泛吸纳了著名企业网络零售实战专家和网络零售创业者亲自执笔撰写，确保学习内容与企业真实应用同步，而且把企业真实的网络零售任务提炼出来作为实训项目，辅以必要的理实一体化习题和企业网络零售实训任务，帮助训练者提升综合竞争力。

本书由广州市番禺区职业技术学校教师刘春青和广西国际商务职业技术学院教师甘志兰担任主编，负责分工统筹、行业调研和全书统稿等协调工作。全书编写分工如下：项目一由广西石化高级技工学校教师何义勇和广东信宜市职业技术学校教师朱科全编写，项目二由揭阳捷和职业技术学校教师吴莹编写，项目三由广东省农工商职业技术学校教师梁雪飞编写，项目四由广东省华侨职业技术学校教师陈腾伟编写，项目五由广州无止境广告有限公司运营总监唐官义编写，项目六由晋江市晋兴职业中专学校教师钟卫敏编写。

本书在编写过程中，我们参阅、借鉴并引用了大量国内外有关网络零售及电子商务等方面的书刊资料和研究成果，浏览了许多相关网站，并得到了有关学校和企业的支持，上海市晨鸟信息科技有限公司、厦门优优汇联信息科技有限公司和广州无止境广告有限公司的有关人员对教材编写提出了宝贵的意见，在此一并表示感谢。本书可作为职业院校电子商务专业、计算机专业、市场营销专业及其他商贸类专业“网络零售实务”课程的教材，也可以作为电子商务、网络零售爱好者和创业者的自学用书。

由于编者水平有限，书中难免有不足之处，恳请广大读者批评、指正。

编　者

2016 年 1 月

目录

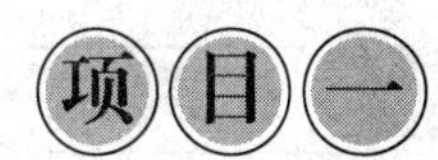

初识网络零售

问题引入

- 在美国《财富》杂志公布的2000年度全球财富500强排名中，世界著名零售企业美国沃尔玛公司居于首位。这也是零售类企业第一次排名位居世界强势行业企业之首。这一消息使全世界零售行业为之一振，人们似乎从零售业这一传统而古老的行业中看到了新的生机。
- 在2002年美国《财富》杂志公布的年度全球财富500强排名中，全球500强的企业中10%是零售业，美国50强企业中20%是零售业，全球财富排行榜的前10名富豪中有6名从事零售业。
- 美国沃尔玛公司在美国《财富》杂志公布的2004—2014年全球财富500强排名中，又先后五次排名第一，具体如图1-1所示。

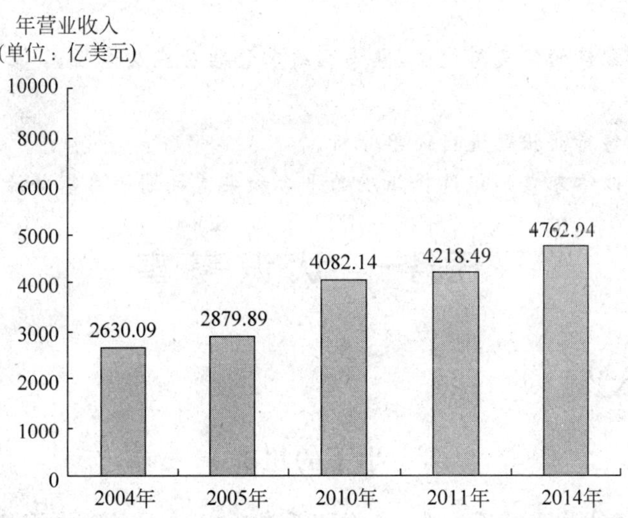

图1-1　沃尔玛2004—2014年五次全球财富500强排名第一

任务导读

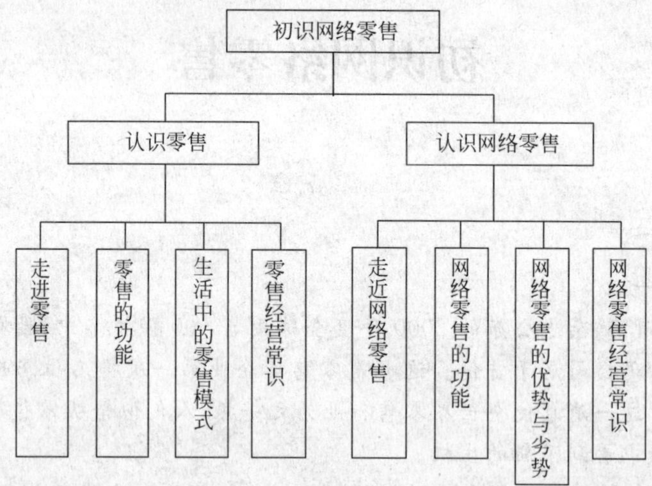

学习目标

知识目标：

- 了解零售的定义并理解其内涵及功能，认识常见零售模式及特点，了解零售的经营常识。
- 了解网络零售的定义与内涵，熟悉网络零售的功能及途径。

能力目标：

- 能够对零售行业状况进行简单分析。
- 运用所学网络零售知识选择正确的平台和渠道策划网络零售活动。

任务一　认 识 零 售

案例导入

小王的超市

小王在新建的小区里买了房子。入住以后发现，新小区很多生活配套设施不完善，小区内和小区附近没有超市，小卖部、便利店也很少，周边没有菜市场，只有一些零星的小摊贩出售自家种的蔬菜，价格也都比较高，小区居民觉得生活非常不便利。于是，小王想到了在小区里开一家综合超市。说干就干，小王在小区中选了一个合适的地方，装修、进货、招聘员工，很快，超市就开张了。在小王认真、用心的经营下，超市的生意日渐红火起来。小王再接再厉，又在几个新建小区中开了几家连锁超市。周围的朋友都鼓励他说："你的超市快变成小沃尔玛了。沃尔玛是世界零售巨头，你是我们的连锁超市模范。"小王也暗

自下决心，一定要把自己的超市做大做强。

问题与思考：

(1) 案例中提到了几种零售的模式？谈谈你身边的零售。

(2) 你怎么理解零售这个词？零售有什么作用？

(3) 小王应该如何提高自己的竞争优势？

知识探究

一、走进零售

生活当中处处可以见到零售。例如，超市、专卖店、自动售货机、便利店、小卖部、电视购物、沿街叫卖的摊贩、集市等。

(一) 零售的定义

所谓零售，是指向最终消费者个人或社会机构与团体出售生活消费品及相关服务，以供其最终消费之用的全部活动。而这一商品销售行业即为零售业。例如，米店成吨批量购进大米，然后按照顾客的要求称斤论两，或分装成每袋 5kg、10kg、20kg 等出售给消费者。

小知识：零售是一种最原始、最直接、最简单、最普遍的交易方式，是一种社会性的经济现象。“零售”一词源自法语动词 retailler，意思是“切碎(cut up)”，即大批量买进并小批量卖出。

(二) 零售的内涵

(1) 零售是将商品及相关服务提供给消费者作为最终消费之用的活动。如零售商将汽车轮胎出售给顾客，顾客将其安装在自己的车上，这种交易活动就是零售。

(2) 零售活动在向最终消费者出售商品的同时，常常伴随商品出售而提供各种服务，如送货、维修、安装等。多数情形下，顾客在购买商品的同时，也买到了相应的服务。

(3) 零售活动不一定非在零售店铺中进行，也可以利用一些使顾客便利的设施及方式，如上门推销、邮购、自动售货机、网络销售等。

(4) 零售的顾客不限于个别消费者，非生产性购买的社会机构和团体也可以是零售顾客。例如，公司购买办公用品，以供员工办公使用；某政府部门订购花木，以装扮工作环境等。在我国，社会机构和团体的零售额占零售总额的 10%左右。

(5) 零售企业并非唯一的“拆装(break bulk)”商业实体。制造商、进口商和批发商在把商品或服务销售给最终消费者时即充当了零售商的角色。

课堂互动：张小明同学手机欠费停机了。放学后他到学校附近的营业厅去为手机

充100元话费。营业厅使用空中充值系统为张小明同学完成了充值。营业厅进行的充值活动是零售吗?

二、零售的功能

零售面向最终消费者,处于贸易活动的终点,这决定了它有下列功能。

1. 实现商品最终销售,满足消费者需要的功能

产品在生产者手中或批发商手中,只是一种观念上的使用价值。产品只有进入消费领域才能成为现实的使用价值,在多数情况下,需要通过零售来实现。零售直接面向消费者,通过商品销售,把商品送到消费者手中,最终实现商品价值和使用价值。

2. 服务消费,促进销售的功能

消费者对商品和服务的需求是广泛的、多样的和复杂的,满足这些需求,零售不仅要提供丰富的商品以供消费者选择,还需要围绕着商品销售提供各种服务,如信息服务、信用服务、售货服务和售后服务等,并以此为手段,扩大商品销售。在发达的市场经济条件下,零售的服务功能更为重要。

3. 反馈信息,促进生产功能

零售直接面向消费者,能够及时、真实地反映消费者的意见、需求及市场变化等情况,向生产者和批发商提供市场信息,协助批发商调整经营结构,促进生产者生产更多更好适销对路的商品,满足消费者需要。

4. 刺激消费,指导消费功能

零售中的商品陈列、广告宣传、现场操作与体验、销售促销等,能唤起消费者潜在的消费需求,培养消费者新的爱好和需求,引导消费者的消费倾向、方式和时尚,为扩大再生产开拓更为广阔的市场,为消费水平的不断提高创造新的物质条件。

三、生活中的零售模式

(一)常见的零售模式

1. 日杂百货商店

日杂百货商店是指拥有各类商品品种的零售商店,如图1-2所示。其特点如下。

(1) 商品种类齐全。

(2) 客流量大。

(3) 重视信誉形象。

(4) 注重商品陈列。

2. 便利店

便利店通常是邻近居民生活区的小型商店。其营业时间长,以经营日常用品和食品等周转快的商品为主,并提供日常生活服务,如饮料、食品、日用杂品、报纸杂志及快递、充值缴费等服务。商品品种有限,某些商品的价格略高于普通日杂店,但因方便,仍受消费者欢迎,如图1-3所示。

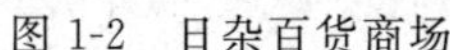
图 1-2　日杂百货商场

图 1-3　便利店

根据国外衡量标准和国内规范，便利店有以下特征。

(1) 选址在居民区、交通要道、娱乐场所、机关、团体、企事业办公区等消费者集中的地方。

(2) 商店面积在 100m^2 左右。

(3) 步行购物 5～7 分钟可到达。

(4) 商品结构以速成食品、饮料和小百货为主。

(5) 营业时间长，一般在 16 小时以上，甚至 24 小时，终年无休日。

(6) 以开架自选为主，结算在收银机统一进行。

3. 超级市场

超级市场是以主、副食及家庭日用商品为主要经营范围，实行敞开式售货，顾客自我服务的零售商店，如图 1-4 所示。它的特点如下。

(1) 实行自我服务和一次性集中结算的售货方式。

(2) 薄利多销，商品周转快。

(3) 商品包装规格化、条码化，明码标价，并要注有商品的质量或重量。

4. 专卖店

专卖店是指专门经营某一类商品或某一类商品中的某一品牌的商店，突出“专”，如图 1-5 所示。专卖店的特点如下。

(1) 品种齐全。

(2) 经营富有特色、个性。

(3) 专业性强。

图 1-4　超级市场

图 1-5　专卖店

5. 折扣商店

折扣商店是指以低价、薄利多销的方式销售商品的商店，如图 1-6 所示。其特点如下。

(1) 设在租金便宜但交通繁忙的地段。

(2) 经营商品品种齐全，多为知名度高的品牌。

(3) 设施投入少，尽量降低费用。

(4) 实行自助式售货，提供的服务很少。

6. 仓储商店

仓储商店是 20 世纪 90 年代后期才在我国出现的一种折扣商店，如图 1-7 所示。其特点如下。

(1) 位于郊区低租金地区。

(2) 建筑物装修简单，货仓面积很大，一般不低于 $10000m^2$。

(3) 以零售的方式运作批发，又称量贩商店。

(4) 通常采取会员制销售来锁定顾客。

图 1-6　折扣商店

图 1-7　仓储商店

7. 无店铺零售

(1) 上门推销。企业销售人员直接上门，挨门挨户逐个推销。著名的雅芳公司就是这种销售方式的典范。

(2) 自动售货。利用自动售货机销售商品。第二次世界大战以来，自动售货已被大量运用在多种商品上，如香烟、糖果、报纸、饮料、化妆品等，如图 1-8 所示。

(3) 电话电视销售。这是一种比较新颖的无店铺零售形式。其特点是利用电话、电视作为沟通工具，向顾客传递商品信息，顾客通过电话直接订货，卖方送货上门，整个交易过程简单、迅速、方便。如图 1-9 所示为电视购物录制现场。

(4) 购货服务。主要服务于学校、医院、政府机构等大单位特定用户。零售商按购物证给该组织成员一定的价格折扣。

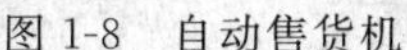
图 1-8 自动售货机

图 1-9 电视购物

(二) 零售业态

零售业态是指零售企业为满足不同的消费需求而形成的不同的经营形态。零售业态的分类主要依据零售业的选址、规模、目标顾客、商品结构、店堂设施、经营方式、服务功能等确定。

1. 连锁商业

连锁商业是指众多的、分散的、经营同类商品或服务的零售企业，在核心企业（连锁总部）的领导下，以经济利益为连接纽带，统一领导，实行集中采购和分散销售，通过规范化经营管理，实现规模经济效益的现代流通组织形式。

2. 连锁超市

连锁超市是连锁商业形式和超级市场业态两者的有机结合。它是我国现代零售业的主流，在发展中进一步细分和完善。如大型综合连锁超市（GMS），主要经营大众商品，其中70%是百货，30%是食品。又如仓储式会员店连锁超市，以零售方式运作批发，采用会员制。

3. 特许经营

特许经营是一种根据合同进行的商业活动，体现互利合作关系。一般是由特许授予人（简称特许人）按照合同要求，约束一定条件给予被授予人（简称受许人，也称加盟者）一种权利，允许受许人使用特许人已开发出的企业象征（如商标、商号）和经营技术、诀窍及其他工业产权。特许经营分为以下三种。

(1) 商品商标型特许经营。

(2) 经营模式特许经营。

(3) 转换特许经营。

4. 商业街

商业街是由经营同类的或异类的商品的多家独立零售商店集合在一个地区，形成的零售商店集中区，也有集购物、休闲、娱乐等综合功能于一体的商业街，如图 1-10 所示。

5. 购物中心

购物中心是由零售商店及其相应设施组成的商店群体，作为一个整体进行开发和管理，通常包括一个或多个大的核心商店，并有许多小的商店环绕其中，有庞大的停车场设施，顾客购物来去方便。购物中心占地面积大，一般在十几万平方米。其主要特征是容纳了众多各种类型的商店、餐饮店及美容、娱乐、健身、休闲设施，功能齐全，是一种超巨型的商业零售模式，如图 1-11 所示。

图 1-10　商业街

图 1-11　购物中心

四、零售经营常识

了解零售经营常识是做好零售工作的基础，以下 8 点经营常识经营者应高度重视，并灵活地运用在日常管理中。

1. 零售是方便

零售业一直以来在最大限度地为消费者提供方便。这种方便体现在商场的各个角落，各个细节之中，从免费寄存，到提供婴儿手推车、休息区等，如图 1-12 所示。现在消费者逛商场，不仅体会着商家这种无处不在的服务项目，更体会到方便、快捷、舒适等现代的人文关爱。

2. 零售是活动

零售业的活动是企业不断保持活力的源泉。无论是文化公关还是业务促销活动，都是企业对外展示自身形象、促进企业效益提升的不二法宝，如图 1-13 所示。“不搞活动是等死，搞活动(不成功)是早死”，这是一家商场老总的肺腑之言。现在的商场竞争已从传统的商品和服务的竞争，向现代营销竞争转变。

图 1-12　某商场中庭休息区

图 1-13　某商场品牌联合签售现场

3. 零售是丰满陈列

零售业是靠丰满的陈列吸引顾客"眼球"的。终端促销在现代营销中显得越来越重要,除了现场促销活动,如折扣、减价、赠送、现场示范体验等,商品展示与陈列及POP广告(即售卖场所广告)等也越发显得重要,如图1-14所示。

4. 零售是顾客满意

零售业就是靠顾客满意来赢取商誉。顾客的满意度会直接影响到企业的无形资产和商誉度。所以,对商品和服务质量严格管理至关重要,必须将顾客满意率控制在99%以上。顾客的口碑效应是巨大的,会影响到企业的消费群,如图1-15所示。

图1-14　某零售商店水果陈列丰满

图1-15　顾客满意能带来良好商誉

5. 零售是品种丰富

零售业就是靠丰富的品种来吸引消费者,达到赢利的目的。现代消费的需求越来越多样化、个性化,只有品种丰富才能吸引更多的消费群体光顾,才能满足顾客一站式购物的需要。但品种丰富不代表"大而全",而是要在品类的宽度和深度上下功夫,在"精"的基础上做"全"、做"大",如图1-16所示。

6. 零售是人旺货畅

零售业就是靠人气的兴旺和货品的畅通来凝聚财源的,如图1-17所示。人气的提升除了商场自身具有积聚人气的魅力外,其营销手段的运用会让商场时常处于消费者的关注之中,其人气自然得以提升;货品畅通则需要有颇具实力的供应商和廉洁、高效的营销与采购团队通力合作。

图1-16　零售卖场蔬菜陈列区

图1-17　大型零售卖场超旺人气现场

7. 零售是市场导向

零售就是由市场来决定经营方针和策略。一切围着市场转,以市场为导向,才能清醒地认识自我,不会迷失方向。现代营销越来越重视数字和表格的作用,将市场的声音快捷、科学地反映到营销执行者耳中,从而使营销的效力最大化。

8. 零售是增加会员

零售就是靠不断增加的会员来使自己立于不败之地。对于一个商店来说,如何锁定固定的消费群体,是其在市场竞争中赢得份额的重要举措,因此,会员制是零售业日益重视的一种重要营销手段之一,如图1-18所示。

图1-18 积分兑换宣传画

 拓展练习

你所在小区周边有哪些零售模式?观察一下,哪种零售模式为大家所喜爱?更进一步思考,你认为这些零售模式有什么可以改进的地方?

 答疑解惑

零售商建立自己的竞争优势可从5个方面进行。

(一) 商品

零售商店归根结底是为消费者提供购物的场所,任何一项零售经营策略的实施,无非是吸引顾客以满意的方式购买到称心如意的商品。因此,商品因素是其他因素的基础,其他各因素只有围绕商品这一核心因素来展开才能发挥应有效应。零售商通过商品来确立自己竞争优势的主要方式有如下几种。

(1) 商品范围更广,种类更多,更具选择性,能满足一站式购物需要。

(2) 商品质量更可靠。

(3) 在相近质量的基础上,商品的售价更低。

(4) 商品更新率高,更具时尚性和新颖性。

(5) 开发出独特的自有品牌商品。

(二) 服务

顾客进入一家商店,除了希望能购买到称心如意的商品外,还希望得到令人满意的服务,尤其在各家商店经营的商品相差无几的情况下,服务水平和服务项目成为顾客选择商家的重要因素。零售商一旦赢得了一种服务上的声誉,他就能够长久地保持这种优势,因为对竞争对手来说,建立一种可与之相匹敌的声誉是很困难的。

(三) 店址与购物体验

店址对于零售商的成功是一个关键性的因素,好的地理位置是零售商的一笔无形资产,能源源不断地带来大量的消费者,为其赢得一种长远的优势。对于消费者而言,便利

性是其选择商家购物的重要因素。

舒适的购物环境、售货员的数量与素质、商品陈列、环境气氛、停车场车位、付款时间、安全卫生等都会影响顾客的购物情绪。如果顾客对购物过程的部分因素不满意,就可能放弃某种已决定购买的商品或服务,甚至可能决定不再光顾这家商店。

(四) 低成本运作

低成本运作可以利用潜在利润为零售商带来两方面的竞争优势：一是对于那些对价格比较敏感的顾客而言,企业低成本运作可以直接转化为商品价格优势,从而为顾客提供更物有所值的商品；二是对于那些对价格不是很敏感的顾客,零售商可以不采用更低的价格,而是通过提供更好的服务、商品的花色品种以及视觉效果好的商品从其竞争对手那里吸引更多的顾客。

(五) 信息管理系统

有了信息管理系统,各分店销售终端(POS)通过读取顾客所购商品上的条形码,记录并传输这些数据到管理者办公桌上的计算机终端,管理者便能即时掌握每一种商品在每家分店的销售情况,随时了解商品销售动态和消费者购买行为变化,决定什么时候进货和进什么货,从而有效降低库存,将更多的资金和精力投入改善顾客服务水平上。

知识拓展

零售的发展

伴随着社会每一次的变革和人们生活质量的提高,零售也一次次进行变革,而每次变革甚至引发了一种新的生活方式。从百货商店诞生至今西方零售曾经历了四次重大变革。

第一次零售变革：百货商店的诞生

1852 年世界第一家百货商店博·马尔谢(Bon Marche)(见图 1-19)在法国巴黎诞生,标志着零售业从原始的零售经营向现代零售业的转变,学术界称为“现代商业的第一次革命”,这足以说明其划时代的意义。

图 1-19　世界上第一家百货商场 Bon Marche

尽管当时百货商店被称为具有革新性的经营方法现在看来十分平常(如明码标价和商品退换制度；店内装饰豪华,顾客进出自由；店员服务优良,对顾客一视同仁；商场面积巨大,商品陈列丰富,分设若干商品区,实施一体化管理,等等),但这些改革对当时的传统零售商来说是一个质的飞跃。

第二次零售变革：连锁商店的兴起

连锁商店是现代大工业发展的产物,是与工业规模化生产要求相适应的。其实质就是社会化大生产的基本原理应用于流通领域，达到提高协调运作能力和规模化经营效益的目的。连锁商店的基本特征表现在以下四个方面。

(1) 标准化管理。在连锁商店中，各分店统一店名，使用统一的标识，进行统一的装修(见图 1-20)，在员工服饰、营业时间、广告宣传、商品价格等方面均保持一致，从而使连锁商店的整体形象标准化。

(2) 专业化分工。连锁商店总部的职能是连锁经营管理，而店铺的职能是销售商品。表面上看，这与单体店没有太大的区别，实际上却有质的不同。总部的作用就是研究企业的经营技巧，并直接指导分店的经营，这就使分店摆脱了过去靠经验管理的弊端，大大提高了企业管理水平，如图 1-21 所示。

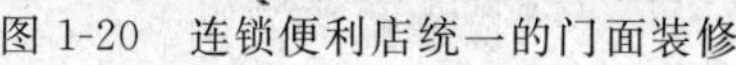
图 1-20　连锁便利店统一的门面装修

图 1-21　总部统筹谋求利润最大化

(3) 集中进货。连锁总部集中进货，商品采购批量大，从厂家可以得到较低的进货价格，从而降低进货成本，取得价格竞争优势。由于各店铺是有组织的，因此，在进货上克服了盲目性，不需要过多的商品库存就能保证销售需要，同时库存成本也得到降低。各店铺专门负责销售，就有更多的时间和精力组织销售，从而加速商品和资金的周转。

(4) 简单化作业。连锁商店的作业流程、工作岗位要求等都经过细致的研究和设计，作业操作规范高效，避免了经验因素对经营的影响，达到事半功倍的效果。

第三次零售变革：超级市场的诞生

1930 年超级市场的出现，标志着一场零售革命的爆发，其对零售业的革新和发展以及对整个社会的变化带来了以下影响。

(1) 开架售货方式流行。开架售货尽管不是超级市场首创，但它却是因超级市场而发扬光大的，超级市场采用的是自选购物方式，作为一个重要的竞争手段，不仅冲击了原有的零售形态，而且影响了新型的零售业态，后来出现的折扣商店、货仓式商店(见图 1-22)、便利店等都采取了开架自选或完全自我服务方式。

(2) 舒适的购物环境。超级市场所营造的整齐、干净、舒适的购物环境(见图 1-23)，取代了原先脏乱嘈杂的生鲜食品市场，使人们相信购买任何商品都能享受购物乐趣。

(3) 顾客的购物时间大大节省。随着女性工作时间的增多，闲暇时间的减少，人们已不把购物当作休闲方式，要求购物更方便、更快捷，超级市场将原本分散经营的各类商品集中到一起，实施的统一结算和关联商品陈列，大大节省了人们选购商品和结算的时间。

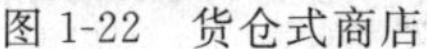

图 1-22　货仓式商店

图 1-23　舒适的购物环境

(4) 促进了商品包装的变革。开架自选迫使厂商进行全新的商品包装设计,展开包装、标识等方面的竞争,出现了大中小包装齐全、装潢美观、标识突出的众多品牌,这也使商场显得更整齐、美观,造就了良好的购物环境和氛围。

第四次零售变革：网上商店的兴起

1995 年,贝佐斯用 30 万美元启动资金,创建了全美第一家网络零售公司——亚马逊网上商店(www. amazon. com),如图 1-24 所示,由此拉开第四次零售变革的序幕。

图 1-24　亚马逊公司网站推广广告

网上商店、网络零售是信息时代网络技术发展的必然结果。网络信息技术对零售业的影响是巨大的,其影响绝不亚于前三次生产技术革新对零售业影响的深度和广度,它甚至可能改变整个零售业的发展格局。

任务二　认识网络零售

李军的困惑

李军家乡是一个美丽的山村,村里家家户户都种植农作物,一直过着自给自足的生活。近几年国家加大了对农业的扶持力度,出台了不少惠农政策,乡亲们的生产积极性渐

图 1-25 李军的困惑

渐被激发了出来，纷纷加大了种植规模，通过售卖农产品增加收入。由于采用无公害种植，这几年村里的农产品很受欢迎，家家户户的收入都很可观。可慢慢地，随着规模的扩大，本地市场供大于求，出现产品过剩，价格下降。面对此状，乡亲们一筹莫展。后来李军在电视上看到网络也可以卖商品，他觉得这是可以尝试的新零售渠道，但他对网络买卖一点都不懂(见图 1-25)，于是他决定在做中学，在学中做，首先从认识网络零售开始。

问题与思考：

(1) 什么是网络零售？网络零售和传统零售有什么不同？

(2) 如果李军选择开拓网络销售渠道，如何选择适合的电子商务平台？

(3) 在具体操作中，李军需要注意哪些问题？

知识探究

一、走近网络零售

“零售”是人类最古老的经济活动的主要形式，无论是在过去、现在还是将来，都会对经济和社会产生深刻的影响。网络零售与传统零售同为零售，其目的都是通过一定的流通渠道将商品出售给最终消费者。

(一) 网络零售的定义与内涵

网络零售又称为网上零售，是指利用信息技术，通过互联网或其他电子渠道，向最终消费者个人或社会机构和团体出售消费品及相关服务，以供其最终消费之用的全部活动。这一定义有以下含义。

(1) 交易双方以互联网或其他电子渠道为媒介进行商品交易活动，即通过互联网或其他电子渠道进行信息的组织和传递，实现有形商品和无形商品所有权的转移或服务。

(2) 买卖双方通过电子商务应用实现交易信息查询(信息流)、交易(资金流)和交付(物流)等活动。

(3) 网上零售是针对终端顾客，而不是生产性采购的电子商务活动，如图 1-26 所示。

图 1-26 网络零售漫画示意图

(二) 我国网络零售的发展历程

20 世纪 90 年代，我国政府敏锐地意识到电子商务对经济增长和企业竞争力的巨大

影响，积极推动电子商务实际应用，先后实施了"金桥""金卡""金关""金卫""金税""金贸"等一系列"金"字工程，为我国电子商务的发展奠定了基础，为网络零售创造了条件。1999 年 5 月，国内第一家 B2C 电子商务平台——8848 网站上线，拉开了我国网络零售的大幕，图 1-27 展现了我国网络零售的发展历程。

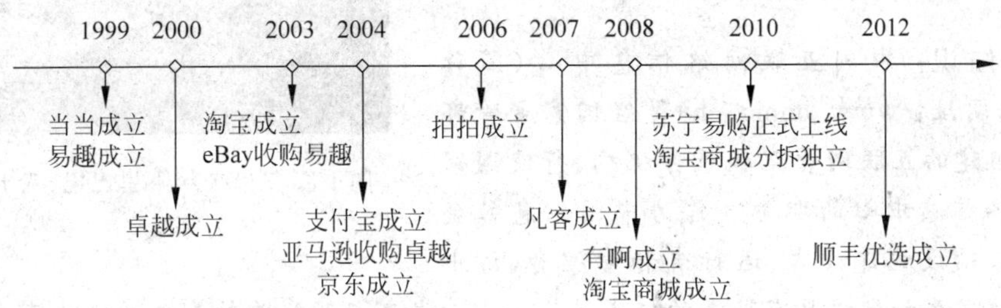

图 1-27　我国网络零售的发展历程

1999 年 5 月，王峻涛创办国内第一家 B2C 电子商务平台——8848 网站。

1999 年 8 月，邵亦波创办国内首家 C2C 电子商务平台——易趣网。

1999 年 11 月，当当网等网络零售网站相继上线，掀起国内第一波 B2C 创业浪潮。

2000 年 2 月，卓越网上线。

2002 年 3 月，eBay 以 3000 万美元的价格购买易趣网 33％的股份。

2003 年 5 月，阿里巴巴集团投资 1 亿元人民币的 C2C 电子商务平台——淘宝网上线。

2003 年 6 月，eBay 以 1.5 亿美元收购易趣网剩余 67％的股份，全盘并购了该网站。

2004 年 8 月，亚马逊以 7500 万美元协议收购卓越网，并更名为卓越亚马逊。

2004 年 8 月，《中华人民共和国电子签名法》通过并实施。

2004 年 12 月，阿里巴巴集团推出第三方支付平台——支付宝。

2006 年 3 月，腾讯在北京为旗下 C2C 电子商务网站拍拍网举行主题为"生活创造需求，沟通达成交易"的正式运营发布会。

2007 年 8 月，今日资本向京东商城投资 1000 万美元，开启国内家电 3C 网购新时代。

2008 年 5 月，易趣宣布其注册用户可终生免费开店，免费项目有商品登录费、店铺使用费等。

2007 年，VANCL、衣服网、李宁等各类服装网购平台相继上线，兴起服装 B2C 直销热潮，引发传统服装销售渠道的变革。

2010 年，京东商城跃升为中国首家规模超过百亿元的网络零售企业，销售规模占据国内网购零售份额的 33.9％。同时实现从 3C 网络零售商向综合型网络零售商转型。

2010 年，天猫商城"双十一"的销售额增长到 9.36 亿元；雷军成立小米科技。

2011 年，天猫商城"双十一"的销售额已跃升到 33.6 亿元。

2012 年，"双十一"当日支付宝交易额实现飞速增长，达到 191 亿元，其中包括天猫商城 132 亿元，淘宝 59 亿元；订单数达到 1.058 亿笔。顺丰进军网络零售，建立顺丰优选。

2013 年，淘宝"双十一"总交易额达350.19 亿元，交易额突破 1 亿元只用了 55 秒，其中阿里当日交易额突破 100 亿元。

2014 年，淘宝“双十一”最终成交额落定在 571 亿元，移动端占比 42.6%，仅花了 38 分钟突破 100 亿元，当日 13 时 31 分打破上年最终 350 亿元的成交纪录，如图 1-28 所示。

图 1-28　2014 年阿里巴巴“双十一”总交易额

小知识：中国互联网络信息中心（简称 CNNIC，网址：www.cnnic.cn）是经国家主管部门批准组建的互联网管理和服务机构，行使国家互联网络信息中心的职责。作为中国信息社会重要的基础设施建设者、运行者和管理者，该中心发布的报告和数据具有很高的权威性。该中心发布与网络购物有关的报告有多种。其中每年发布一次的年度《中国网络购物市场研究报告》，每半年，即每年的 1 月和 7 月，所发布的《中国互联网络发展状况统计报告》，都含有网络购物的最新数据。

二、网络零售的功能

网络零售是零售的一种新业态，因此，它也具有以下零售的全部功能。

(1) 实现商品最终销售，满足消费者需要的功能。

(2) 服务消费，促进销售的功能。

(3) 反馈信息，促进生产的功能。

(4) 刺激消费，指导消费的功能。

除上述功能之外，由于网络零售活动不受时间、空间、地理位置等条件限制，销售可以在每天 24 小时的任何时间进行，且顾客足不出户就可以买到网店上无论世界任何地方、任何角落的商品。因此，网络零售具有比传统零售更为快捷、更为方便的购物优势。

三、网络零售与传统零售方式的区别

从商业行为来说，网络零售与传统零售并没有本质上的区别。由于传统零售是采用实体店铺的销售模式，网络零售是采用虚拟店铺的销售模式，因而在经营方式、经营成本、经营范围、购物体验、管理效率等方面有所不同。

1. 经营方式的区别

店面和库存是传统零售方式的必备条件，商品陈列的数量取决于店面和库存的大小。以面对面交流的方式接待顾客，用当面选购、钱货两讫的方式来完成交易。图 1-29 为节日里的人头攒动的某超市收银处。

图 1-29　节日里某超市收银处

网络零售则是将商品陈列在一个虚拟的店铺里，这个虚拟店铺和商品陈列都以网页形式展示。以网页留言或即时通信工具（如旺旺、QQ 等）方式接待顾客，通过在线购买、网上支付、有形商品物流配送的方式来完成交易。

2. 经营成本的区别

除直接成本，也即进货成本相同外，传统零售和网络零售的管理成本的构成等有较大差别。

传统零售的店面面积、地段、水电煤、库存量的大小、营业时间、销售人员的接待效率等都会直接影响到经营成本，每天营业 10 小时和 12 小时，营业员一天接待 20 人和 100 人所产生的成本摊销率也是不同的，因此，其经营成本也会有所区别。

网络零售采用的是虚拟店铺的销售模式，经营的主要投入是网络宽带和购买设备（如计算机、传真电话、数码相机、打印机等必备工具），可实现少量库存甚至零库存，可有效控制经营成本。

3. 经营范围的区别

传统零售对店面的选址要求很高，因为地段和市口对流量的影响很大，顾客通常来自于店铺周围 3～5 千米的范围，店铺的正常营业时间也是上午 9 点至晚上 9 点。

网络零售不受营业时间、营业地点、面积这些传统销售因素的限制，可以 24 小时营业，年中无休，虚拟店铺也不受传统零售模式中店面、地段和市口等因素的影响，只要商品质优价廉、诚信经营，再辅以有效的营销推广手段，就能轻松吸引本地和异地顾客到网店消费。

4. 购物体验的区别

传统零售方式可以直观地展示商品，使消费者在购买前就能通过视觉、触觉、味觉、嗅觉等来感知商品，服装可以当场试穿，化妆品可以当场试用，食品可以当场品尝，使顾客通过亲身体验来认识、了解和接受商品，从而大大降低顾客的购物风险，提高销售的成功率。如图 1-30 所示，顾客在精心挑选商品，一旁的店员在耐心地向顾客介绍商品特点，这样大大提高了顾客的购物体验。

图 1-30 顾客精心选购商品

网络零售由于商品是以网页形式展示，顾客在收到商品前并未见过实物，因此，在购物前可能会比较审慎，无形中增加了销售难度。

5. 管理效率的区别

传统零售的店面以营业员为主，以面对面用语言交流的方式接待顾客，1 名店员通常可同时接待 2～3 位顾客，工作效率低下，而且很容易出现信息交叉传播，有可能给销售工作带来不必要的麻烦。

网络零售的接待工作主要是依靠即时通信工具进行，1 个打字速度较快的客服人员，可同时接待 10 多位顾客，1 名高级客服可同时接待 30 位以上顾客，而且洽谈是“一对一”进行，不会因为信息交叉传播而造成不必要的误会。此外，网络零售的岗位分工更加细化，从在线销售、技术支持、物流配送到售后服务，是由一个团队来配合完成，虽然看似人手更多，但是由于每个岗位的人员对本职工作更加熟练和专业，各司其职，团队配合的工作方式和流程反而可以大大提高管理效率。

四、网络零售的优势与劣势

（一）网络零售的优势

1. 成本优势

（1）网络零售初始投资少

建置企业网站不需要花费大额的投资。以在互联网上设立一个小型虚拟商店计算，其成本主要包括注册域名、租赁虚拟主机、制作网页、硬软件费用以及往后的维持费用。这比起普通店铺经常性支出，如昂贵的店面租金、装潢费用、水电费、营业税及人事费用等要低廉许多。如果与网络服务商合作或者向网络服务商租赁虚拟店铺则成本更为低廉。

（2）网络零售人工成本低廉

网络零售中，人员和场地的规模也不再重要，虚拟商店省却了店面营业人员和管理人员，节省大量市场开发与业务销售及客户服务成本。

（3）网络零售可以降低库存成本

网上零售可实现无存货商店，无须将真实商品陈列出来，供顾客选择。因此，商家不会因为存货而增加经营成本，因而在售价上，能增强虚拟商店对现实商店的竞争力。

通过图1-31可以清楚地了解到网络销售与其他销售方式相比在渠道和成本上的优势。

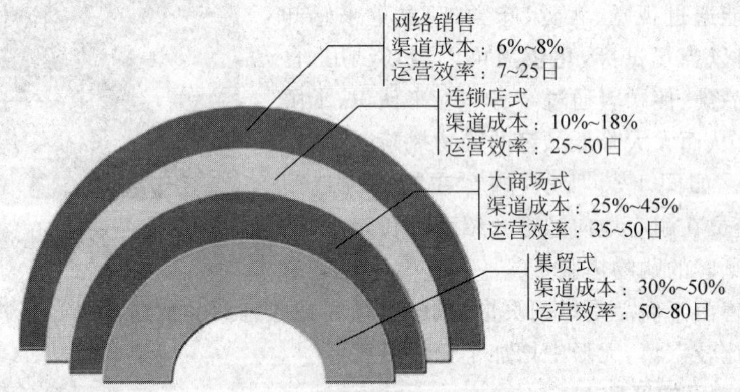

图1-31　网络销售的优势

2. 信息优势

网上销售充分利用网络的互动性使商家与消费者的沟通、交流变得更加容易和快速，在互联网上所面对的不再是“被动”的消费者，而是有目的性的“主动”的客户，而买主以及潜在的客户可以通过互联网主动地找到商家网站、网店，提出自己所需要的物质需求或服务，属于一对一模式，厂商能够根据消费者的个性，提供更充分的服务。而比传统购物的一对多的模式，更受潜在客户的青睐。

3. 资源优势

（1）在互联网上，公司介绍、产品资讯、图片、产品性能、包装等，任何想要提供给客户

的资料皆可输入，信息容量不受限制，使顾客对自己需要的商品能深入细致地了解。

(2) 网络销售时间不受限制，一天24小时，一周7日，一年365日不停地运作，随时提供服务。

(3) 网络销售地点也不受限制，互联网可以将企业的业务延伸到世界各地，无国界、区域界线经营，而不受现实经济的地方保护主义、贸易壁垒和企业实力的制约。互联网世界里无远近之分，消费者只要拥有计算机，即可随时到任何虚拟商店中遨游，并可以在遇到自己需要的商品时随心所欲地进行了解和咨询。互联网巨大的空间可以使商家摆脱经营空间的限制，提供更多的经营品种。如网络书店Amazon经营的图书达300万种之多，世界上任何一家传统书店绝对不可能陈列如此巨大数量的书籍，但在网络世界里就能够实现。

(二) 网络零售的劣势

(1) 真实性不足：网络是虚拟的，网民在面对网络时责任感下降，因而传递信息或下订单时会有恶作剧，使信息的真实性下降。另外也缺少现实感，像水果这样的产品，不仅需要用眼看，还要用手触摸，甚至还需要品尝，而这些真实的感触信息是互联网不能传递的。

(2) 信息传递局限性：互联网传播只能通过计算机、手机等数码终端实现，传播相对有限。而且消费者在上网时对于广告的点击率有限，也限制了互联网传播的有效性，无法面向更广大的人群进行宣传。

(3) 通过互联网或物流配送来传递服务和商品的劣势：商品分为有形商品和无形商品(即服务)，由于某些服务不可触摸，不可储存，使得某些服务不可以通过网络或物流配送传递。此外，中国的物流业刚刚兴起，尚待完善。物流配送的安全性、成本和速度等与消费者满意度还有一段距离。

五、网络零售经营常识

(一) 网络零售商活动内容

网络零售商的经营活动与传统零售商的活动相比较，从大的方面讲有很多相同之处，活动的环节与流程也极为相似。但是，一些环节的活动内容是不一样的，例如，店铺选址、店铺装修、商品陈列等。以下是网络零售商从事网络零售的主要经营活动。

(1) 企业战略规划。

(2) 组织系统设计。

(3) 网店"选址"。

(4) 网店页面设计。

(5) 网店商品规划。

(6) 网店商品发布与陈列。

(7) 网货采购与存货。

(8) 网店商品定价。

(9) 网店商品促销。

(10) 网店服务。

(二)网络零售经营途径

不论是企业还是个人,若想开展网上零售业务通常有以下经营途径。

(1) 自建网站经营。如京东商城(www.jd.com)、亚马逊(www.amazon.cn)、戴尔(www.dell.com)、当当(www.dangdang.com)、联想(www.lenovo.com.cn)、海尔(www.ehaier.com)等,其主要优势是网站(网店)设计不受制约,零售商完全可以根据自己的规划建店经营。但是,这种经营途径需要雄厚的资金,以及较高的信息技术基础,要有专门的信息技术部门和专门的信息技术人才。因此,这种经营途径的经营门槛高,往往只适合大型企业。

(2) 利用第三方电子商务平台开店经营。其主要优势在于零售商不需要雄厚的资金和信息技术基础即可进行网上零售,无须设立专门的信息技术部门和配备专门的信息技术人员,有关信息技术的部分都有第三方平台提供服务和保障,而技术服务费用较为低廉。因此,这种经营途径的门槛低,适合中小企业和个体经营者。但是,网店设计受平台制约,通常只能用平台提供的模板设计网店。

第三方网络零售平台有两类:一是C2C零售平台;二是B2C零售平台。目前普遍被人们所熟知的第三方C2C网络零售平台主要有:淘宝(www.taobao.com)、拍拍(www.paipai.com)、易趣(www.eachnet.com)。它们的基本情况见表1-1。

表1-1 淘宝、拍拍、易趣的基本情况

对比项目	淘宝	拍拍	易趣
面世时间	2003年	2005年	1999年
销售方式	一口价、拍卖、团购、返积分、折扣价、VIP卡、抵价券、搭配减价、红包等	一口价、拍卖、红包、购物券	拍卖、一口价
开设店铺	免费	免费	免费
支付工具	支付宝	财付通	安付通
即时通信工具	阿里旺旺	腾讯QQ	易趣通
信用体系	好评、中评、差评,并获得或扣减信用积分	信用度=信用评价×成交金额权重	总好评体系
营销推广工具	消费者保护服务、营销工具(直通车、满就送、限时打折)等	诚信保证计划	店铺推广工具

目前普遍被人们所熟知的第三方B2C零售平台主要有:天猫商城(www.tmall.com)、京东商城(www.jd.com)、当当网(www.dangdang.com)。这些平台的基本情况见表1-2。

表1-2 天猫商城、京东商城和当当网的基本情况

对比项目	天猫商城	京东商城	当当网
面世时间	2008年	2004年	1999年
经营模式	平台	自营与半平台(第三方联营)	自营与半平台(第三方联营)
开设店铺	收费	收费	收费

(三) 网络零售平台的选择

如何选择一个合适的网络平台,是很多网商入门者碰到的问题,如图 1-32 所示。

国内网络零售平台不少,选择合适的网络零售平台是中小企业和个体经营者首先要考虑的问题。选择网络零售平台的要素主要有如下几方面。

图 1-32 如何选择网络零售平台

(1) 平台综合指数:网站设计、购物市场份额、网站注册用户数量、综合网站排名、人均页面浏览量、网站用户单一度、网站的流失率、收费情况、支付工具、即时通信工具、营销工具、管理工具、信用评价体系、物流。

(2) 结合网货特点:商品类型、客户群。

(3) 性价比:投资收益好。

(4) 平台性能:操作方便性、稳定性。

(5) 用户口碑:口碑好则平台流量大,对卖家有利。

(6) 平台管理水平:平台管理好,购物环境也就相对好,对买卖双方都有利。

小知识:*在挑选网络零售平台时,若想了解任一平台的购物市场份额、网站注册用户数量、用户口碑等,可查看中国电子商务研究中心(www.100ec.cn)发布的年度中国网络零售市场数据监测报告,而综合网站排名、人均页面浏览量、网站用户单一度、网站的流失率可查看 http://alexa.chinaz.com 或 http://www.alexa.com 网站提供的数据。*

(四) 网络零售经营操作形式

1. 自营网店

经营者首先要选择开店的平台,分析目标平台的人流量、影响力、同类产品平均价格、入驻门槛等要素。然后再分析企业要经营的产品在目标平台上的竞争对手大概有多少,优势是否明显,企业自身有哪些优势,从而规划出企业在网店销售的产品类别和价格。

确定入驻平台后,组建由客服、美工、策划等人员组成的专业网店经营团队,再注册网店进行"装修",销售自有产品、合作产品、代理产品。在销售过程中,能否利用平台的人流量导入店铺中形成销售,是需要营销团队下功夫、考验营销团队能力的环节。在所选的平台获得成绩之后,可以通过自建网站等方式辐射扩大分销的渠道。

2. 代运营网店

传统企业要组建一支专业的网络营销团队,难度也是非常大的,特别是二三线城市电子商务人才极度匮乏,而且企业也没有这种预算来养这支不知道什么时候能盈利的团队。此时,很多中小卖家在网店经营失败后,都重新成为打工者。还有一些常年在网上兼职为网店工作的学生、自由职业者,都对网络平台的销售、服务、维护、装修、物流非常清楚。他们逐渐组成了专业的代运营公司或者团队,通过异地服务为企业提供网店的代运营服务。

企业只需要准备好产品，做好设计、开发、生产、包装、物流等工作即可，代运营团队将负责平台的一切工作。一些有影响力的和在平台上有独特资源的代运营团队，甚至在判断了产品有极强市场潜力后，可以不收取服务费，只以收取销售分成的方式与企业进行合作。这为企业网络分销提供了良好的服务和机遇。

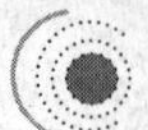

拓展练习

在认识网络零售的功能、优势、劣势，以及学习了如何选择网络经营平台等内容后，大家自建小组讨论，选择一个具有地方特色的商品，想一想如何通过网络进行销售。

答疑解惑

网络零售商需要做好组建团队、选择平台，以及资源配置等工作，才能快速获取市场份额，建立品牌形象，形成良性循环，如图 1-33 所示。在网店销售经营中需要注意以下几点。

(1) 各平台开店的门槛各不相同，企业要根据产品特点和实力选择销售平台。

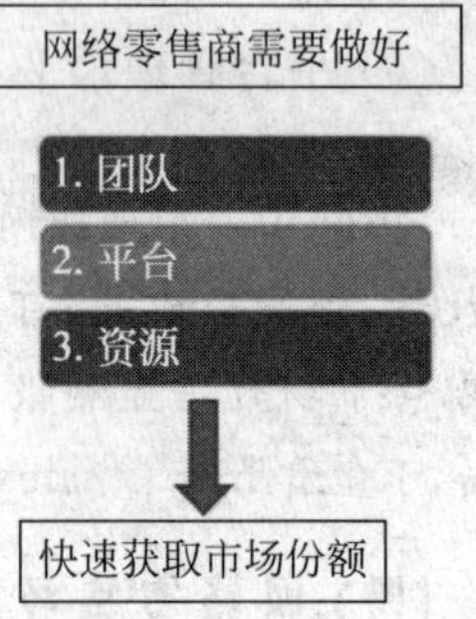

图 1-33　网络零售商需要做好的工作

(2) 在网络平台开店的数量没有限制，一家企业在天猫开店(B 店)，同时又在淘宝上拥有数家网店(C 店)，是一种极普遍的市场行为。但企业一定要非常熟悉所选择平台的功能、销售流程和经营规则等，才会达到持续销售的效果。没有专门的网络运营团队的企业可以找专业的代运营团队经营企业店铺。

(3) 由于有平台宣传的配合和网站的权威性影响，平台官方举行的团购或者促销活动，可以创造巨大的销量和收益。例如，淘宝的"聚划算"活动由于其位置突出、价格优势明显，参加活动的产品几乎都突破几千件，成为爆款，是店主打造爆款的最佳利器。一款普通的收纳盒在店中的销量仅在 40 个左右，而参加了一次淘宝"聚划算"活动，销量就突破了 2000 个。

(4) 产品的图片精细度要处理得苛刻严格，不仅要展示产品的全局、细节，还要突出产品的特点、使用方法、售后服务等内容，做到多而全，但不繁杂。有时消费者下订单的原因仅仅是其中一张图片引起了共鸣。

(5) 服装、箱包、鞋袜、眼镜等商品一定要由能衬托产品优点的模特进行展示。绝不能为了省钱，用员工、亲友来代替产品模特。专业模特的产品展示将产生极强的产品冲击力，非专业的模特往往会起到相反的效果。

(6) 通常情况下，平台都会有论坛、留言、回复、邮件等免费营销工具，企业如想节约推广成本，应尽量使用免费工具。但必须明白免费工具的效果短期内不会尽如人意，而且多种免费工具一定要配合使用，有专人长期维护。

(7) 店铺和产品的宣传并不仅限于平台内，可以在互联网及其他媒体上反复进行品牌宣传，将客户引入店内。

(8) 价格制定要对比淘宝、拍拍等网站上的同类产品的价格，而不是去参考以往线下的销售价格。但是价格不要相差太大，不然极有可能伤害到线下的实体店。

(9) 要具有品牌营销意识。现在淘宝、拍拍等网站上不仅有电子商务公司、厂家，还有专业营销公司、国外品牌代理。刚开拓网络零售渠道的零售商如果不能快速地扩大销量，稳定收入，将会被有实力的企业挤出网络销售的大门。如果零售商认为自己开的只是一个网店而已，没有品牌营销的意识，那么，网店将会举步维艰，销量忽高忽低，非常不稳定。

项目小结

本项目共有两个任务。

在任务一中，学习了零售的定义和内涵以及零售的功能，知道了零售是指向最终消费者个人或社会机构和团体出售生活消费品及相关服务，以供其最终消费之用的全部活动，并且认识了零售的多种模式，学习了零售的经营常识。这些都将是后续学习的基础。

在任务二中，认识了网络零售，知道了网络零售是指利用信息技术通过互联网或其他电子渠道，向最终消费者个人或社会集团出售消费品及相关服务，以供其最终消费之用的全部活动。网络零售是零售的一种业态，它不仅具有零售的全部功能，还具有比传统零售更优的便捷销售、方便消费者购物的功能。与传统零售相比较，网络零售既有多种优势，同时也有一定的劣势，尽管网络零售的发展速度很快，但是必须注意的是目前它并不能完全取代传统的实体零售，线上、线下、移动互联、全网等多渠道融合是目前以及未来零售业的发展趋势。网络零售无疑是未来零售发展的大趋势，但只有在正确理解其主要经营方式、经营途径并且懂得选择合适平台的基础上，才能找到符合自身实际的网络渠道。

实训练习

一、选择题

1. 下列说法正确的是(　　)。

a. 杂货的网上零售对于投递速度的要求比较高

b. 商品定制化的一个难题是如何解决退货问题

c. 杂货网上零售商与成功的实体零售商联手能更好地进行经营

A. a、b　　B. a、c　　C. b、c　　D. a、b、c

2. 网上服装购物者可以在网上定制服装的颜色、款式、尺寸等，这反映了网站注重塑造(　　)。

A. 渠道需求　　B. 定制化需求

C. 高质量　　D. 价格促销需求

3. 在正确的时间、正确的地点、以正确的方式配送正确的商品，这体现了(　　)。

A. 网上零售的可靠性　　B. 网站设计的合理性
C. 客户服务的周到性　　D. 以上都不是

4. 下列说法中正确的是(　　)。
A. 网上零售与实体店交易可以相互补充
B. 男性倾向于更有目的性、更快速的购物
C. 女性更细心,比男性更响应社会的互动
D. 以上都正确

5. 女性钟爱的网站多为(　　)。
A. 游戏网站　　B. 服装网站
C. 电子产品网站　　D. 批发网站

6. 下列(　　)是知名的B2C平台。
A. Google　　B. 亚马逊
C. 新浪　　D. 沃尔玛

7. (　　)是零售服务中自我服务的模式。
A. 亚马逊网站　　B. 超级市场
C. 杂货市场　　D. 专卖店

8. 传统零售组合和网上零售组合的内容在本质上是一致的。传统零售中的个人服务对应于网上零售的(　　)。
A. 互动性　　B. 个性化
C. 网页氛围　　D. 导航性

9. 品牌发展的(　　)阶段需要将具有优势的品牌平台和品牌要素结合起来。
A. 品牌理念认知　　B. 建立品牌平台
C. 执行实施　　D. 创建品牌

10. (　　)是零售活动的核心。
A. 顾客　　B. 股东和职员
C. 社团　　D. 供应商

11. 在收入来源分类中,与实体零售商最为接近的网上零售模式是(　　)。
A. 基于广告的网上零售　　B. 商品网上零售
C. 交易费用网上零售　　D. 定金网上零售

12. 以下各项中,不能提高消费者忠诚度,鼓励消费者再次浏览网站并重复消费的是(　　)。
A. 数据挖掘　　B. 互动平台
C. 在线支付保密协议　　D. 信用问题

二、简答题

1. 请你列举三点你觉得尤为重要的零售经营常识,并谈谈你的看法与认识。

2. 查阅并下载最近一期中国互联网络信息中心(www.cnnic.cn)发布的中国互联网发展状况统计报告,请说一说近期网民数量,以及网购人员的数量。

三、实践活动

案例名称	体验网上购物
工作任务	进入当当网，购买一本自己喜欢的书籍。 实践步骤： 1. 进入相关的电子商务网站。 2. 熟悉电子商务网站的结构功能。 3. 查询和选择购买商品。 4. 注册成为新会员。 5. 网上支付结算货款(也可以选择货到付款)。 6. 查询订货状态。 7. 会员信息修改。 8. 购物信息反馈。 9. 画出购物流程图。
完成时间	20分钟
任务目标	通过网上购物的体验，进一步理解电子商务的内涵；掌握网上购物的运作环节；体验网上购物的特点和问题。
任务要求	1. 请大家用框图描述当当网的交易流程。 2. 在此次交易中至少涉及了哪些交易对象？ 3. 在交易中，你选择的是什么支付方式和配送方式？当当网提供了哪些支付方式和配送方式？ 4. 你认为网站提供的支付方式安全吗？为什么？
研讨内容	
研讨成果	
讨论过程	
自我角色	
自我评价	
小组评价	
教师评价	

项目二 网上购物

问题引入

越来越多的人到网上购物。为什么网上购物如此盛行？网上同类商品那么多(不同的购物网站销售同一种商品的情况非常普遍)，消费者又是如何做购买决策的？同样是网上购物，有的人能买到物美价廉的商品，而有的人却总感觉自己买的商品与期望有差距，为什么会存在两种不同的情况？

任务导读

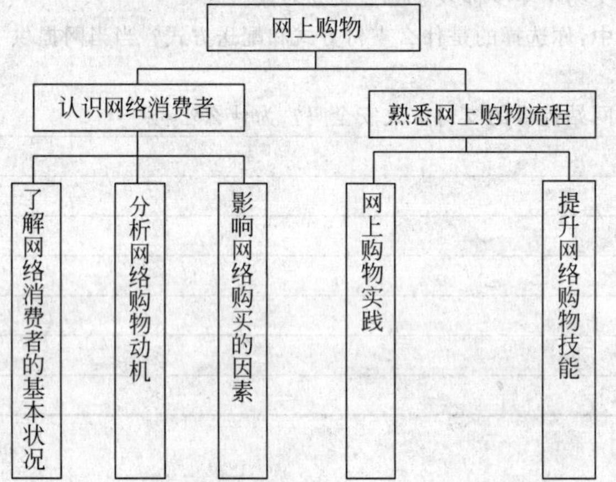

学习目标

知识目标：

- 全面了解网络消费者，掌握影响消费者购物的主要因素。
- 熟悉网上购物流程，掌握网络购物相关理论知识。

能力目标：

- 能针对网络消费者特征对网络零售商品进行调整。
- 熟练掌握网络购物技巧。

任务一 认识网络消费者

案例导入

小卢是一名在校电子商务专业大学生，他与另两位同学计划大学毕业后一起自主创业，初步确定以在第三方网络零售平台上开设网店的方式开展网络零售业务。为此，他常常和已毕业正在经营网店的师兄交流。师兄建议小卢要做好创业前期的准备，要充分了解网络消费者。于是小卢准备通过互联网提供的资料重新认识网络消费者。

问题与思考：

(1) 为什么要了解网络消费者？

(2) 从哪些方面了解网络消费者？

知识探究

网络消费者是指通过互联网在电子商务平台上进行购物的消费者人群。网络购物平台给消费者提供便捷的购买途径，只需简单的网络操作，足不出户，即可收到所购商品和服务，因此，网络购物得到了广大网络消费者的认可，网络购物已经成为一种新的生活方式。

一、了解网络消费者的基本状况

中国互联网络信息中心(CNNIC)发布的《2012 年中国网络购物市场研究报告》认为，网络购物者存在如下特征。

1. 男性购物者居多

男性用户在网购市场中比例较大。网上购物方便快捷，符合男性的购物需求，深得男性用户的青睐。

2. 年轻

我国网购用户年龄分布呈年轻化趋势，20～29 岁的网民是网购的主力。

3. 学历偏高，并向低学历渗透

网络购物者主要集中在大专及本科学历，并继续向低学历群体渗透。

4. 收入不高

整体上，我国网购用户的收入偏中低端，将近一半网络购物者月收入在 3000 元以下。

资料链接

资料数据来源

由于市场的不断发展变化，可以通过以下两个网站获取网络市场最新资讯。

1. 中国互联网络信息中心

中国互联网络信息中心简称 CNNIC，成立于 1997 年，根据研究对象的不同，CNNIC

提供中国互联网络发展状况统计报告、企业报告、青少年报告、农村报告、移动互联网报告、电子商务报告、网媒报告、网游报告、搜索报告、社区报告、视频报告、区域报告、旅行报告等。中国互联网络信息中心网站如图 2-1 所示。

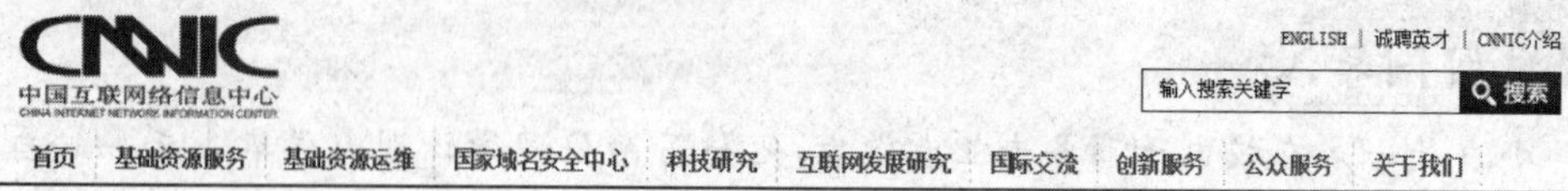

图 2-1 中国互联网络信息中心网站

2. 艾瑞咨询集团

艾瑞咨询集团(iResearch)是一家专注于网络媒体、电子商务、网络游戏、无线增值等新经济领域,深入研究和了解消费者行为,并为网络行业客户及传统行业客户提供市场调查研究和咨询服务的专业研究机构。艾瑞咨询集团拥有多个互联网行业的信息资讯网站,为行业人士提供及时的互联网行业的信息(见图 2-2)。

图 2-2 艾瑞咨询集团的信息资讯网站

二、分析网络购物动机

消费者网络购物动机是指推动消费者进行网上购物活动的内部原动力,即消费者产生网上购物行为的原因。消费者主要有以下网络购物动机。

1. 低价和实惠

网上商品的价格相对较低。“与实体店相比,价格便宜”是消费者选择网购的主要原因之一。网络零售这一新兴的零售业态,可以减少传统零售的中间费用和一些额外的信息费用,可以大大节约商品的成本和其他费用,形成比传统零售更有竞争力的价格。

2. 便捷

互联网“缩短”了商家和消费者的空间距离。消费者选择网上购物的另一个主要原因就是购物的便捷性。首先是时间上的便捷,24 小时营业无时间限制;其次是空间上的便捷,足不出户便可跨城、跨省、跨国选购商品;再次是支付方式灵活多样,消费者可以选择网上支付或货到付款等支付方式,给消费者带来极大的支付便利。此外,物流的快速发展,缩短了收到货物的时间,送货上门等服务大大提升了网络购物体验。

3. 选择范围广

网上出售的商品种类繁多,选择范围广,全球商品尽收眼底,特别是一些小众商品和传统商店难以购买的商品。网络消费者可以通过搜索功能方便快捷地找到自己想要找的商品,点击鼠标就能轻松购买,如图 2-3 所示。

4. 个性化需求

通过网络提供的个性化服务可以充分满足消费者的个性化需求。个性化服务是一种

图 2-3　淘宝网小众商品古币及其数量

有针对性的服务方式，根据消费者设定来实现和满足消费者的需求。个性化服务体现在产品或服务的订制上。网络消费者可以参与商品设计，能够将个人元素融入产品中，使产品更符合消费者的个性化需求，提高消费者的满意度，如图 2-4 所示。

图 2-4　产品个性化定制

5. 隐匿购物需求

购物时，存在消费者对所购的商品不愿意让人知道的情况，如涉及个人隐私的商品或个人问题咨询(如心理咨询、婚姻问题咨询)等。网上购物的隐秘性可以满足消费者隐匿购物的需求，如图 2-5 所示。

图 2-5 淘宝网“挨骂/发泄/诉苦/情感倾诉”等服务

三、影响网络购买的因素

影响网络消费者购买的因素主要有以下几种。

1. 商品的图片和描述

商品图片对于网上购物的重要性不言而喻。商品的图片是消费者对商品的第一印象，好的图片才能让消费者点击、了解进而购买。商品图片丰富(提供各个角度、细节、局部放大功能的图片)、商品描述详细的网上商品，能让顾客对商品充分了解，从而坚定购买决心。

2. 用户评价

消费者在网上购买商品时，其他消费者的评价是其主要参考因素。消费者会果断放弃差评较多的商品。

3. 商品价格

由于互联网有开放性等特点，网上商品的价格非常透明。消费者能方便地对同一种商品的价格进行比较。在同等情况下，消费者通常选择价格较低的商品。

4. 商品质量

商品质量是消费者在选择购物网站的过程中最看重的因素之一，商品质量问题容易引起消费者的不满。网上购物时可以通过商品的放大细节图以及用户对产品的质量评价等途径感知网上商品的质量，从中选择优质品。

5. 售后服务

网购时，消费者不仅对商品价格进行比较，还会对商家发货及物流速度、客服态度、商品退换货服务等因素进行比较。因此，购物平台及店家的售后服务也是网络购物时考虑的主要因素之一。

案例评析

只有了解网络消费者才能更好地为他们提供服务，才能有针对性地开展网络零售。如商品的图片和描述是影响网络消费者购买的主要因素。因此，在开展网络零售时，要把图片拍摄和处理得更吸引人，要有针对性地提供多种角度的图片。

可以从网络消费者的基本情况、网上购物动机以及影响消费者购物的因素等方面了解网络消费者。

拓展练习

(1) 你有没有在网上买过商品？如果没有，是什么原因使你不在网上购买商品？如果有，你为何选择网上购物而不是到实体店购买？

(2) 网上同类商品繁多，是什么原因使消费者在海量的商品中做出购买某商品的决策？

任务二　熟悉网上购物流程

案例导入

小静想买一条围巾送给妹妹当生日礼物，可在实体店里没找到让她满意的围巾。同学小露劝她在网上购买，因为网上款式多，而且方便实惠。可是，由于没有网上购物的经验，小静不知道该在哪个网站购买，更不知该如何购买。后来在同学小露的帮助下，小静在淘宝网完成了一次网上购物，并记录下购物过程与心得体会。

问题与思考：

(1) 除了淘宝网，你还知道哪些购物网站？

(2) 你能独自在网上购买商品吗？

知识探究

一、网上购物实践

(一) 网上购物流程

网上购物行为是网络购物者通过网络发生的购买和使用商品的行为活动。一个完整的网上购物流程如图 2-6 所示。

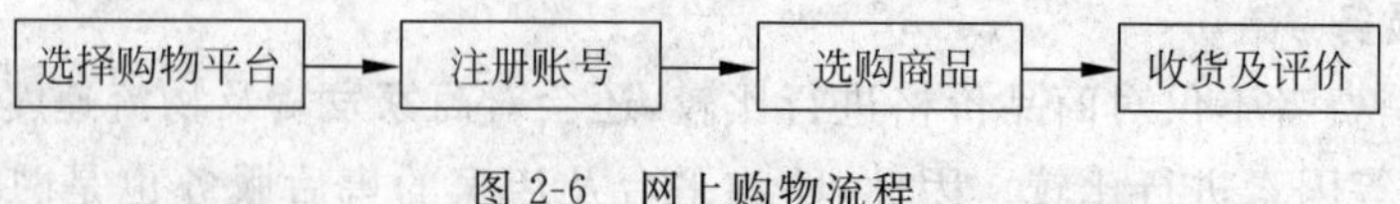

图 2-6　网上购物流程

(二) 网上购物实践

在网上购物平台的购物过程和操作方法大致相同,网购者只要掌握一种网购平台的购物流程和方法即可从容地在其他购物平台进行购物,以下是淘宝网的网上购物流程和具体操作方法。

1. 注册淘宝账号

注册淘宝账号有使用手机号注册和使用邮箱注册两种方式。打开淘宝网主页(www.taobao.com),点击"免费注册"即进入淘宝注册表单页面,按注册流程及各流程表单填写要求填写相应的注册信息即可获得一个该网站的账号,操作流程如图 2-7 所示。

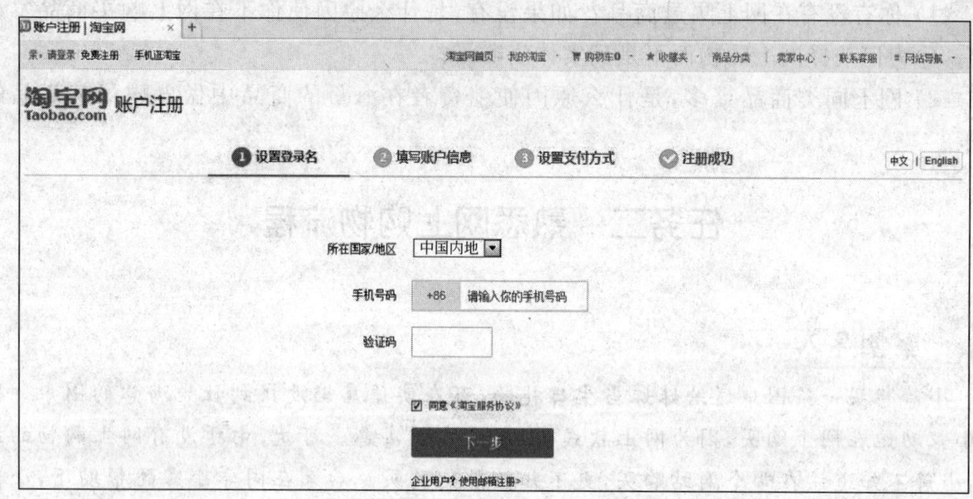

图 2-7　注册淘宝账号

2. 选购商品

注册成功后,即可用该账号登录淘宝网选购商品。步骤如下。

(1) 查找商品。可通过关键词搜索、商品分类或主题活动等方式查找想要购买的商品信息,如图 2-8 所示。

(2) 浏览商品。在商品搜索结果列表页面,可点击感兴趣的商品图片,浏览商品详细信息,如图 2-9 所示。

(3) 购买商品。购买商品也称下单,即填写详细的购买信息。买家选中商品后,点击"立即购买",按要求填写订单信息后提交订单,如图 2-10 所示。

(4) 付款。提交订单后进入支付环节。根据个人情况选择支付方式付款,如图 2-11 所示。

图 2-8 查找商品

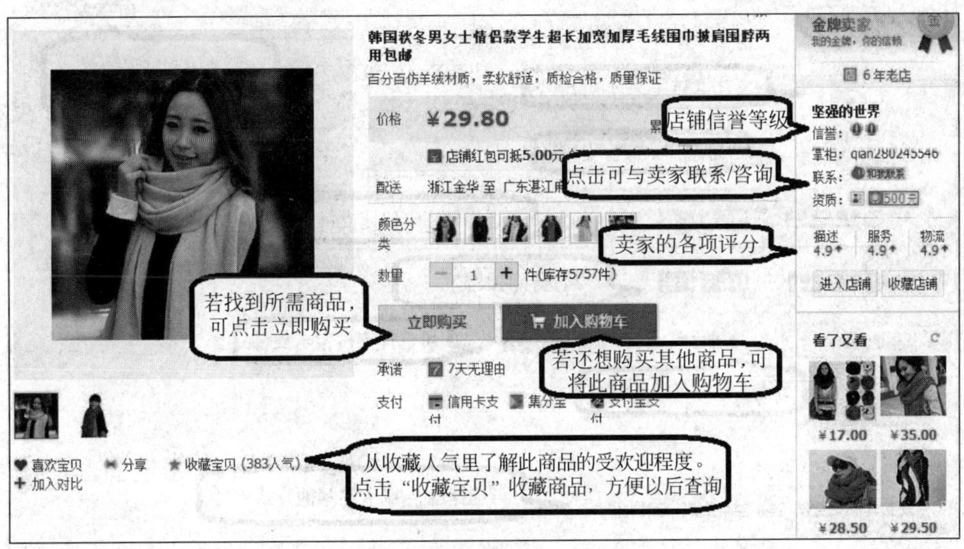

图 2-9 浏览商品

确认订单信息

店铺宝贝	单价(元)	数量	优惠方式(元)	小计(元)
店铺：坚强的世界　卖家：qian280245546 和我联系				
韩国秋冬男女士情侣款学生超长加宽加... 颜色分类:芥末黄-加宽	29.80	1	无优惠	29.80

给卖家留言：选填：对本次交易的说明（建议填写已经和卖家达成一

运送方式：普通配送 快递 免邮 0.00

运费险：购买退货运费险，退货可赔... [?] 0.40

店铺合计(含运费)：￥29.80

使用淘金币 ￥0.00

找人代付　匿名购买　信用卡分期付款

实付款：￥29.80

寄送至：广东省 广州市 天河区 168号

收货人：张三 18000000000

提交订单

图 2-10　提交订单

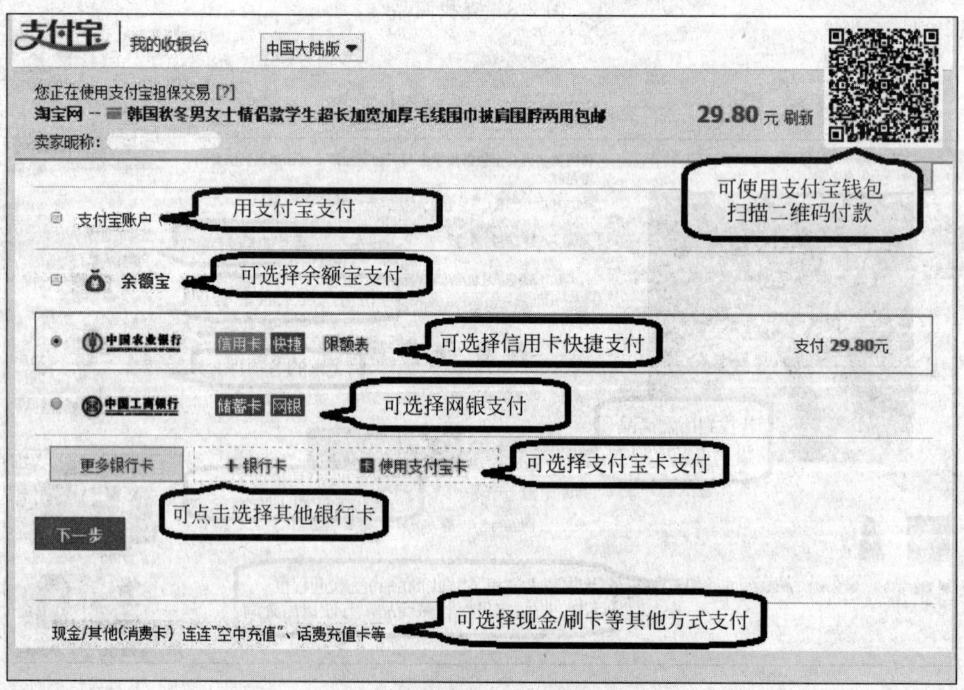

图 2-11　选择支付方式付款

3. 收货及评价

(1) 卖家发货后，买家可点击"查看物流"查看详细的物流信息，如图 2-12 所示。

(2) 买家收到商品后，点击"确认收货"，货款打入卖家账户，如图 2-13 所示。

(3) 买卖双方对商品进行评价，交易结束。

(4) 买家若对商品不满意，可以联系商家协商退换货或进行投诉与维权。

图 2-12　物流信息查询

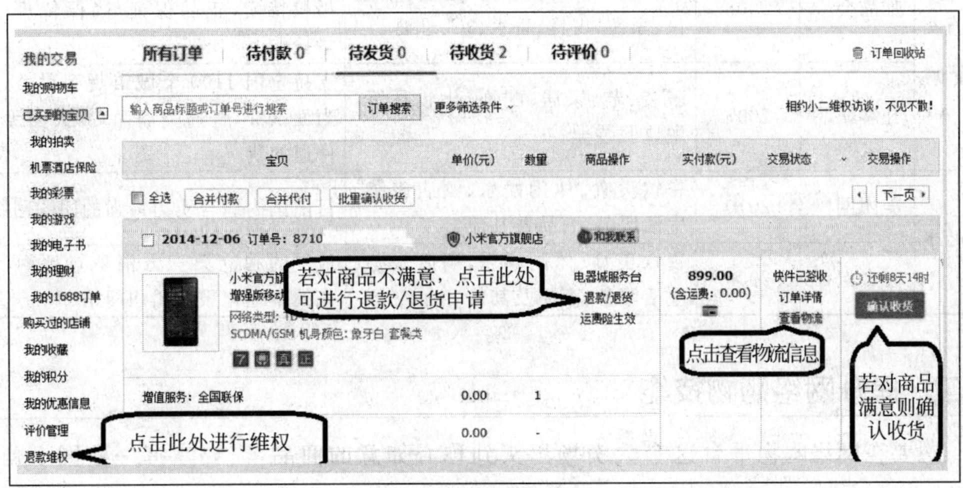

图 2-13　确认收货页面

资料链接

网络购物平台

网络购物平台是网络购物的站点，是供买卖双方交易的互联网平台。不同网络购物平台经营的商品种类不同，各有特点。下面提供几个国内主流购物网站以供参考选择，如表2-1所示。

表2-1 部分主流购物网站一览表

类型	网站名称	成立年份	经营品类	特点
综合类	淘宝网	2003	产品品类齐全，丰富多样	目前国内品类最齐全的C2C购物平台，拥有5亿注册会员，用户基础庞大，价格优势明显
	天猫网	2008	产品品类齐全，丰富多样	目前国内最大的综合性购物平台，拥有4亿注册会员，用户基础庞大，产品质量好，正品保证
	京东网	1998	产品品类多，主攻3C类产品	目前国内最大的自营式电商企业，注册会员超过1亿，在3C类产品有较大优势。正品保证，自建物流速度快，购物体验好
	苏宁易购	2005	家电、3C、红孩子母婴、运动户外等品类	零售经验丰富，虚拟网络与实体店面相结合，其自营商品支持线上购货，线下实体店提货，正品保证，信誉度高
垂直类	聚美优品	2010	化妆品类	正品保证、产品价格折扣大，且30天内即使商品拆封仍可无条件退货
	唯品会	2008	时装、配饰、鞋、美容化妆品、箱包、家纺、皮具、香水、3C、母婴	专门做特卖的网站，每天100个品牌授权特卖，正品保证，确保特价，限量抢购
	凡客诚品	2007	服装、鞋、家居、配饰、化妆品等，主攻服装类	支持全国1100个城市货到付款，可当面试穿，普通类商品30天内无条件退换货
团购类	美团网	2010	餐饮美食、休闲娱乐、酒店旅游、生活服务、商品及其他	目前国内综合实力最强的团购网站
	大众点评	2003	餐饮美食、休闲娱乐、酒店旅游、生活服务、商品及其他	最早的独立第三方消费点评网，领先的本地化服务团购网站

二、提升网络购物技能

想要在网络购物平台这个大卖场里买到称心如意的商品，需要掌握一些网上购物技巧。

1. 注重店铺信息

在商品信息页面点击卖家“信誉”便可获得“卖家相关信息”（见图2-14），左边为信誉度和评分都较高的卖家，右边为信誉度和评分都较低的卖家。尽量选择信誉等级高和评分高的卖家。若创店时间短，但信誉等级很高，则要留意其是否存在刷信誉的现象。

2. 多种方式查找商品

选购商品时，有多种方式查找商品，可以分类查找，也可以直接在搜索框输入关键字

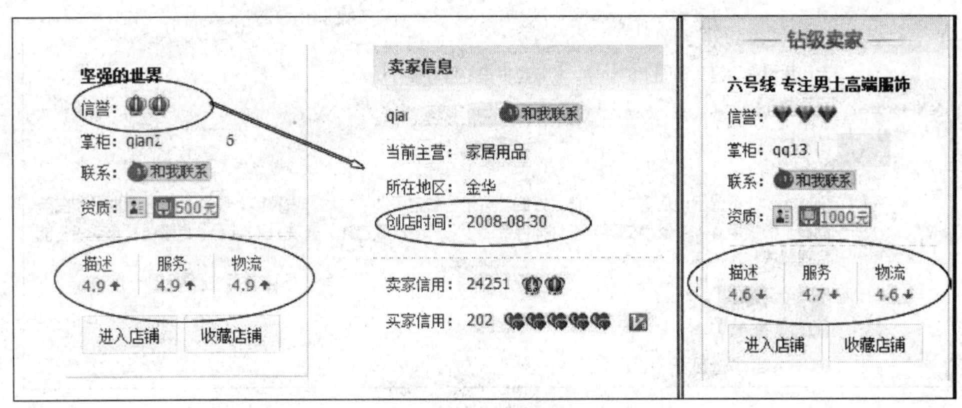

图 2-14　卖家信息

搜索，也可以利用找同款或找相似功能查找商品。若对商品的款式满意但对该商品的卖家不满意，则可以通过同款查找功能，查找相同或相似的款式，选择合适的卖家（见图 2-15）。

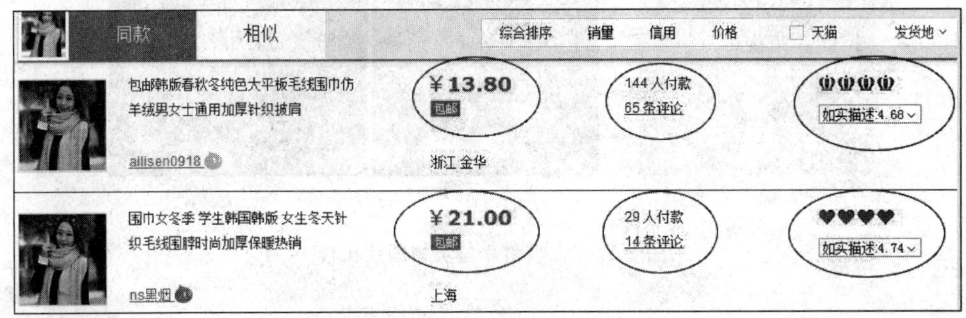

图 2-15　同款商品查找比较

3. 细看买家评论，了解商品真实情况

首先，看差评，同时对用户的差评描述进行分析。如果大多数投诉是关于质量方面的，要谨慎购买。

其次，看追加评论。一般追加评论时间相隔越久参考价值越大。有些商品如衣服收货时可能很喜欢，但是穿过之后可能出现起毛球或洗涤时会掉色等情况，如图 2-16 所示。

最后，看买家的晒图。一般卖家发布的图片都经过特殊处理，所以看起来非常好看，但可能实际的商品并没有图片所展示的好。买家的晒图会比店家的图片更真实，如图 2-17 所示。

4. 提高安全意识，慎防诈骗

支付货款时尽量选择第三方支付，确保资金安全。不要轻易点击卖家发来的链接及压缩包文件，不要轻易扫描卖家发的二维码图片等，避免计算机或手机感染木马病毒而遭受损失。

宝贝质量很不错！和图上的一样，物流也很快！值得推荐！

毛***9(匿名) 2014年11月09日 21:32 颜色分类:韩版小猫 尺码:M（质量保证） 有用（0）

[追加评论] 不得不说店主的态度是很好的，可是这款宝贝洗了之后严重掉色，特别是白色的袖子和白色的裤子都被染蓝了，蓝色的部分也都掉色变白了，洗一次就这样，多洗几次岂不是更糟糕！希望店主能合理解决！

确认收货后 2 天追加

图 2-16 追加评论

漂亮的图片

 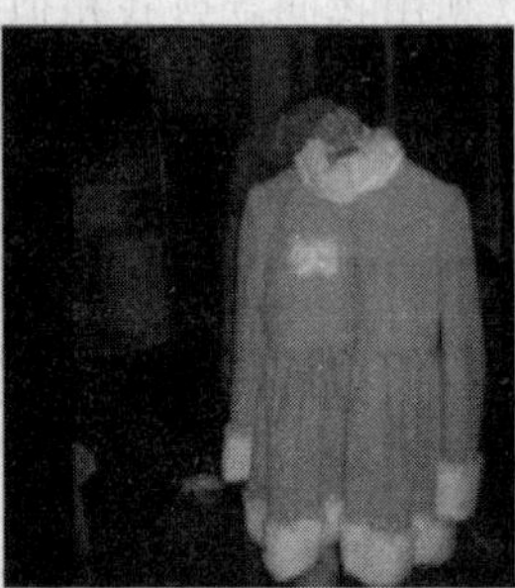
实物

图 2-17 店铺图片与实物图片比较

拓展练习

(1) 分别在淘宝网、京东网、苏宁易购等网站模拟购物，把购物步骤分别写下来，并比较它们的异同。

(2) 小王是一名准备考研的在校大学生，想通过网络购买一些考研的书籍，他如何才能快速搜索到想要的商品？

(3) 网上购物有哪些注意事项？

答疑解惑

网上购物这种方式与传统购物方式相比有低价、实惠、便捷、选择丰富、个性化、隐匿等特点，因而广受人们喜爱。

网上购物时，网络消费者会根据商品图片和描述、用户评价、商品价格、商品质量以及售后服务等方面进行比较，从而做出购买决策。

有的人网上购物经验丰富，掌握了网购的方法技巧。有的人缺乏网购经验，轻信网络，没有货比三家，没有掌握购物技巧。所以，才会出现有人买到称心如意的商品，有人买到货不对版的商品这两种截然不同的情况。

项目小结

作为网络零售的买家，了解网络消费者有利于提高自我认识；熟悉网上购物基本流程，掌握网上购物的技巧才能买到称心如意的商品。

作为卖家，首先，需要充分了解网络消费者，这样才能更好地开展网络零售，把产品卖给消费者；其次，需要熟悉网上购物流程，这样才能在开展网络零售过程中为消费者提供满意的服务。

实训练习

一、单项选择题

1. 目前网络消费者的基本情况不包括(　　)。

A. 女性购物者占主导地位

B. 网络购物者主要集中在大专及本科学历

C. 20～29岁的网民是网购的主力

D. 整体上，我国网购用户的收入偏低

2. 以下购物流程正确的是(　　)。

① 注册账号 ②选购商品 ③选择购物平台 ④收货及评价

A. ①②③④　　B. ②③①④　　C. ③①②④　　D. ②①③④

3. 以下关于网络购物的支付方式的说法错误的是(　　)。

A. 可以登录网上银行进行支付

B. 可以用借记卡快捷支付，即使该卡没开通网上银行

C. 可以用信用卡网上支付

D. 不可以现金支付

二、实训题

网络消费者购买行为分析。

1. 实训目的

(1) 使学生能对网络消费者购买动机进行调查与分析。

(2) 使学生能熟悉网络消费者购买过程。

2. 实训内容

(1) 网上购物实践。

(2) 调查并分析消费者的购买动机。

3. 实训过程

角色扮演。分别扮演手机、图书、玩具三类商品的购买者。登录购物网站，浏览图书、玩具、手机三类商品并尝试购买，将购买情况及调查其他同学得到的信息一并填入表中。

角　色		购物平台的选择及原因	你选购何种商品？为什么？	洽谈的方式	支付方式
手机	本人				
	A同学				
	B同学				
图书	本人				
	A同学				
	B同学				
玩具	本人				
	A同学				
	B同学				
示例(手机)		天猫购物平台,商品种类多,商品质量有保障	红米 Note；原因：性价比高,功能齐全,款式较好,价格低,用户评价好	阿里旺旺	支付宝支付

网店货源采购

问题引入

越来越多的人开始网上创业，中职生小林也跃跃欲试，但是，因为网上开店的门槛很低，所以竞争也非常激烈，要选择什么样的商品在网上卖比较好呢？去哪里进行采购呢？

任务导读

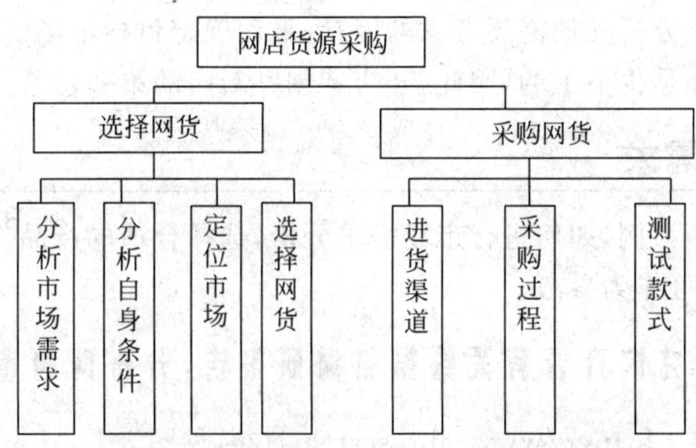

学习目标

知识目标：

掌握分析市场需求的方法，能结合自身条件，定位市场并选择合适的网货类型。

能力目标：

能进行市场调查，分析需求，收集网货信息及选择合适经营的网货。

任务一　选择网货

案例导入

我要卖什么东西好呢？

某中职学校学生小林就读电子商务专业，这学期开学不久教师便要求全班同学把网店开起来，听说开网店门槛并不高，但是卖什么东西好呢？这个问题开始困扰小林。于是小林向身边的家人朋友请教。

小林的姐姐说：“网上衣服和化妆品很好卖，利润也高。”妈妈说：“我听隔壁那户小年轻说，他们经常在网上买孩子的东西，现在的小孩都是父母的心肝宝贝，我觉得卖母婴用品或童装也是个不错的选择。”有经验的朋友小明说：“新手卖Q币、充值卡或游戏装备什么的，信用累积很快。”……

大家说得都挺有道理，于是小林请教老师，老师建议小林先做一下市场调查，分析自身的条件，再选择适合的经营方向。

问题与思考：

(1) 小林的家人朋友们说得有道理吗？如果是你，你会怎么向小林推荐呢？

(2) 如果你是小林，接下来要怎样做呢？

知识探究

市场需求分析主要是预估市场规模的大小及产品潜在需求量，考虑消费限制条件，计算顾客的购买量以及分析其他需要考虑的因素，最后确定目标市场。对任何商家而言，细致认真的市场分析都是少不了的，因此，开店者创办新店的第一步就是做好市场分析。

一、分析市场需求

以在淘宝网开店为例，如何进行市场需求分析，选择合适的产品作为自己店铺的经营项目，以下几种方式可作为参考。

(一) 在阿里研究院查看有关数据和调研报告，分析网购市场发展趋势

阿里研究院网址：http://www.aliresearch.com，见图3-1。

图3-1 阿里研究院的网页

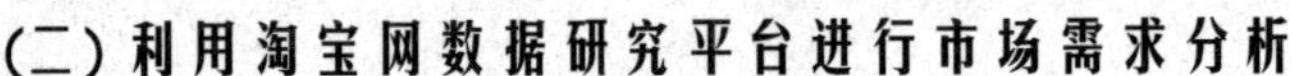

(二)利用淘宝网数据研究平台进行市场需求分析

1. 淘宝指数

淘宝指数是淘宝官方免费的数据分享平台,无论是淘宝上的卖家还是媒体从业者、市场研究人员,都可以利用淘宝指数来了解淘宝搜索热点,定位消费人群,研究细分市场。例如,可通过各类目的排行榜查看热销商品,如图 3-2 所示。

图 3-2　淘宝上的搜索排行榜

2. 数据魔方

数据魔方是淘宝官方出品的一款数据产品。主要提供行业数据分析,店铺数据分析。其中包括行业、品牌、店铺、产品的排行榜,购买人群的特征分析(年龄、性别、购买时段、地域等),如图 3-3 所示。

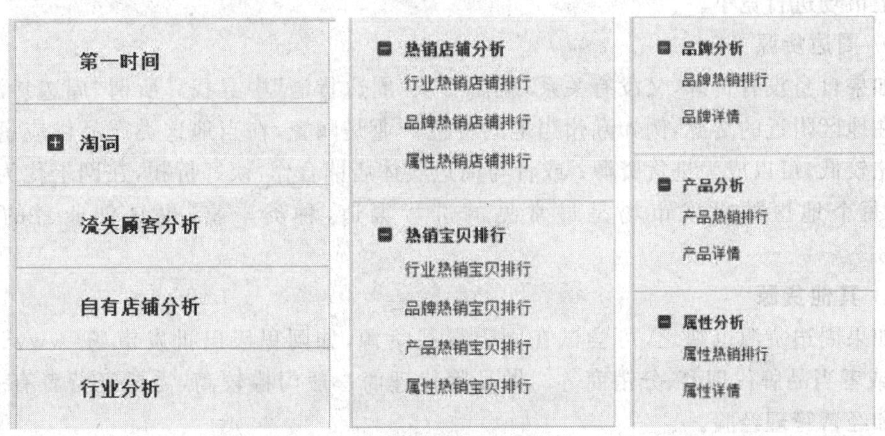

图 3-3　数据魔方的使用

二、分析自身条件

“知己知彼，百战不殆。”从自身条件出发，才能因地制宜，找到合适的经营方向。分析自身条件可从以下几个方面进行。

(一) 是否有好的货源

网上开店竞争激烈，拥有好的货源能成为制胜的法宝，考虑货源可以依次从“自身货源”“关系货源”“周边货源”“其他货源”几个方面去找。

1. 自身货源

“自身货源”是指无须采购，靠自身的知识、技能或资源就能提供的商品或服务的货源，如自家种的农产品、自己做的手工艺品、提供创意设计等。这样的商品具有独创性，投入资金少，适合网上创业的新手。但采用自身货源需要考虑是否具有可持续供应和扩充的能力，是否适合日后发展，见图 3-4。

图 3-4　利用自身货源作为商品

2. 关系货源

“关系货源”是指通过身边与自己有关系的人脉资源获取优质低价的货源。例如，身边的亲戚、朋友、同事、邻居有开厂或开店的，从他们那里取得低成本的优质产品，有利于在网上市场进行竞争。

3. 周边货源

如果自身没有资源，又没有关系，就需要从“周边货源”中寻找。所谓“周边货源”，是指所在地区附近的货源，例如潮州当地的特色产业是陶瓷，在当地这类产品供应量大，价格也比较低，可以成为进货资源；或者与周边实体店铺合作，谈好折扣，在网上代为销售。另外，每个地区的批发市场是最常见的进货渠道，种类丰富，也是创业者的首选，见图 3-5。

4. 其他货源

如果周边货源也缺乏，可尝试在网上寻找货源，如阿里巴巴批发市场(www.1688.com)或者当品牌代理商、分销商等。做品牌代理商一般门槛较高，需要经营者有一定的资金和经营管理经验。

图 3-5　揭阳普宁国际服装城

(二) 是否喜欢和熟悉商品

选择自己感兴趣和喜欢的商品，会使你更愿意、更用心地去了解它的特点，在经营时也会更得心应手，通过以下问题可辅助分析你喜欢或熟悉的商品是否适合经营。

(1) 你喜欢或熟悉的商品有哪些？将它们填到表格中(限五项)。

(2) 这些商品归属于哪些淘宝商品类别？

(3) 这些商品适用于什么人群？

(4) 这些商品可以从哪里进货？

(5) 这些商品有什么优缺点？(可从商品卖点、成本、是否有季节性、如何鉴别、采用材料等各方面进行分析)

(6) 这些商品的竞争商品和替代商品是什么？

将上述问题的结果填入表 3-1 中，通过分析对比，在你喜欢或熟悉的商品中，选择具有竞争优势的商品作为主营商品。

表 3-1　分析你喜欢或熟悉的商品是否适合经营

序号	喜欢或熟悉的商品	归属类别	适用人群	进货渠道	优点	缺点	竞争或替代商品
1							
2							
3							
4							
5							

(三) 是否了解消费群体

一个网店不可能做所有人的生意，因此，需要对目标客户群体进行分析，了解其需求，并从其需求出发选择商品来满足其需要。例如，选择母婴产品类目时，如果能了解年轻父母的喜好及需求，就能更好地挑选合适的产品进行销售。

三、定位市场

分析市场需求和自身条件后，就要定位好目标市场，并更深入地调查、了解、分析该目标市场的情况，确定好要进军哪个细分市场，为后续进货打下基础。

例如，要进军童装市场，要分析童装市场的情况，定位年龄段在小童还是中大童，分析市场这个类目的消费者群体，了解他们的需求和可接受的价位，定位我们要进军的细分市场。例如，有些网店专做婴儿服装，有套装和礼盒，针对准爸爸妈妈备货和亲戚朋友送人，这就是他们定位的细分市场。

资料链接

市场定位主要明确以下几个问题：第一，目标消费者是谁？第二，他们的需求是什么？第三，我们能提供什么？第四，为什么我们能更好地满足消费者的需求？第五，我们有什么理由能让消费者相信？第六，竞争对手是怎么样的？见图 3-6。

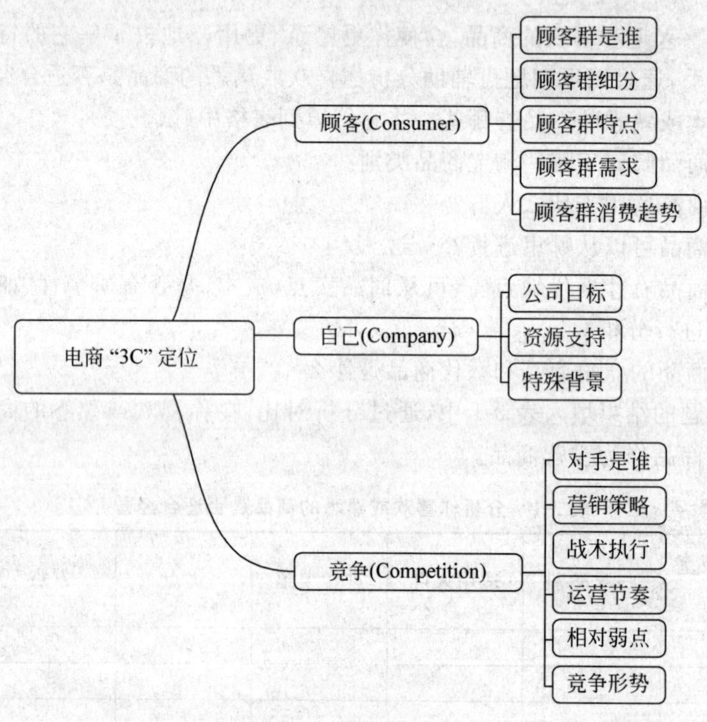

图 3-6　电商“3C”定位

四、选择网货

对于刚起步的网店，并不是所有的商品都适合在网上销售，根据行业经验，适合网上开店销售的商品一般具备下面的条件。

1. 附加值较高

价值低过运费的单件商品如果不能包邮，一般消费者都会选择在线下购买而不会支付运费在网上购买。

2. 新奇特商品

新奇特商品有三类：一类是将标准化产品改变外观造型或增加功能特性等，成为新产品，例如设计成各种形式的U盘，见图3-7；另一类是DIY个人手工艺品；还有一类是个性化定制的商品。

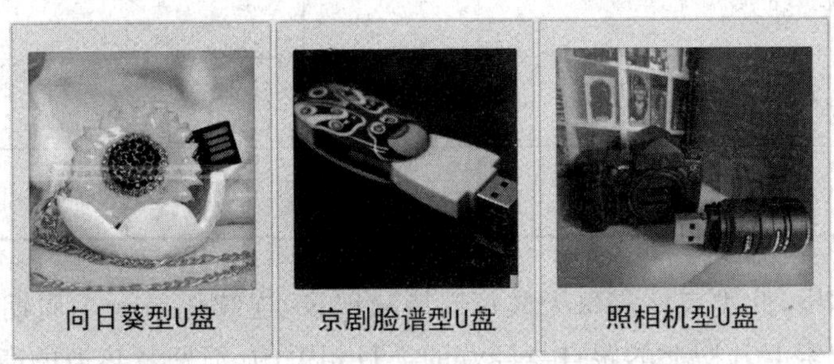

图3-7　设计成各种形式的U盘

3. 具有地域特色的商品

具有地域特色的商品主要是指带有地方或民族文化特征的民间、民族工艺品，以及地方特产等，例如少数民族服饰、挂毯或者家乡特产茶叶、果脯、肉脯等。

4. 价格合理

如果网下的价格更低而且买入方便，那么消费者也不会在网上购买。

5. 线下不方便买到的商品

比如外贸和OEM产品，或者国外代购商品。

除此之外，网上开店也要注意遵守国家法律法规，不要销售违禁物品。

(1) 法律法规禁止或限制销售的商品，如武器弹药、管制刀具、文物、淫秽品、毒品。

(2) 假冒伪劣商品。

(3) 其他不适合网上销售的商品，如医疗器械、药品、股票、债券和抵押品、偷盗品、走私品或者以其他从非法渠道获得的商品。

(4) 不具有所有权或支配权的商品。

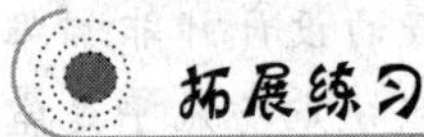

拓展练习

(1) 请登录淘宝规则网站 http://rule.taobao.com，查找《淘宝禁售商品管理规则》，列举不适合在网上售卖的商品。

(2) 在淘宝网站中有个排行榜 http://top.taobao.com/，包括上升榜和热门榜。记录自己感兴趣的大类目下某一子类目的热销关键词，例如“服饰”——“牛仔裤”，搜索上升榜排名前三位的是“加长牛仔裤(女小)”“中年牛仔裤(女)”“miss sixty”，并填入表3-2。

表 3-2　商品分类排行榜

类目	子类目	上升榜			热门榜		
		第一位	第二位	第三位	第一位	第二位	第三位
服饰	牛仔裤	加长牛仔裤（女小）	中年牛仔裤（女）	miss sixty	牛仔裤	牛仔裤(女)	加绒牛仔裤（女）

在实际工作中，此类表格需每天或每周持续记录，连续记录一个周期后，进行分析小结，例如，分析搜索上升榜上的跟自身经营的类目相关的、消费者热搜的商品，及时调整店铺的进货和经营策略。

资料链接

典型网货品牌故事——胖女孩们喜欢的 MS・SHE

张婧薇是一个胖女孩，2004 年她从一所金融大学毕业到银行求职，但是银行不想要胖女孩。一赌气她到淘宝网上开店卖外贸库存服装，从 2004 年到 2008 年一路做到 5 个皇冠。2008 年 6 月之后，国内外贸受阻，外贸订单少了，尾单也就更少。2009 年张婧薇又感觉到了大批传统企业转型给小店主带来的压力，生意越来越差。8 月，她干脆关闭了 5 个皇冠店铺，想冷静下来认真思考未来的出路。

在关店以后休息的那几个月，张婧薇把以前的客户资料找出来，分类出体型偏胖的客户，打电话过去聊天，询问需求，真切地了解到了大码女的买衣服难。大码女是小众，规格又比较复杂，几乎没有工厂愿意生产大码女装，更不要说生产中高档的大码女装了。张婧薇看到了这个独特的市场需求。

张婧薇决定将公司从北京搬到广州去，为的是靠近能够生产高质量服装的工厂群，但是设计团队她坚持自己建立，她说："广州满大街都是设计师，但好的设计师非常难找，更不用提有过大码女装设计经验的设计师、纸样师。在国内，这部分市场几乎是空白，设计的要求是年轻有活力、成熟稳重、高档，最重要的是要满足大多数胖妞儿的需求。"经过一年的努力，MS・SHE 的设计团队已经成熟，可以有针对性地为不同体型的人设计服装了。

通过产品质量和寻找大码女的方法，张婧薇在 MS・SHE 旗舰店开张一年就销售了 4000 万元，成交回头率 35%，个人最多购买纪录是 16000 元。谈到将来，张婧薇说："淘宝上称为品牌的大码女装基本上没有。我们现在也是在从卖货到做品牌的转型过程

中，这条品牌之路会很长很长，希望有一天大家提起大码女装，第一个想到的会是MS·SHE。"

现在的MS·SHE已经成为一家连续四年淘宝网大码女装销量第一的店，MS·SHE品牌也在国内大码女装市场中名气渐大(见图3-8)。

图3-8　MS·SHE大码女装品牌

任务二　采购网货

案例导入

要挑选什么款式好呢?

玲玲是一家新开张网店的店主，自己平时也喜欢时尚和打扮，所以她选择做女装类产品，前段时间她去批发市场进了一批时尚女装，因为喜欢牛仔面料，所以她选了几款牛仔质地的款式，但是衣服传上网店后，买的人并不多，反而另一款棉质地的短袖T恤受到大家的欢迎，销量很好，而牛仔款却成了她店里的积压商品。这时她才意识到，并不是自己喜欢的款式就会受到消费者喜欢。

问题与思考：

(1) 什么样的网货才能在网上热卖呢?

(2) 可以去哪里采购我们需要的商品呢?

知识探究

一、进货渠道

确定好经营的商品后，最重要的就是要寻找好的供应渠道，一般进货的渠道主要有以下几种。

1. 批发市场

批发市场是最常见的进货渠道，对于新开的网店，初期规模往往较小，资金也不多，如果没有其他特别便利的进货渠道，批发市场往往成为中小卖家的首选。批发市场分为线下批发市场和网络批发市场两种，见表3-3。

表 3-3　线下批发市场和网络批发市场的比较

进货渠道	优　点	缺　点	举　例
线下批发市场	• 品种繁多 • 商品更新快 • 可同时货比三家 • 进货压力小	• 有地域上的限制 • 品质良莠不齐，不懂行易吃亏 • 商品周期短，容易断货	广州白马服装批发市场 广州桂花岗皮具批发市场 义乌小商品批发市场
网络批发市场	• 品种繁多，可选择性大 • 方便快捷，省时省力 • 价格低	• 只通过图片看货，质量把握不准，容易货不对版 • 网上交易双方互不了解，容易被骗 • 运费及运输损耗	阿里巴巴批发网 慧聪网 义乌购

2. 代销网站

代销是指店主无须采购，只需与网上提供代销货源的网站或供应商达成协议，将供应商所提供的商品图片等数据上传至自己的网店，网购者下单后，再向供应商下单，并由供应商代发货，见图 3-9。售价和代理价的差额就是该店的利润，很多想通过网上开店创业但没有资金和经验的卖家都把"代销"作为首选。

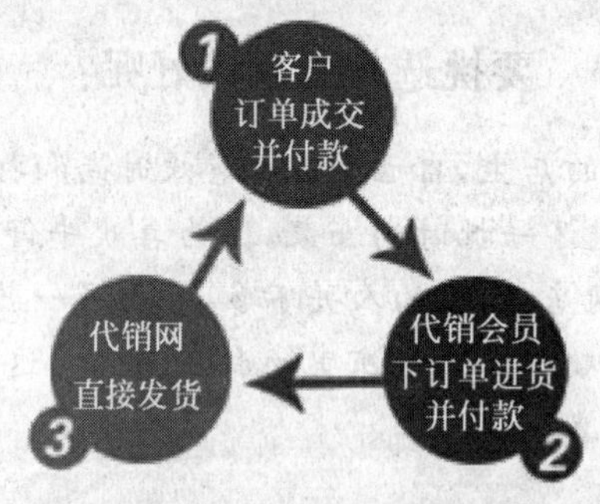

图 3-9　代销的过程

代销货源的优缺点比较见表 3-4。

表 3-4　代销货源的优缺点比较

进货渠道	优　点	缺　点	举　例
网上代销	• 投入资金少 • 没有库存压力 • 不用拍照、处理图片、发货，省时省力 • 可申请品牌代理或代理多家	• 商品品质不容易把握 • 对商品的情况缺乏深入了解，经不起买家的再三咨询 • 同款竞争对手多 • 供货方能获取买家的详细资料	天猫分销平台 提供一件代发货源的独立网站

3. 厂家拿货

如果能直接从工厂拿货，对商家来说具有很大的成本优势，但是一般工厂货源是面对

大客户的,很少接小批量的订单。除非是关系资源,可小批量进货,否则小卖家最好等销量积累得比较大时,再直接从工厂进货。

厂家拿货还可分为普通订货和外贸尾单,两者的比较见表3-5。

表3-5　厂家普通订货和外贸尾单的比较

进货渠道	优　点	缺　点
厂家普通订货	• 价格低 • 品质有保障 • 可自行零售或转手批发 • 后期补货或做活动款可直接下单定制	• 要求数量大 • 有压货风险 • 不容易接洽 • 要有一定的周转资金
外贸尾单	• 商品质量好 • 款式新、时尚 • 价格合理	• 需一次性成批购买 • 存在少量的瑕疵品 • 厂家门槛高,一般只与大买家接洽 • 假外贸尾单的多,容易以普通内销货冒充外贸货

4. 其他渠道

与实体店联合经营,实现O2O模式,或收购二手商品或一些厂家库存积压、清仓处理的商品,这些也是网店货源的进货渠道。

二、采购过程

(一)采购准备

在进行采购前,应收集有关这一货源渠道的相关资讯或鉴别方法,最好能进行实地调查,做好采购计划,并掌握一些商务谈判技巧,准备好如何与供货方询价议价,知彼知己方能百战百胜。

(二)货比三家

无论是在线上或线下批发市场采购还是厂家拿货,都应对多个供应商进行比较,包括商品的款式、质量、价格、起批量等,问清楚是否可以退换货,退换货的条件,考虑供应商的所在地、信誉、售后服务等。

对供应商的选择可关注以下几点。

(1) 品质:产品品质是顾客价值的核心;是顾客忠诚度的来源。

(2) 产品性能:是爆款的保证。

(3) 成本:利润、价格优势的保证。

(4) 响应速度:多批次、少单量、快追单是电商采购的特点,只有响应快速的供应商才是好的供应商。

(三) 确定采购清单

确定采购清单时要把握以下几个原则。

(1) 站在目标消费群体的角度选择商品，理性分析商品是否会被客户接受。

(2) 初期先小批量多款式进货，试销/后再增大进货量，降低风险。

(3) 尽量在同一家批发商拿货，不管是数量多、品种多还是次数多，拿得多时拿货条件也会优惠得多。

(4) 如果是小店铺，多色多码的货在资金不允许的情况下不要全进，在经营上专而精即可，不要盲目选择大和全。

(5) 严格控制预算，一是进货资金，二是补货资金，还要有备用金。

(6) 下单时要跟供应商明确商品的具体情况（如货号、型号、尺寸、颜色等），确定订单无误。

三、测试款式

选择的网货是不是适销对路，要经过市场的检验。因此，小批量采购上架或提前上图测试是必要的步骤。

测新款的前期准备是将商品图片处理好，做成一个版面，定好测试周期，然后将版面发布到店铺首页或者商品详情页最下面的部分，最后就是观察数据分析结果。

上架测款时，可通过量子恒道或生意参谋等卖家工具观察商品是否受欢迎，可关注以下数据。

(1) 商品页点击率：点击率是决定一款商品是否被潜在客户认可的最直接的参考数据，如图 3-10 所示。

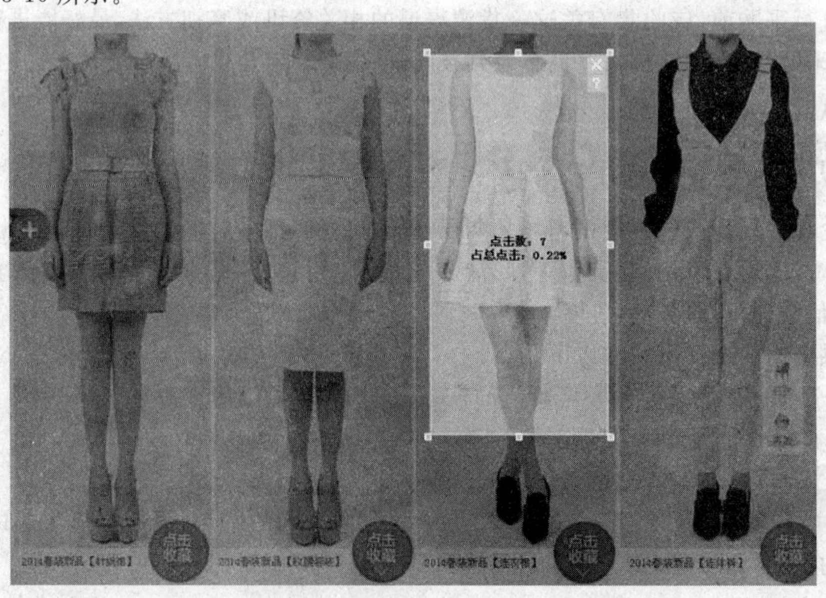

图 3-10　通过量子恒道装修热力图看到的图片点击率

（2）宝贝的浏览量及停留时间，如图 3-11 所示。

序号	宝贝名称	分类	宝贝页浏览量	宝贝页浏览量日均值	宝贝页访客数日均值	宝贝平均停留时间	跳失率
1	查看详情		170	6	5	0分40秒	38%
2	查看详情		14	0	0	0分4秒	-

图 3-11　通过量子恒道宝贝被访排行可查看有关数据

（3）收藏量、收藏率（收藏率＝收藏数/访客数），如图 3-12 所示。

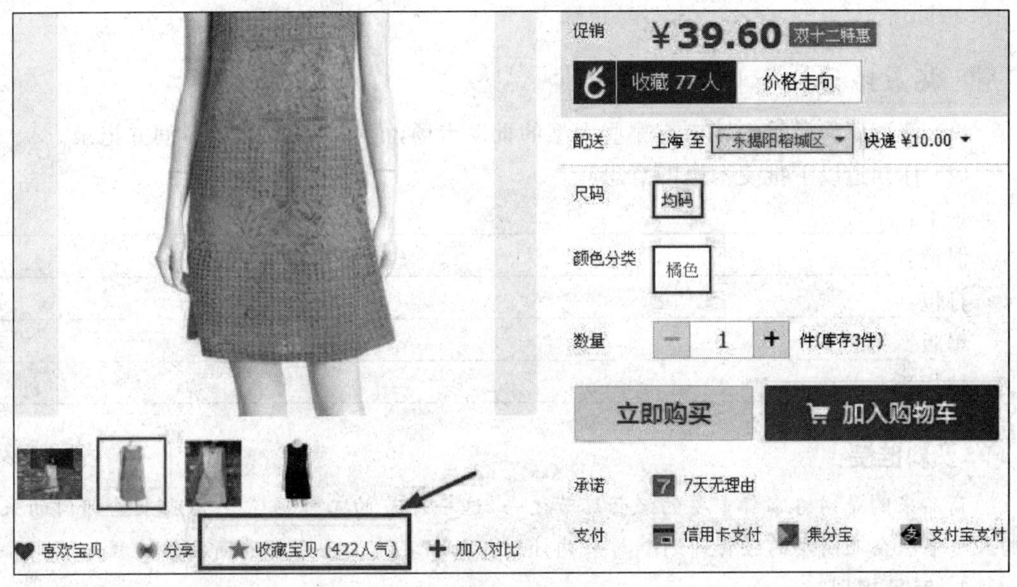

图 3-12　查看宝贝的收藏人气

新品测款主要是为了检测即将要进货的或将投入生产的商品是否适合市场，只是样品图片并没有实际库存的，可采用夸张的高价格形式定价，消费者不会直接购买，如图 3-13 所示。

如果是小批量采购测试款式是否受欢迎，及时补货和定制的，还可参考以下数据。

（1）销量和转化率。

（2）好评数量。

（3）回头客数。

图 3-13　新品测款设置

拓展练习

（1）请调研你所在的城市有哪些大型的批发市场，了解市场的营业时间并记录。

（2）你知道以下批发术语的意思吗？

一手：________

混批：________

打包：________

爆版：________

炒货：________

资料链接

商品采购是网络零售重要的经营环节之一，这一环节的工作通常由企业采购部门的采购人员根据企业高层的经营计划制订采购计划并加以实施。企业采购商品的流程如下。

1. 商品规划

建立一套合理的商品规划，包括风格、品类、数量和价格体系，对建立和维护品牌来说是一个非常重要的环节。商品的规划通常包括广度和深度两个方面。因为获得用户的方式和表现形式的不同，网络品牌的产品规划相对于线下品牌来说，具有更大的灵活度。有些企业每月上大量的新品，这是典型的以广度取胜；有些企业每月就上那么几款新品，这是典型的以深度取胜。

2. 完善供应商的筛选标准

制定供应商筛选标准至少可以从以下三方面进行，而标准的高低要视具体情况而定。

（1）入库质检的退货率。

（2）产品销售的退换货率。

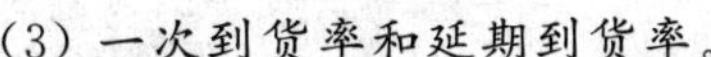

(3) 一次到货率和延期到货率。

3. 制订采购计划

采购计划应明确以下信息,且缺一不可。

(1) 供应商代码。

(2) 商品代码。

(3) 数量。

(4) 采购价格。

(5) 物流成本。

(6) 结算方式。

(7) 发货日期。

(8) 预计到货日期。

4. 到货准备

(1) 到货堆场的准备。

(2) 人力资源的准备。

(3) 货架的准备。

5. 到货点收

(1) 收包清点。货运大包的数量与货运清单是否一致,外包装是否破损。

(2) 详细到货清点。拆包清点,统计详细到货的商品种类和数量。

(3) 到货差异确认。根据实际到货情况与计划到货情况的差异,编制差异表,并第一时间与供应商确认,此表为结算的最原始凭证。

6. 到货检验

(1) 检验标准的确定(以顾客眼光为准)。

(2) 大货检验。

(3) 根据检验结果编制检验报告。

(4) 与供应商确认检验报告,次品退还。

7. 入库上架

在货物入库上架前,必须首先做好以下仓库规划和准备工作,然后才能入库,否则出入库工作将无法或很难完成。

(1) 商品与库位的匹配。

(2) 整仓堆场。

(3) 零仓上架。

答疑解惑

经营者需要综合自身的财力、资源,商品的属性及物流运输的便捷性,对经营的网货类型进行定位,确定好经营的商品类型后,通过调研和分析,选择合适的进货渠道。最好的货源是凭自身技能特长自创的货源,其次是从亲戚朋友、同事、业务来往等关系中挖掘出货源,再次是依靠地域优势找到周边货源,最后才是其他如网上批发、外贸尾单等有一定风险的货源。

项目小结

货源在网络零售中占据着很重要地位，选择对的商品，找到好的货源，等于在网络零售中成功了一半，作为新手来说，一定要多看、多听、多问、多想，积累网络零售货源采购的方法和技巧。

实训练习

一、选择题

1. 以下不是淘宝网上的禁售商品的是(　　)。

A. 食用盐　　B. 心理咨询、医药咨询商品信息

C. 代写论文　　D. 移动充值卡

2. 网上代销的优点主要是(　　)。

A. 投入资金少　　B. 没有库存压力

C. 省时省力　　D. 同款竞争对手少

二、实践活动

案例名称	网货采购
工作任务	小林和小李分头到批发市场进货。小李走进一家店，人很多，小李看中一件商品，大声地问老板：“你这个东西批发价是多少?”老板看了他一眼，没有搭理他，小李就走了。去了另一家店，小李问：“你这个东西最低价是多少?”这次老板报了个价“50 元一个”，接着问了一句：“你在哪里卖啊?”小李说：“我准备在网上卖，这个价格贵了。”“那你出价多少?”“25 元一个。”小李说。“进货都不止啦，一看你就是不懂行的。”老板说。结果两个人不欢而散，小李逛了一圈市场没能完成采购任务。 小林跟小李不同，在出发前，他做好了准备，先在网上做好了市场调查，例如，查了一下他进货的商品大概是什么价位，主要有哪些类型，然后向做过生意的姑姑请教去批发市场拿货的沟通要领。到了批发市场，他心中有数，知道自己要采购哪些类型的商品，向老板询价也显得老成：“这个东西怎么卖?”老板：“68 元一个。”小林：“给个实点的价。”老板：“50 元一个。”小林：“我再考虑看看，给张名片吧，我还有其他的东西要进，你这儿没有，我一起看完再回来拿货。”出了店门，小林就在手机上记录下刚才的询价结果，最后货比三家，小林在批发市场上采购到了一批货。
完成时间	15 分钟
任务目标	了解市场进货的方法。
任务要求	1. 小李在进货谈判过程中，出现了什么问题? 2. 为什么小林能顺利地完成采购任务？在进货谈判过程中应该注意什么?
研讨内容	
研讨成果	
讨论过程	
自我评价	
小组评价	
教师评价	

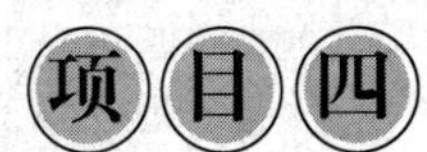

淘宝开店

越来越多的传统型或创业型中小型企业怀着激情与梦想进入淘宝这个大家庭。凡是来到这里的企业,大都是看多了其他企业成功地向电商企业转型或者是拓展了销售渠道从而月进万金的故事,久久不能抑制自己内心的那种不安分,心里想的是别人能够成功,如果自己努力也一定不会逊于他们,于是开始对企业运营进行了全面规划,成立了诸如客服部、设计部、采购部、数据分析部、仓储物流部等部门,在实现岗位分工细化的同时,逐步实现现代化信息管理,从此走上了品牌快速发展的轨道。

本项目将为你揭晓中小型企业如何创业转型,实现华丽转身,它将让你在未来的职业生涯中迅速适应淘宝企业各工作岗位的需求。

任务导读

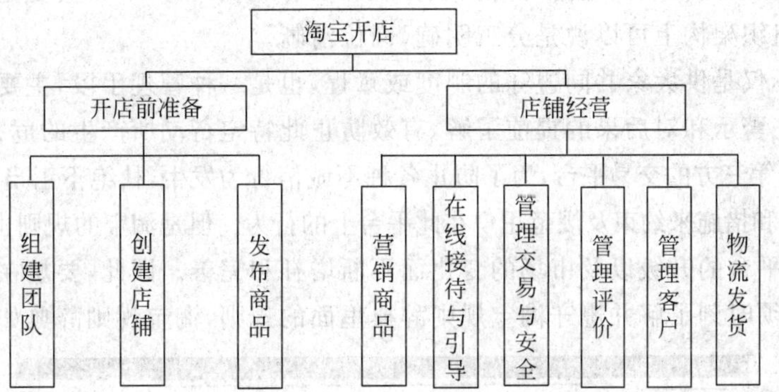

知识目标:

储备淘宝开店前的各种知识与软硬件,熟悉并掌握淘宝整个交易过程,了解淘宝的售中售后服务体系。

能力目标:

运用所学知识打造属于自己(团队)的淘宝店铺,并使网店运营起来。

任务一　组建团队

如何组建团队？

随着传统零售市场竞争程度的加大，某企业准备将产品放到淘宝上进行销售，以拓展自己的销售渠道，提高企业竞争力。

该企业选了曾在某中职学校电子商务专业就读的小伟负责组建团队开展网络销售。不过小伟目前尚处于“一穷二白”的阶段，他必须先规划好网店的组织架构，然后是企业的流程运转、部门设置及职能规划，还有部门与部门、员工与员工之间该如何进行团队协作……

当然这些还不够，还得给自己的团队来一场岗前培训，让团队了解淘宝的运营规则。

问题与思考：

(1) 请问一家淘宝企业通常会设立哪些部门？这些部门主要负责什么？

(2) 如果你是小伟，组建团队需要注意什么？当出现决策的分歧时该怎么处理？

(3) 说说淘宝主要有哪些规则？当你的店铺发生违规行为的时候该怎么办？

以往，网上店铺在人员配备与岗位职责上并没有明确的分工，人员更是屈指可数。但如今网店在组织架构上可以说是分工明确，岗位清晰。

而规则不仅是供大家共同遵守的制度或章程，也是一种管理手段，主要用于人们对特定行动的预先警示和对后果的提前了解，有效防止此特定行动所产生的危害。

作为一个第三方的交易平台，为了防止各种不诚信行为发生，杜绝不正当竞争，淘宝制定了一系列规则和措施来约束及规范用户在此平台上的行为。但是淘宝的规则也不是一成不变的，它会随着平台的升级以及市场的变化而不断增补和完善。因此，要想在这个平台上生存和发展，必须时刻了解并遵守淘宝规则辞典里面的规则，淘宝规则辞典如图 4-1 所示。

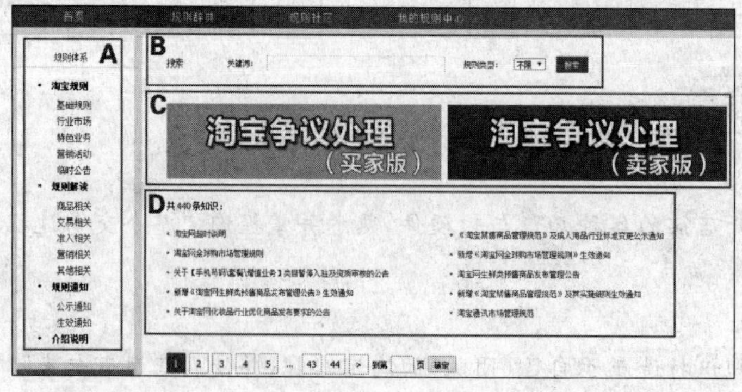

图 4-1　淘宝规则辞典

区块 A 是规则类目导航，加粗的是一级类目，想看正式的规则正文就选“淘宝规则”，想深入学习规则的就选“规则解读”，想了解每篇规则变更内容及时间的就选“规则通知”，想看其他产品说明性文章就选“介绍说明”。没加粗的那些是各一级类目下的二级类目。

区块 B 是搜索框，顾名思义输入关键字进行搜索。

区块 C 是近期重点推荐给大家的知识。

区块 D 是知识承载区。默认按照时间顺序排列，最新的排在最前面。

一、网店组织架构和岗位

一个典型的网店组织架构和岗位设置如图 4-2 所示。

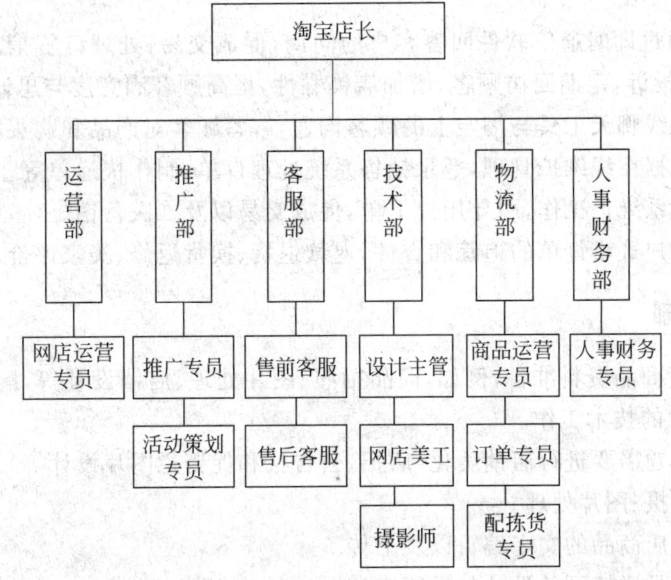

图 4-2 网店组织架构和岗位设置

(一) 淘宝店长

(1) 负责网店整体规划、营销、推广、客户关系管理等日常全面经营管理工作。

(2) 负责制订销售计划，带领团队完成销售目标。

(二) 运营部

(1) 负责网店日常整体运营。

(2) 负责网店日常店铺营销(改版策划、上架、推广、销售、售后服务等经营与管理工作)，策划店铺促销活动方案。

(3) 负责网店日常维护，保证网店的正常运作，优化店铺及商品排名。

(4) 负责收集市场和行业信息，提供有效应对方案。

(5) 客户关系维护，处理相关客户投诉及纠纷问题。

(三) 推广部

(1) 负责店铺活动的策划及报名,包括淘宝站内推广(店铺与标题关键字策略优化、橱窗推荐、搜索引擎营销、淘宝直通车、淘宝客等),站外(SEO、论坛推广、博客营销、微博营销、微信营销等)的活动策划广告宣传,流量分析,数据分析等,使更多消费者关注并且购买店铺的商品。

(2) 负责产品的文案描述。

(3) 研究竞争对手的推广方案,向运营经理提出推广建议。

(四) 客服部

客服部是通过即时通信软件回答客户的问询,促成交易,处理订货信息,处理客户有关商品、服务等投诉,定期回访顾客,增加店铺黏性,提高顾客满意度与忠诚度。

(1) 通过在线聊天工具与淘宝上的顾客沟通,解答顾客对产品和购买服务的疑问。

(2) 产品数据在线维护管理,登录销售系统处理订单,制作快递单等。

(3) 客户关系维护工作,引导用户下单,促成交易以及二次营销。

(4) 负责客户疑难订单的追踪和查件,退款退货、换货返修、买家评价、维权投诉等。

(五) 技术部

技术部负责商品资料准备,例如,商品拍照、图片处理、店铺设计等,配合各个部门完成售前以及售中的技术工作。

(1) 根据主题需要进行店铺美化(店招、公告栏和促销栏图片设计等)。

(2) 商品拍摄、图片处理。

(3) 负责网店商品的文字编辑以及上传。

(4) 完成商品详情页的设计与排版。

(六) 物流部

(1) 负责网店备货和商品的验收、入库、码放、保管、盘点、对账等工作。

(2) 负责保持仓库内货品和环境的清洁、整齐和卫生工作。

(3) 按发货单准确无误地完成商品包装。

(4) 在网店后台录入发货单号,将物流信息更改为发货状态,对有问题的包裹能及时进行处理。

(七) 人事财务部

(1) 负责公司人员招聘及相关制度的制定,员工绩效考核及工资核算等工作。

(2) 日常运营财务的处理以及网店资金的管理。

二、团队协作

团队协作是指在目标实施过程中,部门与部门之间、个人与个人之间的协调与配合。

一个团队必须齐心，如果心散了，就不好带了；团队凝聚力的形成，需要付出很多，诸如时间、心思、诚信、金钱等；而让一个团队心寒可能是轻而易举的事情。

对于一个网店来说，不管网店的组织架构多么完善，职能多么清晰，如果各部门间不能很好地协调与配合，那么网店最终也无法实现其经营目标。

团队成员之间配合好，则可以事半功倍，反之则事倍功半。很多时候，人与人之间的关系都是相互的，互相扯皮争斗，最终两败俱伤；唯有互相配合，团队协作，方能共同繁荣！双赢是团队的最终目的，但是这种团队之间的默契与配合是需要时间来磨合的，需要每个员工在生活或者工作中不断与他人交流与沟通。因为这是一项团体通力合作的项目，并不是单打独斗就能完成的。就如同接力赛跑一样，团结就是力量，如图 4-3 所示。

图 4-3 团队协作

三、淘宝网的注册规则

淘宝网的注册规则如下。

(1) 注册会员须年满 18 岁。

(2) 注册流程请参照注册及认证流程。

(3) 中国香港会员直接在“新会员注册”页面点击“香港用户按此注册”，香港会员申请方式、填写内容与内地会员大致相同。

(4) 淘宝会员名由 5～20 个字符(包括小写字母、数字、下划线、中文)组成，一个汉字为 2 个字符，会员名注册后无法自行修改。

(5) 只有无任何交易行为(如出价、购买、出售、投诉举报、评价等)的会员名才能申请注销。

(6) 如果被注册的会员名无任何交易行为，并且在超过 90 天的时间内未以用户的账号及密码登录网站，则淘宝有权终止服务。

(7) 登录密码由 6～16 个字符组成，建议使用英文字母、数字、符号的组合密码。

(8) 淘宝会员的邮箱地址具有唯一性，所以注册时输入的邮箱地址必须是之前未注册过的。同时使用手机注册的会员，也必须注意手机注册也是有唯一性的。

四、支付宝与淘宝账户的绑定规则

(一) 支付宝账户的绑定规则

(1) 支付宝账户和淘宝账户只能进行一对一的绑定，一旦淘宝账户绑定了认证过的支付宝账户，则意味着其淘宝 ID 通过了支付宝认证。

(2) 一个身份证可以对多个支付宝账户进行认证，但是有相同身份证认证的支付宝账户只能选择其中一个与淘宝 ID 进行一对一的绑定。如果通过某个身份证认证过的支付宝账户已经绑定了淘宝某 ID，那么其余由该相同身份证认证的支付宝账户将不能与任何淘宝 ID 成功绑定。

(二) 支付宝账户解绑的原则

取消支付宝账户与淘宝账户绑定的条件(以下条件只要有一项是符合的，则无法解绑)。

(1) 满足以下任意一项，淘宝账户将永久不能与支付宝账户解绑。

① 有发布过商品的行为。

② 有发布的历史库存宝贝。

③ 历史上创建过店铺。

④ 淘宝账户永久不能使用，无法进入"支付宝绑定设置"页面。

⑤ "支付宝绑定设置"页面没有"解绑或更换账户"的按钮，如图 4-4 所示。

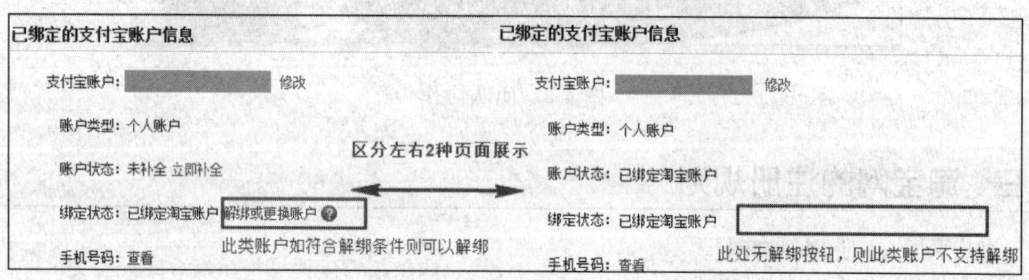

图 4-4　没有"解绑或更换账户"按钮

(2) 满足以下任意一项，淘宝账户暂时不能解绑，需完成后续操作再进行解绑。

① 提示支付宝账户尚未激活，需补全支付宝账户信息后再操作解绑。

② 提示存在不可用的拍卖押金，需在拍卖押金解冻后再操作解绑。

③ 提示有进行的交易，需交易完结或关闭后再操作解绑。

④ 提示有签约供应商身份，需先解除供应商身份后再操作解绑。

⑤ 提示有签约支付宝代扣协议，需先解绑协议后再操作解绑。

大家可以通过"我的淘宝"→"设置"→"支付宝绑定设置"进行支付宝绑定与解绑，如图 4-5 所示。

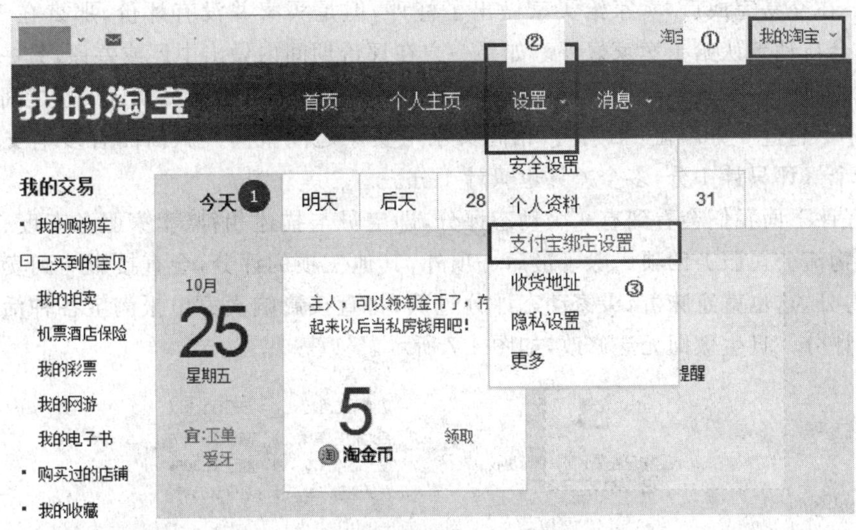

图 4-5　支付宝的绑定

五、淘宝网评价规则

淘宝的评价分为好评、中评和差评三类。好评得 1 分，中评不得分，差评扣 1 分。淘宝网信用积分对应的信用等级是从心级、钻级、皇冠级到金冠级别，信用等级在 4 分以下为无心级，达到 4 分则为一心，达到 11 分上升为两心，以此类推，如图 4-6 所示。

卖家信用
4分-10分
11分-40分
41分-90分
91分-150分
151分-250分
251分-500分
501分-1000分
1001分-2000分
2001分-5000分
5001分-10000分
10001分-20000分
20001分-50000分
50001分-100000分
100001分-200000分
200001分-500000分
500001分－1000000分
1000001分－2000000分
2000001分－5000000分
5000001分-10000000分
10000001分以上

买家信用
4分-10分
11分-40分
41分-90分
91分-150分
151分-250分
251分-500分
501分-1000分
1001分-2000分
2001分-5000分
5001分-10000分
10001分-20000分
20001分-50000分
50001分-100000分
100001分-200000分
200001分-500000分
500001分－1000000分
1000001分－2000000分
2000001分－5000000分
5000001分-10000000分
10000001分以上

图 4-6　淘宝信用等级

如果在交易完成后，卖家给买家做出了好评，但是买家并没有评价，那么在 15 天之后，系统会自动默认给予卖家好评。如果一方在评价期间内做出中评或差评，另一方在评价期间内未评价，系统不给评价方默认评价。每个自然月内，相同卖家与买家之间的有效评价计分不超过 6 分。在 14 天内，相同买家与卖家之间就同一款商品有多笔支付宝交易，则多个好评只计 1 分，多个差评也只计 1 分。

在好评下面我们会看到有 4 个动态评分，即宝贝与描述相符、卖家服务态度、卖家发货速度、物流公司服务四项。除了最后一项外，其他三项的评分，会直接影响到卖家的店铺动态得分，这也就意味着，买家动态评分过低，将直接影响卖家申报淘宝各种活动。同时，动态评分一旦生效即无法修改，如图 4-7 所示。

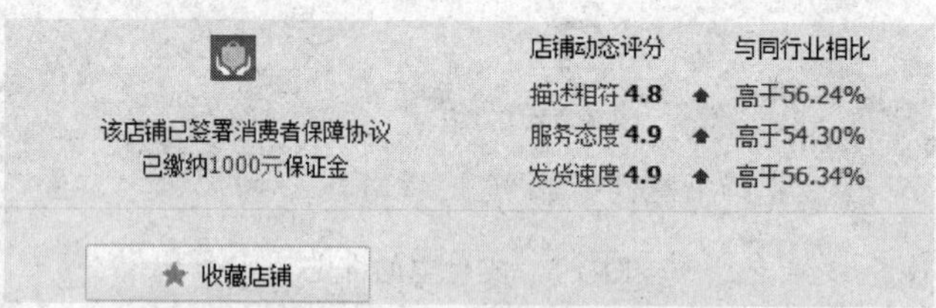

图 4-7　店铺动态评分显示

六、橱窗推荐规则

对于买家来说，当他进入店铺之后，首先看到的就是卖家橱窗推荐的商品，而且这也是最直接最吸引买家眼球的地方。因为买家可以直接看到此产品的图片与价格，会影响他的购买欲望。

没有缴纳消费者保障服务费的店铺，一心以下 5 个推荐位，二心为 10 个推荐位，卖家每升一个等级加 5 个推荐位，皇冠封顶，此时的橱窗推荐位数量标准为 50 个。缴纳消费者保障服务费的店铺则是在未交纳消费者保障服务费卖家的基础上增加 5 个推荐位。新店主在首次开店的前 3 个月会额外获得 10 个扶持性的奖励推荐位，3 个月后将不再享受。

每周统计各类目下店铺支付宝成交金额，排在前 1000 位的店铺获得 5 个推荐位的奖励，排名 1～20 位的店铺获得 20 个推荐位奖励，有效期为一周，过期收回。

七、淘宝用户行为管理规则

所有淘宝网用户可以在淘宝网发布商品，交流沟通，但是不能违反淘宝网用户行为管理规则，如果违反规则，淘宝将根据此规则处罚措施对该用户进行处罚。

淘宝处罚措施说明如下。

如果用户违反淘宝网和支付宝服务协议或相关规则，淘宝有权视情节轻重进行处罚，或者中止、终止向用户提供服务。处罚措施包括公示处罚、限制权力、删除评价、删除商品、删除店铺、冻结账户和永久封号等。

违规行为计分说明见表 4-1。

(1) 违规行为计分按每一自然年为一个计分周期。

(2) 违规计分扣满 12 分，淘宝网将对账户做冻结处理，但不限制网站登录，用户需要在学习期后参加淘宝考核，待考核通过后才能解除冻结。

(3) 学习期按计分周期内的冻结次数乘以 3 计算，如果用户在计分周期内未被扣满 12 分，则下一自然年 1 月 1 日零时起计分清零。

(4) 对于情节特别严重的违规行为，淘宝有权对用户做永久封号处理，不做再学习和开通。加入消费者保障计划的用户，一旦扣分满 10 分将被强制退出消保。

表 4-1　违规行为的处罚计分标准

违规类型	违规行为	违规行为情节/分类	扣分/处罚
严重违规	发布违禁信息	发布总则中发布违禁信息第一项所列商品或信息的	48 分/次
		发布总则中发布违禁信息第二项所列商品或信息的	12 分/次
		发布总则中发布违禁信息第三项所列商品或信息的	6 分/次
		发布总则中发布违禁信息第四项所列商品或信息的	发布第八目商品或信息的，加入“第三方质检服务”的淘宝网卖家 6 分/次，其他淘宝网卖家 2 分/次；其他情形 2 分/次
	盗用他人账户	盗用他人账户	48 分/次
	泄露他人信息	泄露他人信息	6 分/次
	骗取他人财物	骗取他人财物	48 分/次
	扰乱市场秩序	扰乱市场秩序	24 分/次；情节严重的，48 分/次
	出售假冒商品	卖家出售假冒、盗版商品且情节特别严重的	48 分/次
		卖家出售假冒、盗版商品且情节严重的	24 分/次
		卖家出售假冒、盗版商品的	12 分/次
		卖家涉嫌出售假冒、盗版商品的	商品 2 分/件(3 天内不超过 12 分) 情节严重的，24 分/次
	不正当谋利	不正当谋利	24 分/次；情节严重的，48 分/次
一般违规	滥发信息	发布总则中滥发信息第一项所列商品或信息的	12 分/次
		发布总则中滥发信息第二项所列商品或信息的	商品 0.2 分/件(3 天内累计扣分不超过 7 分) 店铺、阿里旺旺或门户信息 4 分/次
		发布总则中滥发信息第三项所列商品或信息的	除第三目外，商品 0.2/件(3 天内累计扣分不超过 7 分) 第三目 6 分/次
		发布总则中滥发信息第四项所列商品或信息的	除第六目外，商品 0.2 分/件(3 天内累计扣分不超过 7 分) 店铺或门户信息 4 分/次 第六目 12 分/次

（续表）

违规类型	违规行为	违规行为情节/分类	扣分/处罚
一般违规	虚假交易	符合虚假交易第一项所述情形的	违规笔数达96笔以上，96分/次；违规笔数48笔以上96笔以下的，48分/次
		符合虚假交易第二项所述情形的	48分/次
		符合虚假交易第三项所述情形的	24分/次
		符合虚假交易第四项所述情形的	6分/次
	延迟发货	延迟发货	3分/次，且需向买家支付该商品实际成交金额的5%作为违约金，且金额最高不超过30元
	描述不符	符合总则中描述不符第一项所述情形的	12分/次
		符合总则中描述不符第二项所述情形的	6分/次
		符合总则中描述不符第三项所述情形的	3分/次
	违背承诺	符合总则中违背承诺第一项所述情形的	12分/次
		符合总则中违背承诺第二项所述情形的	6分/次
		符合总则中违背承诺第三项所述情形的	4分/次
	竞拍不买	竞拍不买	12分/次，且须将拍卖流程中最终冻结的拍卖保证金赔偿给卖家
	恶意骚扰	恶意骚扰	12分/次
	不当注册	不当注册	12分/次
	未依法公开或更新营业执照信息的	未依法公开或更新营业执照信息的	12分/次
	不当使用他人权利	不当使用他人权利	2分/次
	恶意评价	恶意评价	12/次

八、投诉与举报规则

1. 淘宝网的投诉规则

淘宝的投诉体系由定义、申诉和处罚三部分组成，对于网上交易产生的纠纷，用户可以在网上成交0～60天内根据各投诉类型的投诉条件就该笔交易在网上投诉交易对方。

用户可以针对网上成交不买、网上成交不卖、卖家拒绝使用支付宝或诱导买家收货、收款不发货、商品与网上描述不符合恶意评价这6个方面提出投诉申请。被投诉方在收到投诉后的5个工作日内应进行解释，并尽量与投诉方达成共识，用户提交上述申请时需提供相关证据，淘宝网会在对方解释的基础上进行协调并处理。

2. 淘宝网的举报规则

为维护淘宝的交易秩序，保障用户的合法权益，对淘宝上出现的不良信息或者不良交易行为，用户有权就违规情况进行举报。

举报人必须是通过支付宝认证的用户，而且整个举报过程中，举报方是匿名的，所有的个人信息受淘宝网保护。被举报方在收到举报后的 3 个工作日内要去进行申诉，并尽量提供凭证以证实自己申诉的有效性，淘宝网会在被举报方申诉的基础上进行核实并处理。

用户可以就别人盗用自己的图片发布商品或者发现有人出售禁售物品的行为进行举报，盗用图片的处罚有“撤销”“公示警告 7 天”以及“公示警告 7 天并限制发布商品 7 天”这三种不同程度的处理意见；出售禁售品的举报经淘宝核查与事实不符，即做“不成立”处理，如果举报事实成立，则根据情节轻重分别做出“下架或删除”和“永久冻结账号”的处理。

拓展练习

(1) 打开 IE 浏览器，在地址栏输入 http://zhaopin.taobao.com，打开“淘工作”网商招聘平台，点击高级搜索。在“快捷职位搜索”栏中选择岗位分类、工作模式及工作地点，或者在“按关键字搜索岗位”栏中直接输入你想要从事的职位来查找淘宝方面提供的岗位，如图 4-8 和图 4-9 所示。

图 4-8 淘工作主页

图 4-9 岗位搜索页面

根据对淘宝职位的认知筛选出客服、运营、文案和推广等方面的岗位,制作招聘广告。

岗位1:

岗位2:

岗位3:

岗位4:

模拟网络招聘的场景,学生根据兴趣选择岗位并到指定岗位下提交面试发言稿,确保每个方向的候选人员相对均等。担任人事经理角色的学生根据扮演面试学生的面试发言稿提出问题,面试者回答问题。

(2) 小明家里经营着一家男装店铺,想到这一得天独厚的条件,小明也准备在淘宝网上开个网店试一试。于是2015年8月他的店铺终于上线了。小明在商品价格方面有着其他店铺没有的优势,利用这一点,小明开始打起了价格战。因为商品价格低廉,店铺的生意还算不错,看着一天天订单的增加,小明不禁窃喜。

但是好景不长,渐渐地,小明发现自己店铺的差评越来越多,明明自己商品的质量都不错,但是怎么会引来那么多差评?差评可是店铺经营的致命伤。而且他想报名参加聚划算,发现没通过的原因是店铺动态评分没有达到标准,这使他非常郁闷,百思不得其解,到底自己的店铺在哪里出了问题?

任务二 创建店铺

准备开张(一)

看到团队建设正在朝既定目标有条不紊地前进,小伟终于松了一口气。是时候在网上安家落户了,先成为淘宝的注册会员,然后创建店铺才能发布商品。

小伟把之前准备好的身份证、银行卡、手机、邮箱等一并交给了助理去准备开店的事宜,又交代运营部和技术部分别去策划店铺的基本信息与店铺的装修……

问题与思考:

(1) 说说在淘宝创建店铺需要哪些前期准备?

(2) 淘宝规定注册会员须年满18岁,当你的年龄还未满18岁该怎么办?

知识探究

网上开设零售商店有两种途径:一种是自建网店;另一种是到第三方网络零售平台(也称网络零售平台或市场)注册开店。由于网络零售平台开店门槛低,无须昂贵的设备和招聘掌握网络信息技术的人才,因此,在网络零售平台上开店是许多中小企业进军网络零售的首选途径。

网上开店与传统实体开店的流程很相似,都必须首先了解开店经营的规则,然后自建或租用经营场所，完成给店铺起名字、做招牌、采购货架、装修店铺等一系列工作。首先要到所选择的网络零售平台上了解开店规则，其次注册成为会员以获取虚拟的经营场所，最后完成给店铺起名字、做招牌、商品分类设置、装修店铺等一系列准备工作，而这些准备工作离不开网店建设工具。

一、网店建设前的准备

1．网店的名称

好的名字是成功的开始！综合网店所经营的商品、服务、理念、目标、风格等因素来明确网店名称，如果尚未定下店名，可暂时使用某个名称，网店开通后可以再修改。网店名称为2～10个汉字（或4～20个字母）。可以浏览淘宝网上经营的商品与自己网店相类似的店铺名称，以获得想法。

2．电子邮箱

所有与淘宝有关的信息都会由系统传送到你的邮箱中，如网店信息注册、修改验证等功能，同时邮箱账号也可以作为支付宝账号使用，所以需要准备一个自己常用的电子邮箱，用于接收信息或咨询交流。

3．手机号码

网店信息注册、修改验证等功能，也常常通过手机号码实现，需要具备自己常用的手机号码，用于接收信息或短信互动。

4．身份证图片

身份实名认证等功能，需要在线提交身份证明的图片，通常是身份证正面和反面的照片各一张，淘宝网还需要提供一张拿着身份证的半身照片，如图4-10所示。

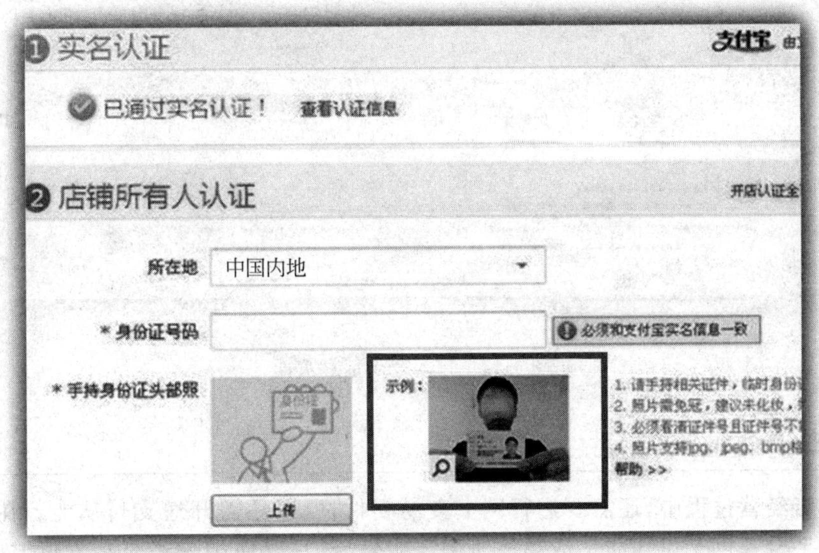

图4-10　实名认证的身份证明图片

5. 银行卡和网银

网上支付与收账需要与具有网银功能的银行卡关联绑定。可以在国内各大银行申请并开通网银，如图 4-11 所示，推荐使用银行提供的支付宝一卡通。

图 4-11　各大银行的银行卡

二、登录淘宝后台

在浏览器的地址栏输入淘宝网网址 http://www.taobao.com，打开并进入淘宝网主页，点击“登录”，输入登录账号和密码，如图 4-12 所示。

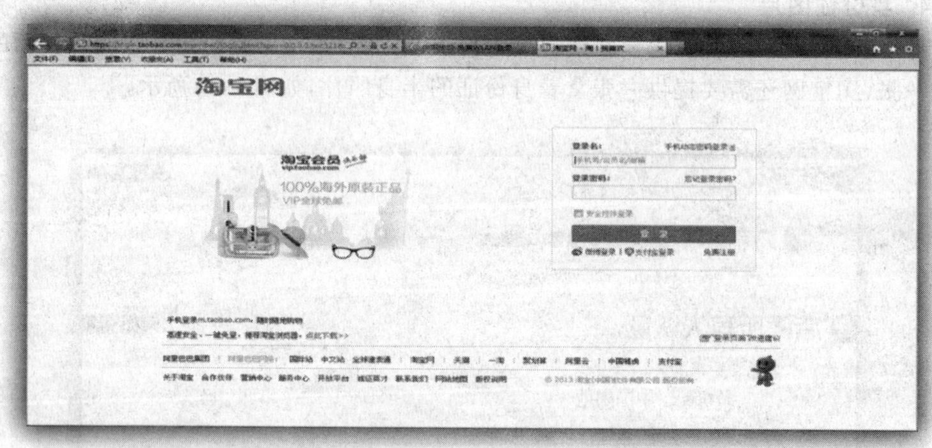

图 4-12　输入登录信息页面

三、申请认证支付宝

在网店经营过程中，还需要进行网上交易支付，所以还需开通支付功能。在淘宝网，由支付宝平台提供支付功能。成功注册淘宝账号后，只要使用该账号在支付宝申请认证就可以开通由支付宝担保的支付功能。支付宝提供两种认证途径，分别为普通认证和关联认证(也称快捷认证)。通过淘宝账号申请普通认证的过程如下。

(1) 点击进入卖家中心，选择“免费开店”，如图 4-13 和图 4-14 所示。

图 4-13 卖家中心入口

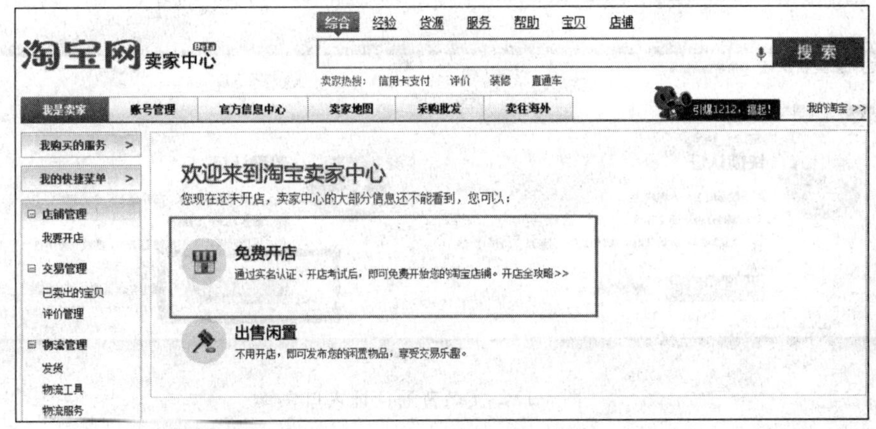

图 4-14 免费开店入口

(2) 选择“立即认证”，进入支付宝实名认证，如图 4-15 和图 4-16 所示。

条件	您的情况	状态	操作
支付宝实名认证	—	未认证	立即认证
一个身份证开一家店	—	—	—
淘宝开店认证	—	—	立即认证
个人支付宝账户	个人支付宝账户：guotang3431@aitest.com	已绑定	查看

图 4-15 实名认证入口

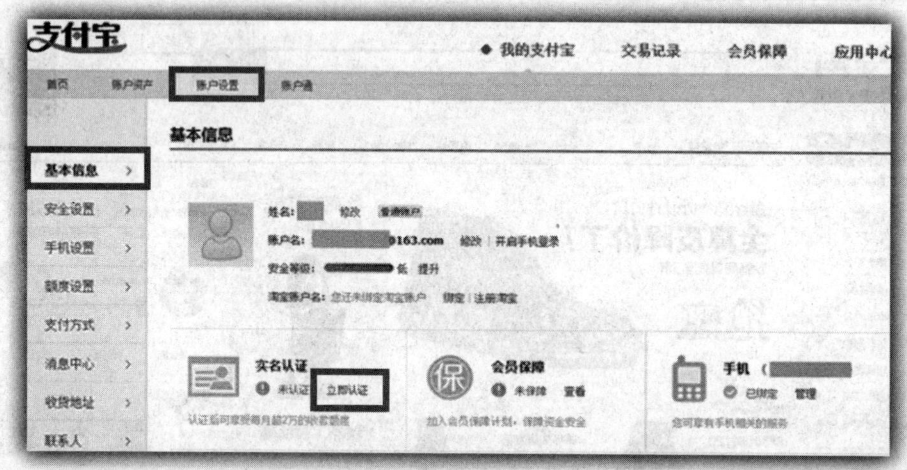

图 4-16　支付宝平台实名认证入口

(3) 支付宝实名普通认证过程,如图 4-17～图 4-24 所示。

图 4-17　实名普通认证入口

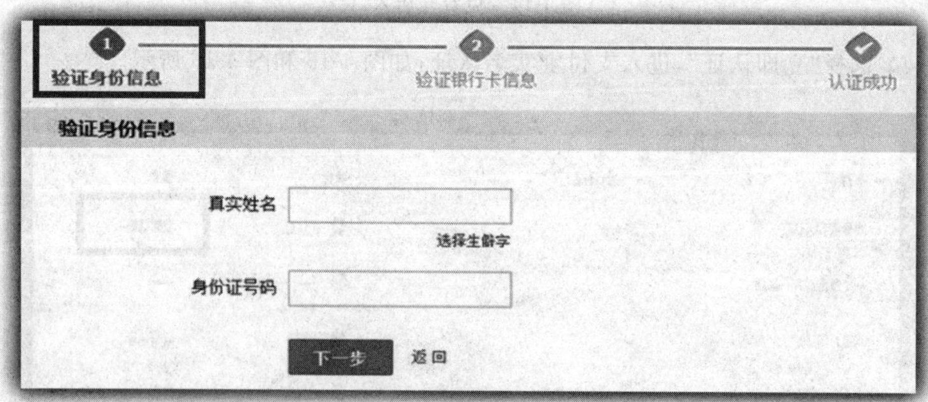

图 4-18　验证身份信息

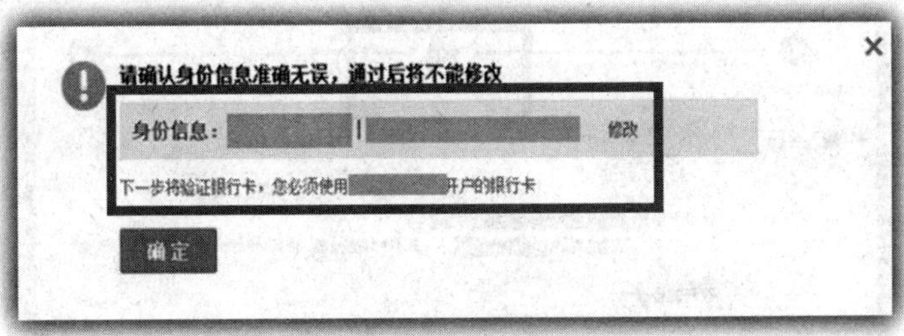

图 4-19　确认身份信息

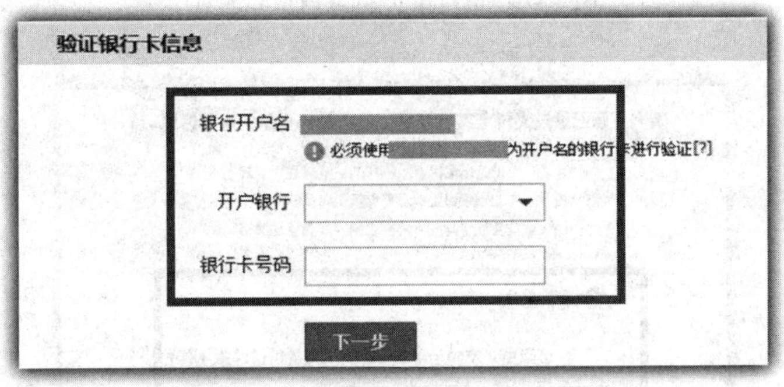

验证银行卡信息

银行开户名

必须使用　　为开户名的银行卡进行验证[?]

开户银行

银行卡号码

下一步

图 4-20　验证银行卡信息

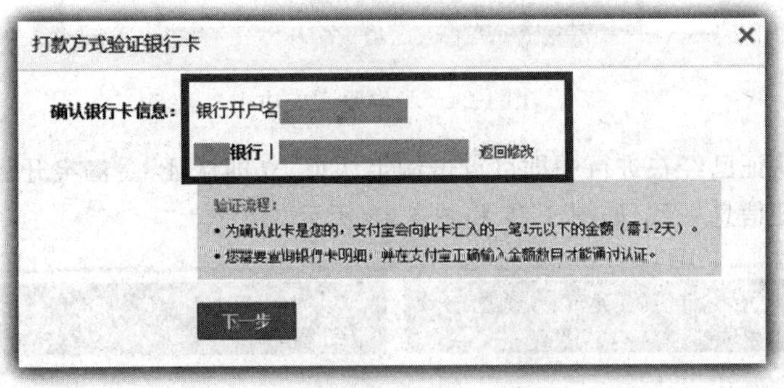

打款方式验证银行卡

确认银行卡信息：银行开户名

银行 | 　返回修改

验证流程：

• 为确认此卡是您的，支付宝会向此卡汇入的一笔1元以下的金额（需1-2天）。

• 您需要查询银行卡明细，并在支付宝正确输入金额数目才能通过认证。

下一步

图 4-21　确认银行卡信息

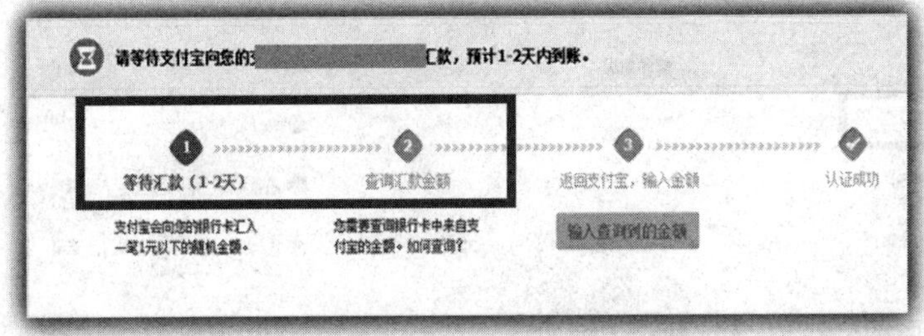

图 4-22　银行卡汇款验证等待

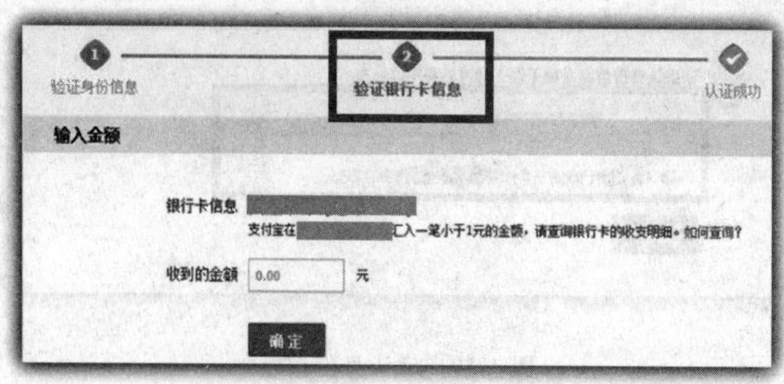

图 4-23 银行卡汇款金额信息验证

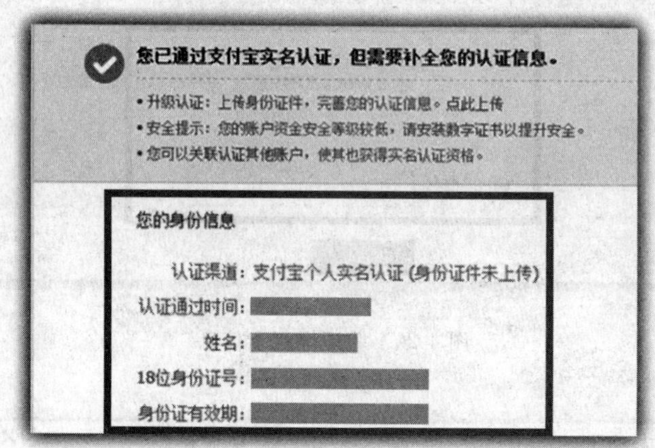

图 4-24 身份验证成功

如支付宝认证已经在进行中即可点击淘宝认证“立即认证”。淘宝开店认证信息要和支付宝实名认证信息一致，如图 4-25 和图 4-26 所示。

个人开店　企业开店

您的所在地：中国内地

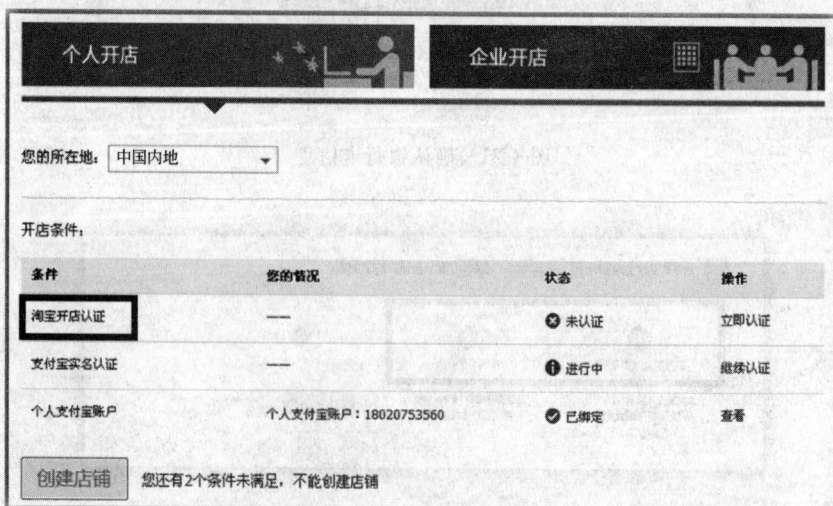

开店条件：

条件	您的情况	状态	操作
淘宝开店认证	—	未认证	立即认证
支付宝实名认证	—	进行中	继续认证
个人支付宝账户	个人支付宝账户：18020753560	已绑定	查看

创建店铺　您还有2个条件未满足，不能创建店铺

图 4-25 淘宝开店认证

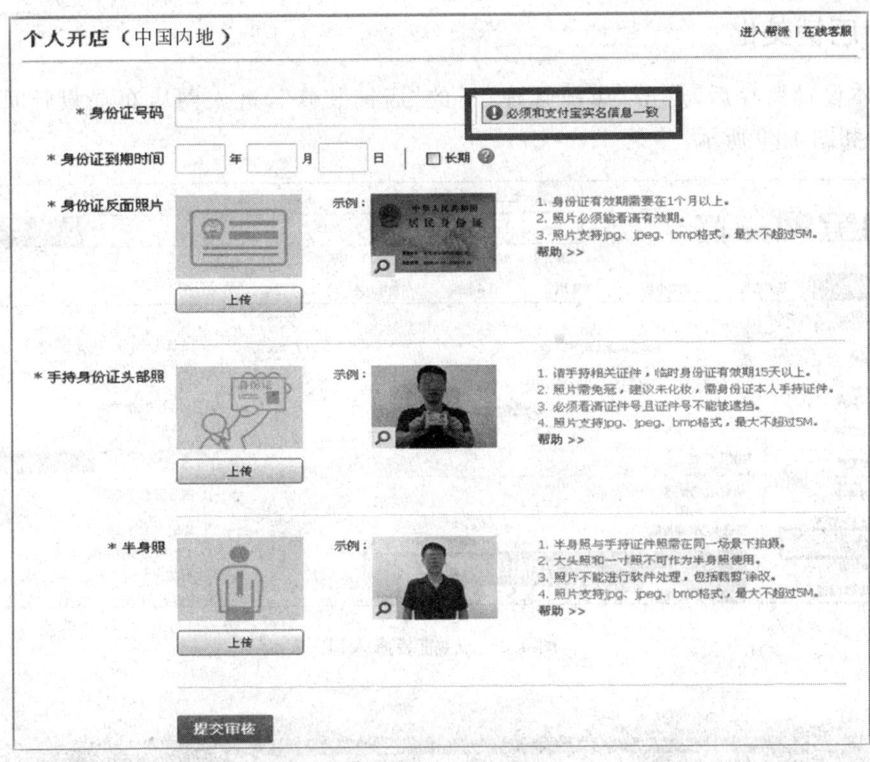

图 4-26　开店认证信息

四、店铺基本设置与发布

进入卖家中心，点击左栏卖家功能主菜单“店铺管理”下的“店铺基本设置”，打开店铺基本信息设置页面，如图 4-27 所示。需要完善的信息主要有店名、店铺简介、店铺类目、店铺介绍等。

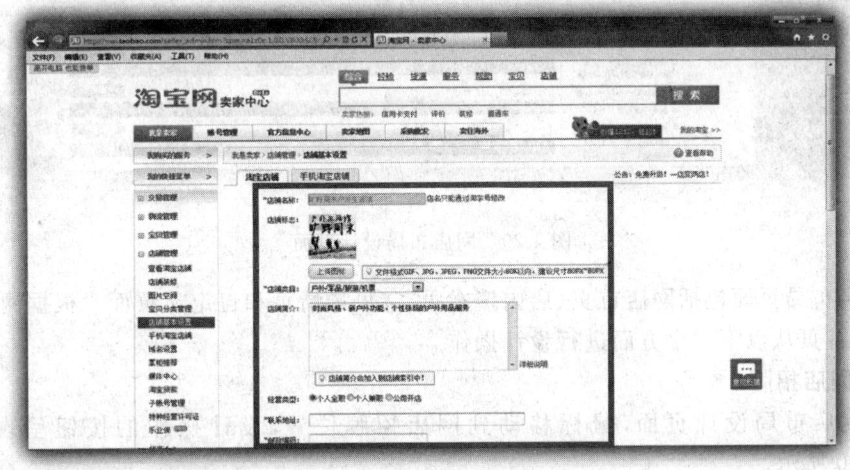

图 4-27　店铺基本信息设置

五、店铺美化

基本设置保存后，点击“店铺管理”下的“店铺装修”，进入网店布局设计页面，如图 4-28 和图 4-29 所示。

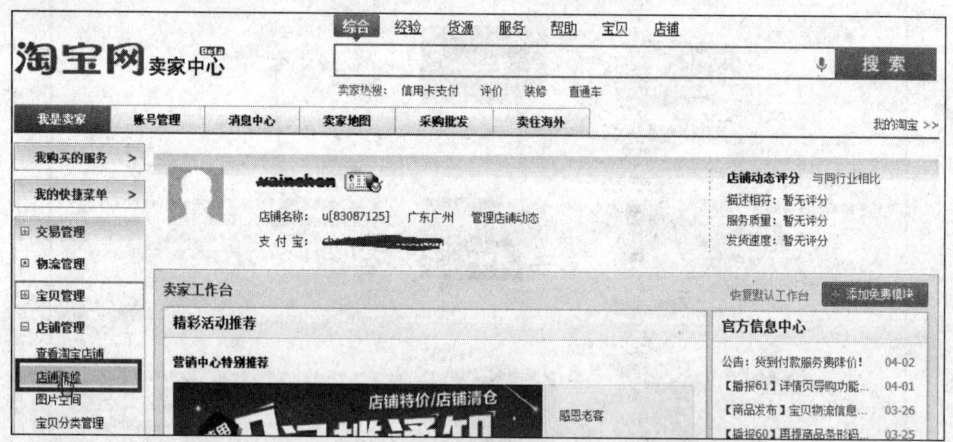

图 4-28　店铺装修入口

图 4-29　网店布局设计页面

网店布局页面包括网店首页、店内搜索页、宝贝详情页和自定义页面。根据网店的布局，网店首页从以下三个方面进行设计操作。

1. 网店招牌

在网店布局设计页面，鼠标移动到网店招牌位置，设计操作的按钮呈现出来，如图 4-30 所示。

点击右上角的“编辑”，进入网站招牌设置界面，如图 4-31 和图 4-32 所示。

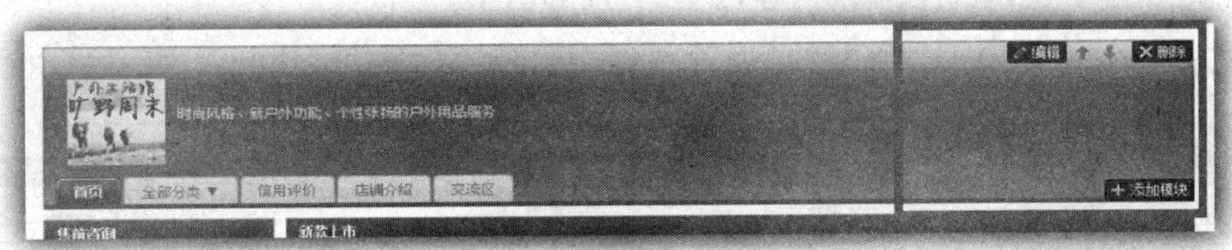

图 4-30　网店招牌设计

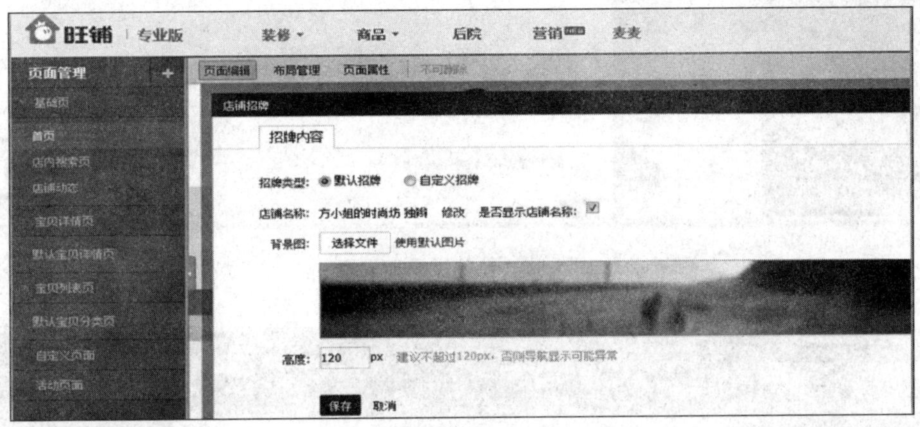

图 4-31　网店默认招牌设置

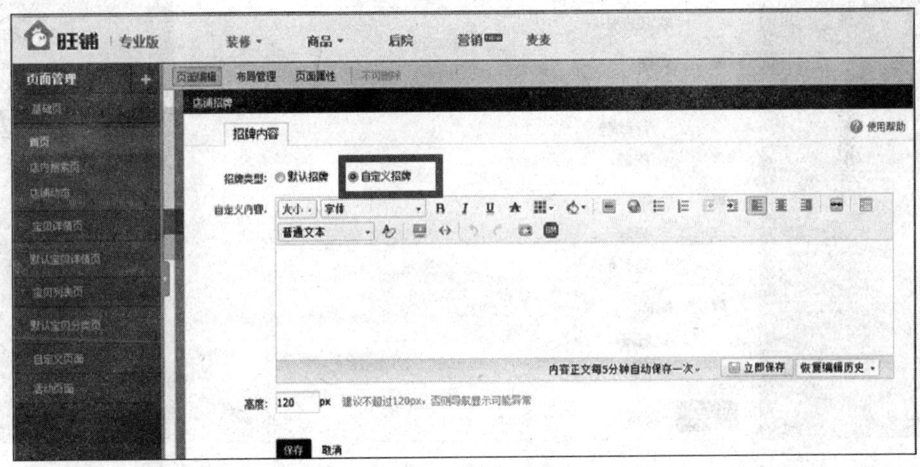

图 4-32　网店自定义招牌设置

在导航栏模块中，点击“编辑”，如图 4-33 所示。

图 4-33　导航栏编辑

点击“编辑”后，就可以添加内容，如图 4-34 和图 4-35 所示。

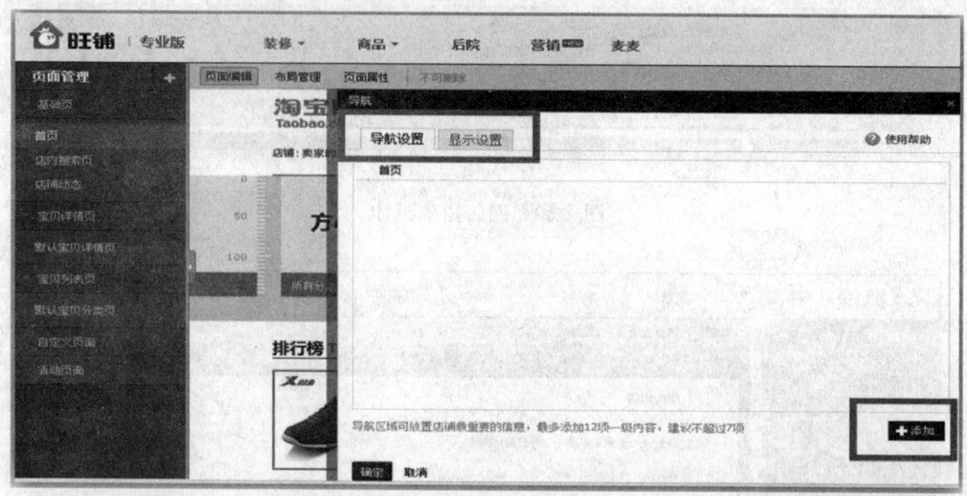

图 4-34　导航栏添加设置

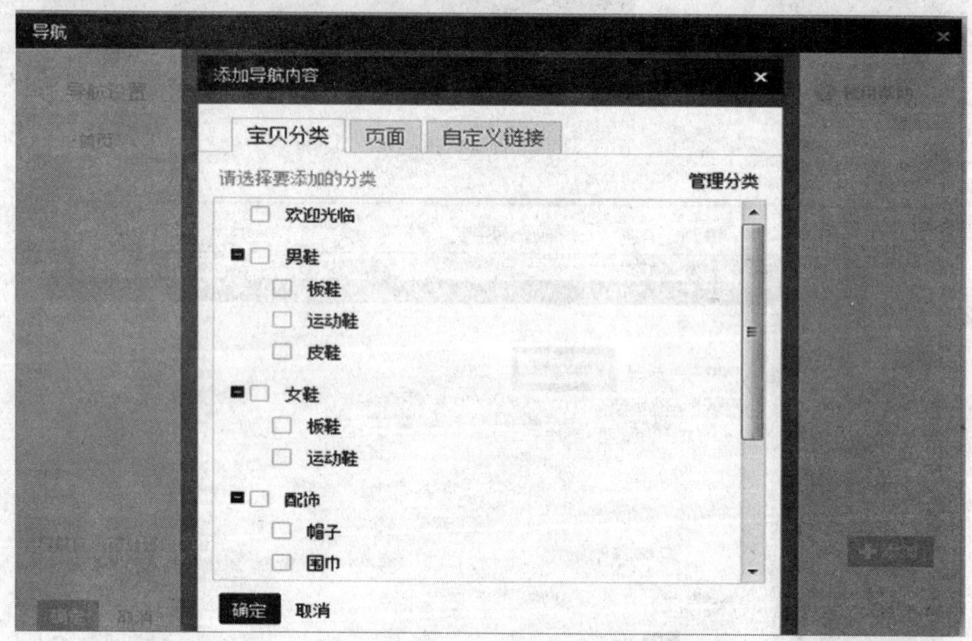

图 4-35　导航栏添加分类

2. 网店模块

淘宝提供的网店模块很多，有固定的也有自定义的模块。整体上分左栏、右栏、页头、页尾和促销区模块。

同网店招牌的操作一样，在网店布局设计的页面，把鼠标移动到模块位置，相应的设置按钮即显示，点击相应按钮即打开设计对话界面。分别以左栏“客服中心”固定模块和“自定义内容区”模块为例，如图 4-36～图 4-38 所示。

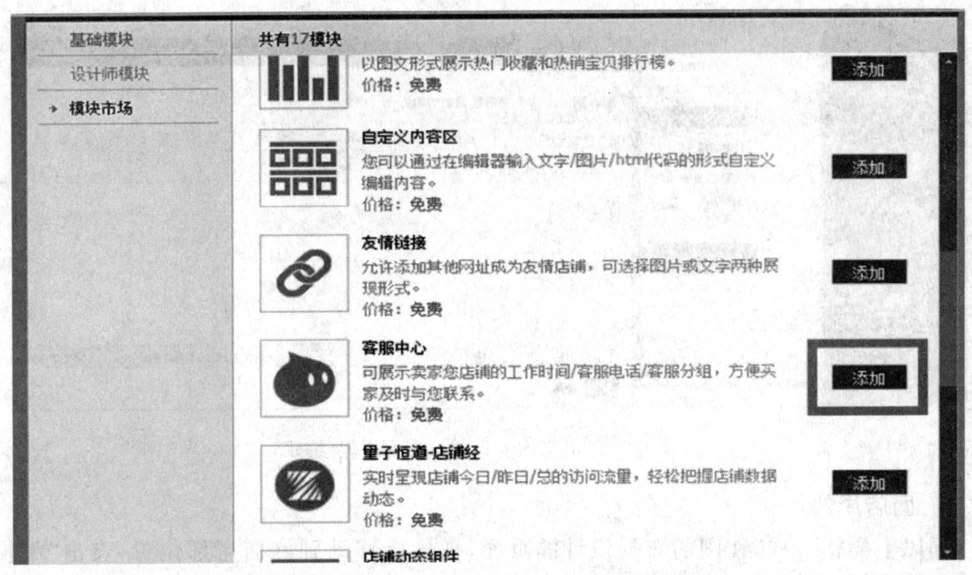

图 4-36　客服中心固定模块设计

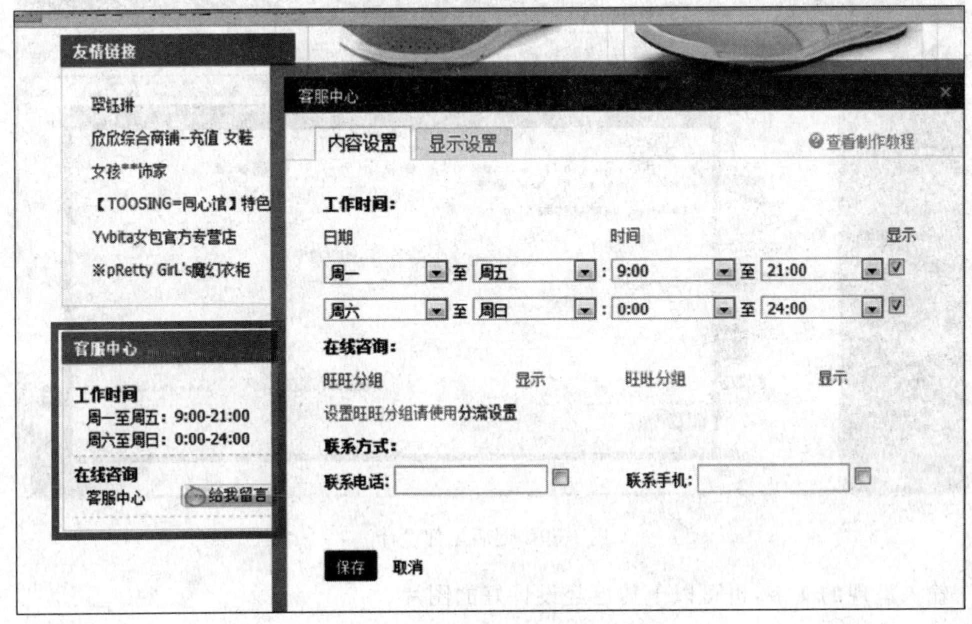

图 4-37　客服中心模块展示以及编辑

通常左栏模块包括宝贝分类、客服中心、搜索宝贝、宝贝排行榜、友情链接、自定义等。右栏模块包括掌柜推荐、最新宝贝、热卖宝贝、分类宝贝等。页头模块包括店招和导航栏。页尾模块内容可以自定义，建议可放收藏店铺、售后服务、客服服务时间、快递服务、品牌说明、微博信息、微淘等板块。促销区包括活动海报、主题海报、促销商品等。

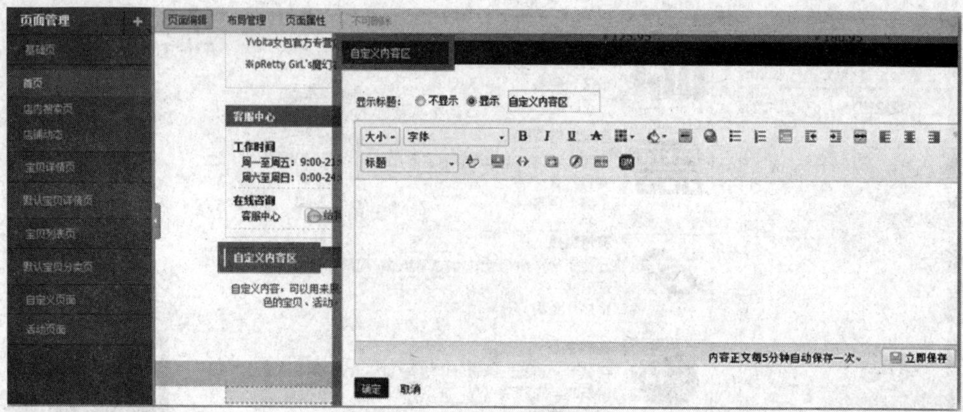

图 4-38　自定义内容区模块展示以及编辑

3. 网店尾部

同以上操作一样，在网店布局设计的页面，把鼠标移动到网店尾部位置，点击“编辑”即打开对话界面，如图 4-39 所示。

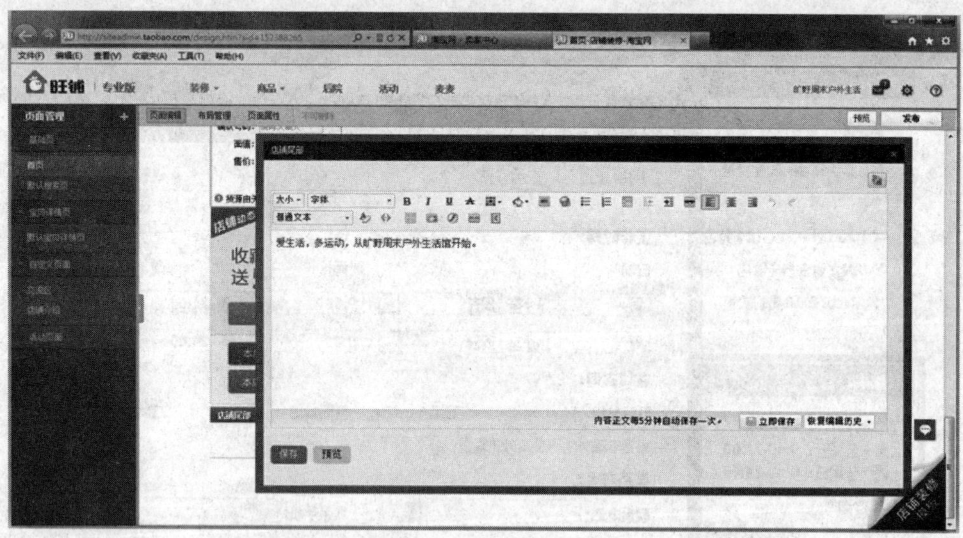

图 4-39　网店尾部设计

输入呈现的文字，也可以上传已经设计好的图片。

设计完毕后点击右上角的“发布”，网店新的布局就生成了。设计过程中也可以点击右上角的“预览”查看设计的效果。

以上操作的是主页的布局设计，网店其他页面（包括搜索页、宝贝详情页和自定义页面）操作类似，限于篇幅，在此不再一一列出。

进行简单装修设置后，还可以点击“预览”，查看装修效果，确定之后，点击右上角的“发布”，即可成功发布网店，如图 4-40 所示。

网店成功发布后，在主菜单“店铺管理”下的“查看淘宝店铺”，打开刚开通的网店主页

图 4-40 店铺装修页面

面,如图 4-41 所示。

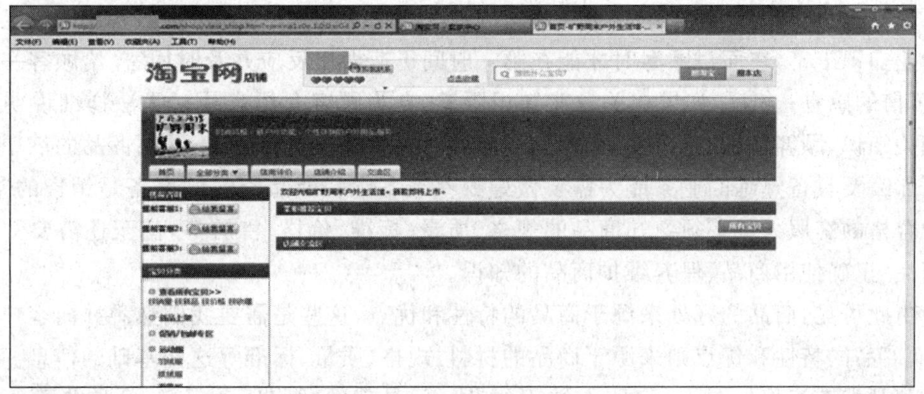

图 4-41 店铺首页,成功开店

任务三 发布商品

案例导入

准备开张(二)

小伟新注册的店铺终于通过淘宝的审核,并且也已装修完毕,现在万事俱备只欠商品上架了。小伟明白,网络零售的商品是通过网页向顾客展示的,一般顾客在挑选商品时首先会通过淘宝搜索框输入关键词进行搜索，进而对商品进行比较，再而进入商品的详情页了解商品，最后满意了才会购买。所以发布商品看似很简单，因为操作流程都是固定的，但是要把商品发布好却不容易，它不但要求发布人掌握商品的特性并且还要对客户的购买心理进行分析，用最专业的知识把商品最好的一面展现给顾客，才能更好地介绍和推销商品，促成交易。

鉴于这项工作的重要性，小伟决定亲自把关商品的发布，因为这是决定商品能否成交的第一步……

问题与思考：

(1) 商品的基本信息通常有哪些？

(2) 为什么客服要掌握一定的商品知识？

(3) 你觉得哪些细节会影响商品发布的效果？

知识探究

不同行业要求具备不同的行业知识，作为销售人员要对商品的专业知识熟记于心，了如指掌。传统的线下行业是如此，线上销售也是如此。作为最近十年新兴的行业，网络销售给传统行业带来巨大变革，但是销售的本质是不变的，基本要求是不变的。在网店销售中，客服人员和客户通常彼此看不到对方，客户也接触不到实物商品，这就对客服提出了更高的要求，他们要让客户在看不到商品的情况下产生感性的体验，做出购买的决定。只有专业知识丰富，在面对顾客时才能在第一时间迅速做出反应并及时回答，给顾客一种专业、可信的感觉；相反，如果相关专业知识匮乏，在为顾客介绍产品时无法详细说明产品的相关知识，顾客就很有可能不会相信产品的真实效果，也很难产生购买商品的欲望。

那么要具备熟练的业务能力需要做好哪些准备呢？商品资料的准备是销售的基础，一个合格的客服人员必须熟知商品的规格、质量、标准、价格、售后等，甚至还需要知道鉴别商品、正确使用商品、保养维护商品的知识。

由此可见，商品的好处来源于商品的特性和优点，这些是需要我们熟悉并向客户展示的，而商品的特性和优点则来源于商品的材料、规格、质量、标准等这些基础的信息。

商品发布流程如图 4-42 所示，并不复杂。但是就像短跑运动一样，会跑步不等于跑得快，更不等于能拿到奖牌。在发布商品之前，我们有必要了解哪些细节会影响商品发布的效果，发布商品并不只是将商品上传到网上那么简单，商品的名称、定价、描述等细节会影响到顾客是否能够搜索到这个商品，顾客对商品的第一印象是否良好，会影响顾客的购买决定。大部分有过网购体验的人都知道，我们无法在海量的商品中搜索到与关键字不匹配的商品，更不会购买一件描述不清或者图片处理粗糙的商品。下面介绍发布商品的几个要点。

一、商品规格

规格指的是产品的物理形状，一般包括体积、长度、形状、重量等。通常每一种商品都有其相应的规格衡量标准，主要是为了区分类似产品，一般商品的规格都是从小到大有序

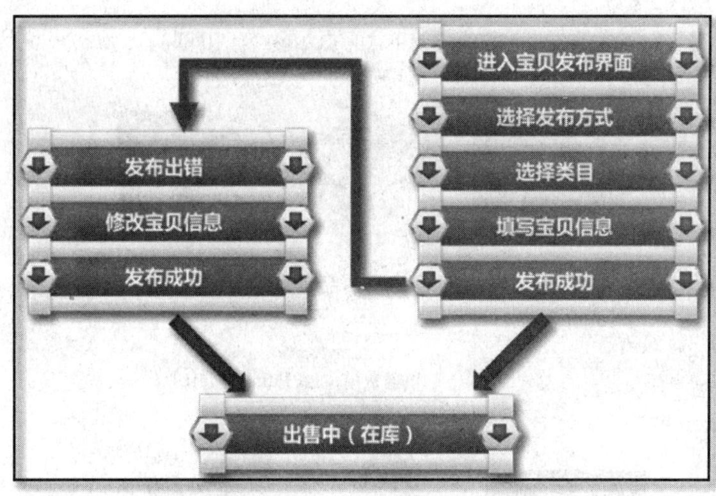

图 4-42 商品发布流程

地排列。区分规格的标准一般有大小、重量、容量、长度等，如图 4-43 所示。

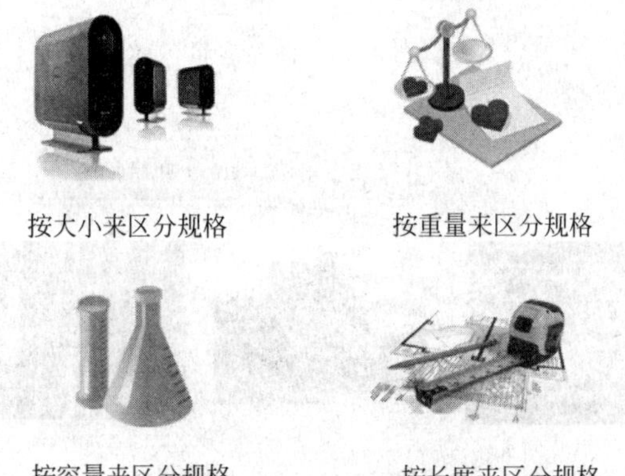

图 4-43 商品规格区分

（1）大小：例如我们经常看到的计算机显示器或者电视机，从 17 英寸、19 英寸一直到 50 英寸、60 英寸以上的都有。

（2）重量：很多食品都是以重量为单位的，例如水果、茶叶、巧克力等，一般重量的单位采用千克(kg)、克(g)，如图 4-44 所示。

（3）容量：液体商品或者容器一般都采用容量单位，如升(L)、毫升(ml)等，常见的有各种饮料，如汽水、食用油、护肤品等，如图 4-45 所示，还有某些电器也是以容量为单位，例如烧水壶、电热水器等。

（4）长度：例如花边、管材、布料，包括鞋子也可以看作是按长度来进行分类的。一般的长度单位有米(m)、厘米(cm)等，如图 4-46 所示，也有毫米(mm)或更小的单位。

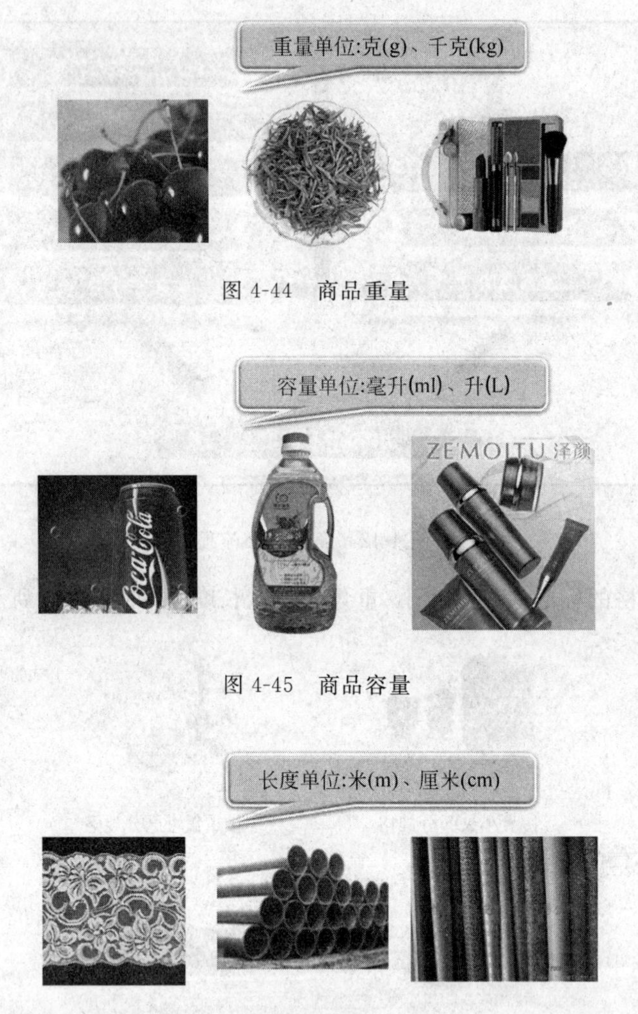

图 4-44　商品重量

图 4-45　商品容量

图 4-46　商品长度

二、商品特性

商品特性通俗地说就是商品的卖点,商品的关键属性,或不同于其他同类商品的特点,如图 4-47 所示。

例如之前提到的“宁夏枸杞”,因为产地宁夏日夜温差大,光照充足,碱性和砂质土壤很适宜枸杞生长,所以宁夏枸杞的特性就是花果多、果粒大、产量高、品质好,相对于其他产地的枸杞来说品质要高出很多,其养肝、滋肾、润肺的保健效果特别好。

又例如服饰,以夏装为例:夏季一般出汗比较多,需要衣服透气、吸汗,很多商家都会以纯棉布料作为卖点,因为棉质的衣服具备以上特点。从棉料到透气、吸汗再到穿着舒适,所以在讲解商品特性时,应当将其和商品的固有属性以及商品能够给客户带来的利益挂钩,它像一条纽带把这三者有机地结合到一起,给客户的感觉是:商品的好处是实实在在的,有其特征作为依托的,那么客户会自然而然地相信销售人员的观点,有理有据则

面料、款式　　食材、口味　　作用、方法

限量版　　棉透气　　无添加

图 4-47　商品特性

显得底气十足。

三、产品的使用方法及售后保养

在销售过程中，除了遇到咨询产品特性的问题，对于某些高科技电子产品或者操作比较复杂的商品，顾客还会询问其使用方法，以及售后保养等问题，这些同样是专业客服应知必会的知识。

1. 产品的使用方法

商品的使用步骤和方法我们可以用文字的形式或图片说明的方式，因为人们对文字的视觉记忆远没有对图片的视觉记忆深刻，而且很多时候用文字和语言很难说清楚的操作细节，使用图片说明就能让人一目了然，所以比较推荐图片的形式，也可以利用图文结合的方式将产品的使用方法更好地展示给消费者，如图 4-48 所示。

2. 售后及保养

商品使用和保养不当有可能缩短商品的使用寿命，许多售后问题就来源于不当的使用操作。因此需要采用特别的方式储存和保养的商品，一定要预先提醒客户，以免产生不必要的售后问题。

通过查看产品说明书、相关信息或者上网搜索，都可以得到正确的使用及保养方法，卖家可以将这些内容在店铺里面进行展示，并拟定售后服务内容与交易条件，提醒买家一旦交易成功即代表认可并同意这些条款，享受的售后服务将按照约定进行，如图 4-49 和图 4-50 所示。

四、商品发布流程

(1) 进入卖家中心，点击左栏卖家功能菜单“宝贝管理”下的“发布宝贝”，打开商品发布页面，如图 4-51 所示。

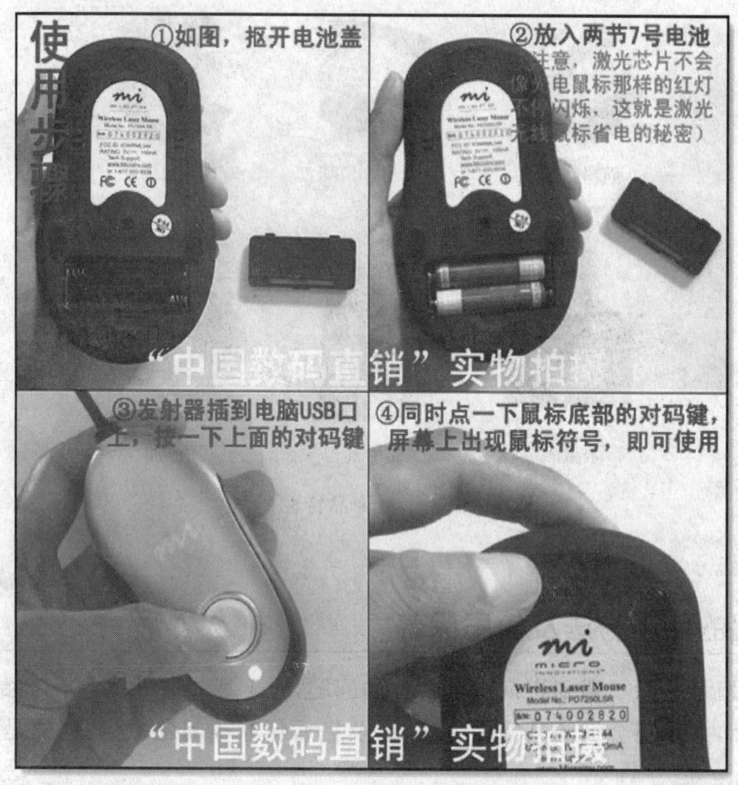

使用步骤
①如图，抠开电池盖
②放入两节7号电池
注意，激光芯片不会像光电鼠标那样的红灯不停闪烁，这就是激光无线鼠标省电的秘密）
③发射器插到电脑USB口上，按一下上面的对码键
④同时点一下鼠标底部的对码键，屏幕上出现鼠标符号，即可使用
"中国数码直销"实物拍摄
Wireless Laser Mouse

图 4-48　产品使用说明

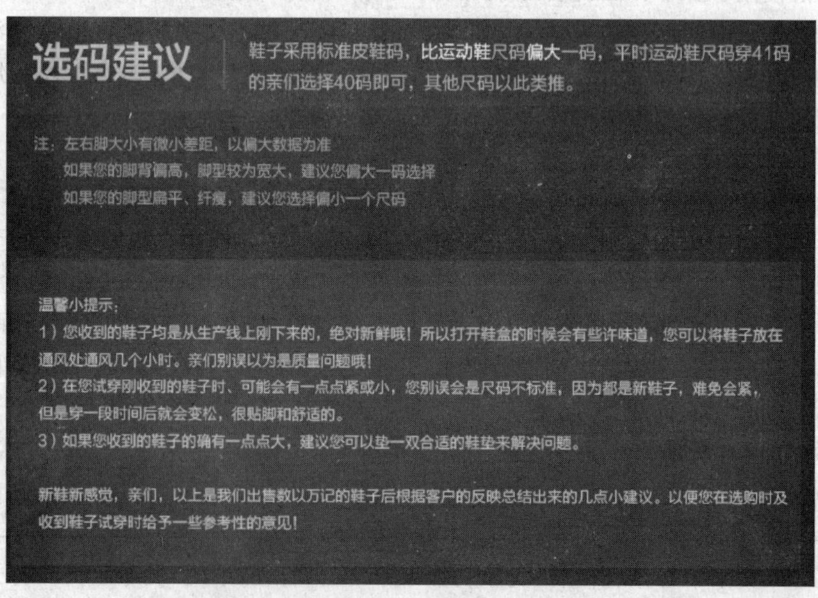

图 4-49　产品售后

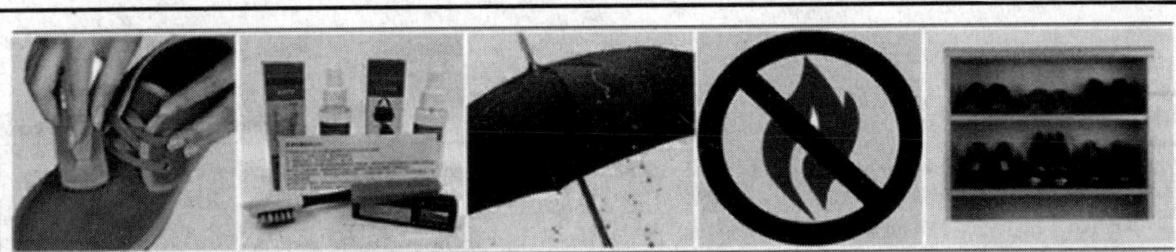

1.皮鞋穿着后应使用松软的布或者软毛刷轻擦保洁，再用皮鞋柔软剂进行表面保养，最后使用专用鞋油保养，以避免鞋油与皮面发生化学反应，造成变色或损伤皮质

2.磨砂皮鞋面切勿擦油，水刷。应用专业清洁剂顺方向用刷子轻刷或试用专业橡皮、鞋粉清洁。

3.油皮鞋面是经油浸泡过的，外层无防水层，所以皮质柔软，保养时应用鞋油柔软剂与专用鞋油搭配使用，可防止表面划痕

4.经常保持干燥，切忌在遇雨、雪水穿用，如遇上雨、雪水，应立即用干布抹干，并擦上鞋油，放在干爽处阴干。

5.经常擦油。擦油时，鞋油中可加一两滴醋，可使皮鞋的光泽鲜亮持久。擦油后，停5分钟左右，再用刷子将鞋面打亮。若再涂一层牛奶，则可使皮鞋更耐穿。

6.皮鞋切忌暴晒、火烧、以防发脆、干裂或收缩。

7.脱鞋时不要踩着后帮，以免出现塌跟变形。深色真皮内里因受潮或摩擦产生掉色属正常现象，此时可使用深色袜子。

8.不穿皮鞋的储藏方法：换季不穿的皮鞋首先要清除皮鞋表面的灰尘污垢，放在阴凉通风处晾干水分，以防霉变；晾干的皮鞋首先擦上一层动物油脂，反复擦拭，然后再打上一层鞋油，防止皮鞋失去油脂而变硬、断裂。最后将填充物、鞋撑等填入鞋内防止皮鞋变形。

9.怎么防止新皮鞋不打脚？新鞋穿着时往往会有磨脚等轻微不适感，严重的会使脚磨出水泡，当出现这种情况时可用一块打湿的海绵或布包住大脚起泡的地方，过一小时左右，去掉湿海绵或布，用手不断来会回撑、揉打脚的部位直至其自然定型。

图 4-50　产品的保养及注意事项

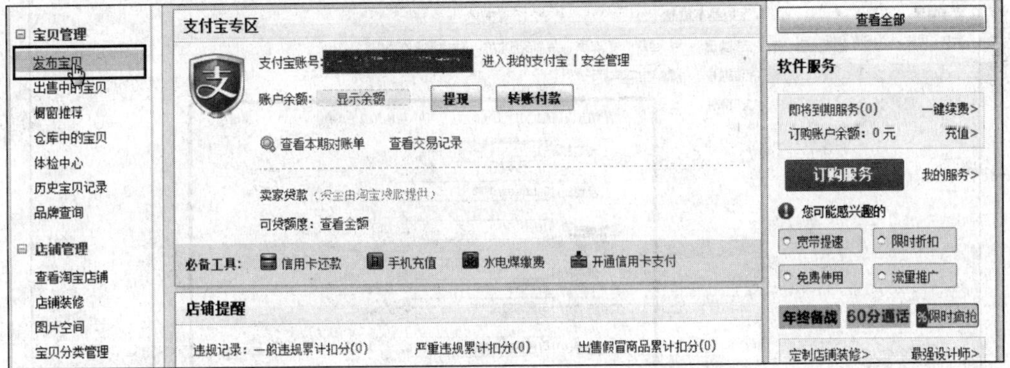

图 4-51　发布宝贝入口

(2) 进入商品发布页面，选择“一口价”发布方式，只有消保卖家才能发布“拍卖”商品，然后选择类目，根据自己的商品选择合适的类目。比如选择了男装/休闲裤/Cabbeen/卡宾。点击“我已阅读以下规则，现在发布宝贝”继续下一步，进入宝贝信息编辑页面，如图 4-52～图 4-56 所示。

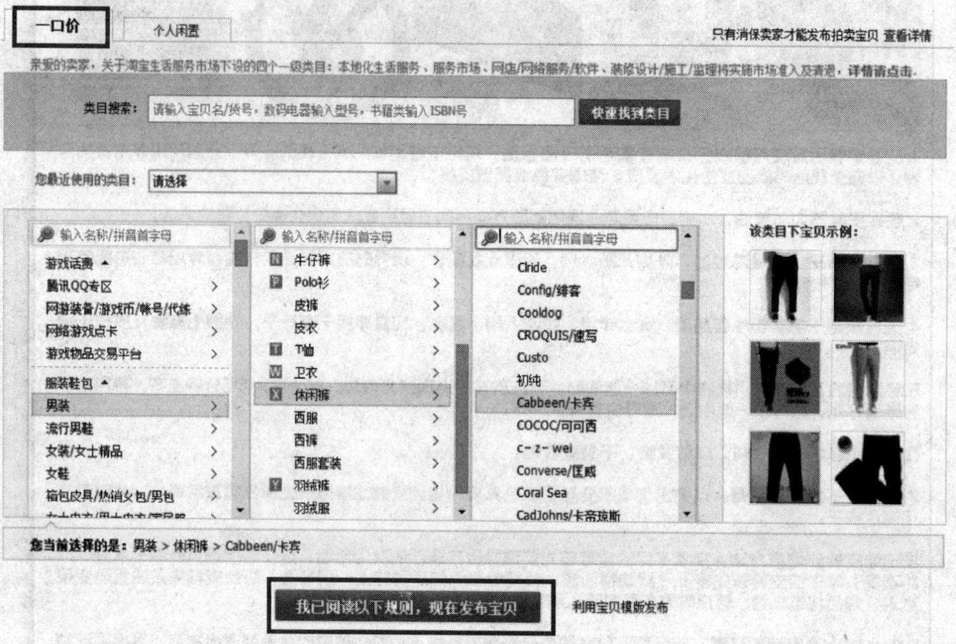

图 4-52　商品发布页面

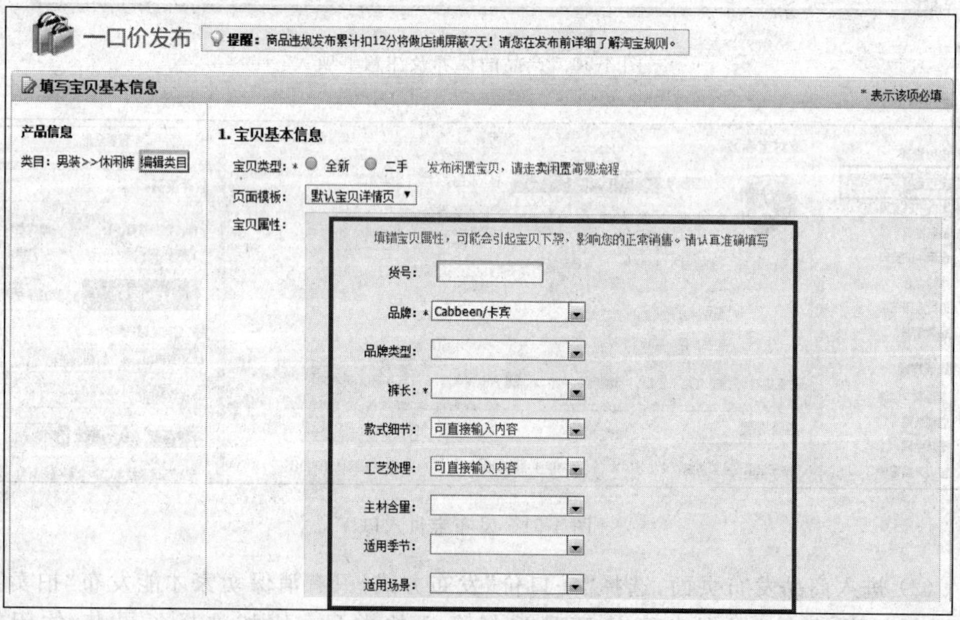

图 4-53　基本信息编辑

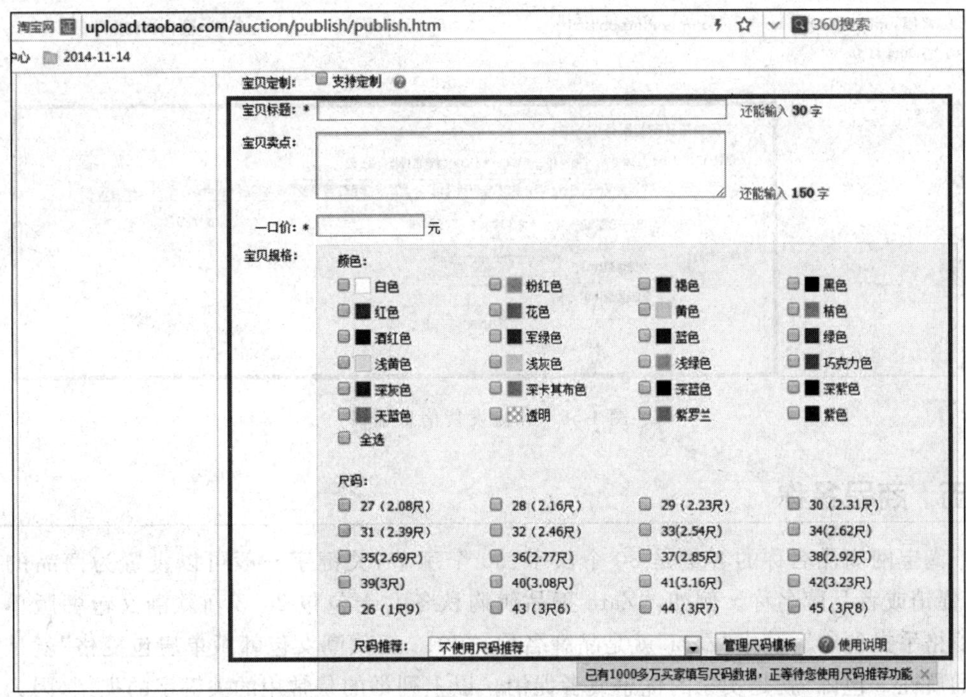
淘宝网
upload.taobao.com/auction/publish/publish.htm
360搜索
2014-11-14
宝贝定制：
支持定制
宝贝标题：*
还能输入 30 字
宝贝卖点：
还能输入 150 字
一口价：*
元
宝贝规格：
颜色：
白色
粉红色
褐色
黑色
红色
花色
黄色
桔色
酒红色
军绿色
蓝色
绿色
浅黄色
浅灰色
浅绿色
巧克力色
深灰色
深卡其布色
深蓝色
深紫色
天蓝色
透明
紫罗兰
紫色
全选
尺码：
27（2.08尺）
28（2.16尺）
29（2.23尺）
30（2.31尺）
31（2.39尺）
32（2.46尺）
33(2.54尺)
34(2.62尺)
35(2.69尺)
36(2.77尺)
37(2.85尺)
38(2.92尺)
39(3尺)
40(3.08尺)
41(3.16尺)
42(3.23尺)
26（1尺9）
43（3尺6）
44（3尺7）
45（3尺8）
尺码推荐：
不使用尺码推荐
管理尺码模板
使用说明
已有1000多万买家填写尺码数据，正等待您使用尺码推荐功能

图 4-54 标题等信息编辑

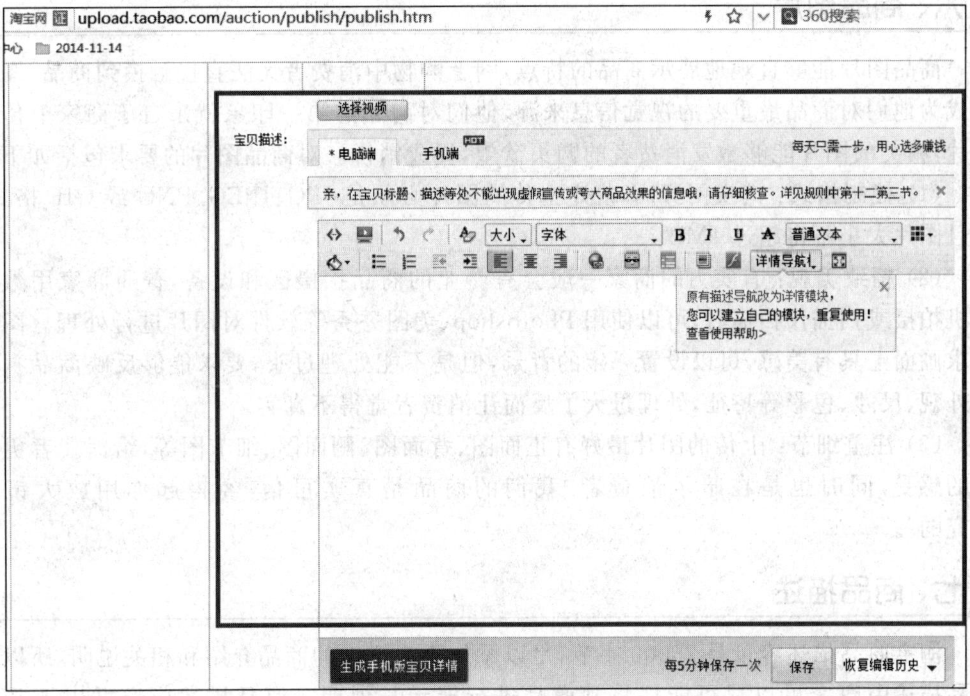

图 4-55 描述信息编辑

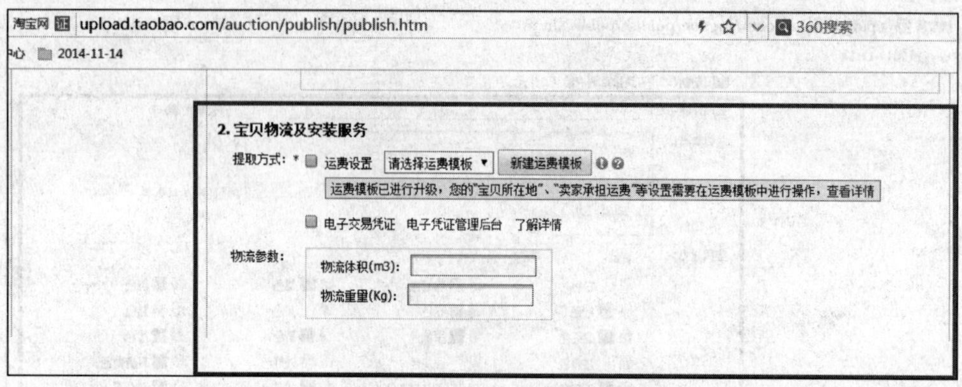

图 4-56 物流发货信息编辑

五、商品名称

淘宝网商品名称的容量是 30 个汉字、60 个字节，关键字一般可以设置为商品的属性、促销或者品牌名称。例如，"Zara 正品代购秋冬女士包包 2013 新款潮女包韩版单肩包菱格手提包邮"，其中"Zara"就是品牌名称，"2013 新款潮女包韩版单肩包菱格"就是商品的属性，"包邮"就是卖家的优惠或者促销。以上列举的是常用的关键字的类型，因为这些词符合消费者购物的搜索习惯。

六、商品图片

商品图片能够直观地展示商品的特点，网上购物中消费者无法直接触摸到商品，图片就成为他们对商品最重要的视觉信息来源，他们对商品的第一印象就来自于商家上传的照片，精美的图片能够激发消费者的购买欲望，促成销售。对商品图片的要求包括如下。

(1) 控制格式：淘宝网开店，规定上传的图片必须是 JPG、JPEG、PNG 或 GIF 格式，并且图片大小不得超过 1MB。

(2) 精致美观：有实力的商家一般会有专业的商品拍摄区和设备，普通商家用数码相机拍摄或扫描仪扫描后，可以使用 Photoshop、美图秀秀等软件对图片进行处理。图片要求画面上具有美感，可以设置一定的背景，但是不能处理过头，要求能够反映商品真实的外观、尺寸、色彩等特征，处理过火了反而让消费者觉得不真实。

(3) 注重细节：上传的图片最好有正面图、背面图、侧面图、细节图等，给消费者更直观的感受，同时也是在暗示消费者"我们的商品是真实可信，经得起你用放大镜来研究的"。

七、商品描述

淘宝商品描述容量是 25000 字节，足以添加更为详细的商品介绍和相关说明，所以在商品描述中商家可以尽可能地将其商品进行展示与说明。商品描述应遵循以下几个原则。

(1) 细节描述能够正确反映商品属性，如图 4-57 所示。

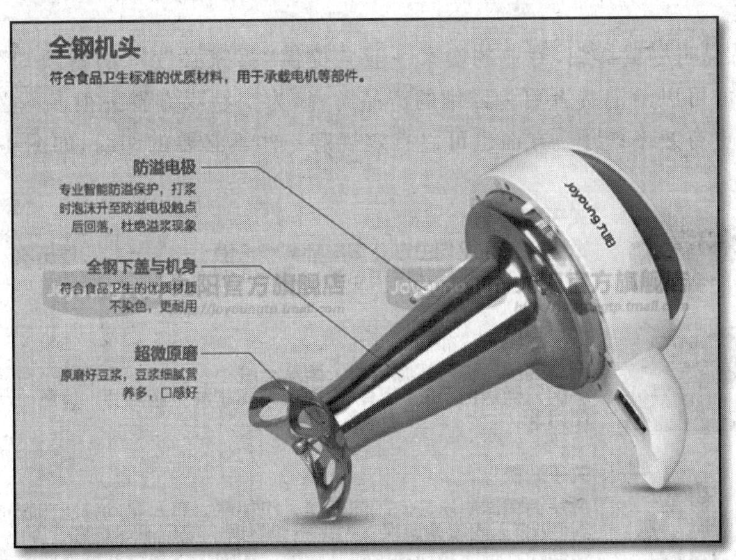

图 4-57 九阳豆浆机细节描述

(2) 尽可能突出商品的卖点，如图 4-58 所示。

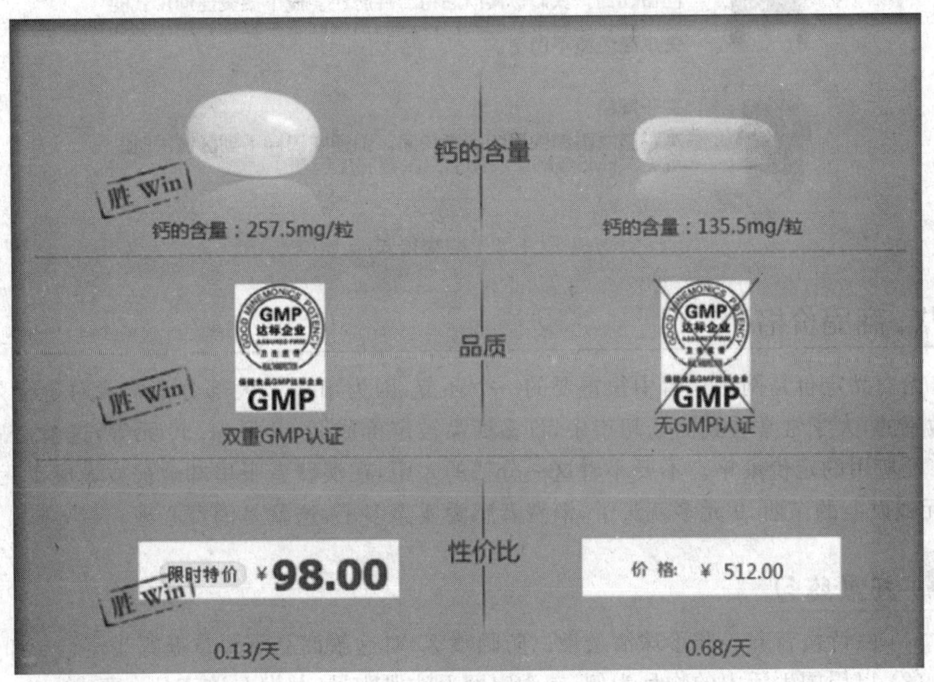

图 4-58 液态钙卖点展示

(3) 语言描述流畅，有特色，各种类型都可以采用，例如说明型、幽默型、流行语、诗歌型，目的只求能够牢牢抓住消费者的眼球。例如，淘宝一家销售窗帘店铺的标语是“保证100%全遮光，从此你的房间暗无天日”，融入幽默元素也可以让消费者的购物体验更加轻松愉快。

(4) 交易说明尽量详细,专业的卖家一般会提供"买家必读""购物须知""配送说明"等内容,一方面可以给消费者更为详细的产品解释,为交易双方省去很多不必要的咨询和回答,让购物更有效率;另一方面也可以有效规避一些不必要的纠纷,如图 4-59 所示。

关于色差

本店所有商品均由专业摄影师实物拍摄,由于光线和显示器的不同,可能存在一定色差,请以实物为准。

关于尺码

所有商品均标注实际尺寸,误差一般小于 2cm,请您拍下商品前先确认自己的尺码,若因尺码问题发生退换货,运费一律自理。

关于退换

凡发错物件货质量问题包退换,包邮费。有质量问题请在收到商品7天内申请退换,过期不予受理。物品不可洗涤,不可损坏,并保持包装及配件完整,如因个人喜好问题需退还,来回运费一律自理。

退换邮费

若因质量问题退换产生的邮费由本店承担,请您先自行垫付回寄邮费,我们核实以后将一并退还。概不接受任何形式的到付件,任何形式的到付件我们将视同丢弃处理,产生的损失本商场概不负责。

关于发货

本店首发圆通快递或申通快递。圆通或申通不到区域发E邮宝(发EMS或顺丰快递的买家要另加运费)。

图 4-59 购物须知

八、商品价格

给商品定价是网店运营中很重要的一个环节,因为市场上大部分消费者对价格是十分敏感的,大家常常看到商场超市中,许多商品被定价成 9.99 元、4.99 元等,这就是一种被广泛应用的定价策略。不要小看这一分钱的差距,在消费者眼里却会被放大成 1 元钱、10 元钱以上的东西,9 元多就买了,消费者感觉实惠多了,这就是消费心理。

拓展练习

(1) 欧诗漫营养美肤珍珠清透嫩白防晒喷雾,对这款商品需要掌握哪些信息与知识?

(2) 以周围生活中的物品为例,在淘宝网上注册账号,并发布该商品。要求:

① 分成若干组,每个组共同协作完成发布,每组发布 2~3 件商品。

② 自行编写商品描述,自行拍摄商品照片,并进行美化。

③ 按流程发布完商品之后,每个小组分别上台分享发布过程中遇到的问题及解决方法,共同选出"最佳发布商品"。

任务四 营销商品

案例导入

开张大吉

小伟的团队已经做好了前期的所有准备工作，万事俱备，店铺终于正式开张了，现在就等着第一单交易的到来。小伟明白，虽然店铺已经正式营业，但在竞争日益激烈的网络零售市场里杀出一条血路来，还要借助各种推广渠道和营销战略规划。

如何能让客户更好地知道我们？这显然是当前第一大任务，可是当客户知道我们之后，如果没有好的营销工作来支持，还是无法让客户最终选择我们，促成交易。可又如何让客户更好地选择我们呢？小伟又陷入了一阵沉思……

问题与思考：

(1) 你知道淘宝有哪些方法或工具可供卖家进行营销推广？这些方法或工具都具有哪些效果？

(2) 除了淘宝站内的，站外有哪些方法可以进行营销推广？

知识探究

推广是对商品信息进行传播的过程，营销是让传播的结果产生利益，所以这两者是承前启后、缺一不可的。推广是为了更好的销售，而成功的营销又是最好的推广素材。

一、店内营销与推广

1. 完善商品信息

完善的商品信息包含商品名称、商品图片和商品描述，是商品发布时的三要素。很多目标用户往往是通过搜索找到欲购买的产品，标题中包含产品名称等关键词可以增加商品曝光度。同时适当增加商品的多角度展示图片来提高产品的真实性和吸引力，在描述里加入详细的商品介绍来提高转化率等，这些都是我们常用的店内推广和营销方式，也是一个网店运营人员必须了解和掌握的基本技能与技巧。

2. 订购旺铺功能

淘宝旺铺拥有很多普通店铺所不具备的功能，如表 4-2 所示。同时，很多促销功能，比如满就送、限时折价、搭配套餐等均需要用旺铺开通。

表 4-2 旺铺与普通店铺的区别

比较项	旺铺	普通店铺
资费	消保卖家 30 元/月，非消保卖家 50 元/月	无
个性化首页	店招、自定义促销栏，首页更有个性	无
自定义页	最多 6 个自定义页，可以自定义风格	无

续表

比 较 项	旺 铺	普通店铺
宝贝缩略图大小	120×120(px)或 180×180(px)清晰大图	80×80(px)
首页推广区	最多设置 20 个	无
掌柜推荐	最多设置 16 个	最多设置 6 个
宝贝描述页	有店招、侧边栏	无
店铺内自动推荐	有	无
统计功能	在分类中安装即可全店统计	需要在每个描述页和首页插入计数器
宝贝展台功能	通过浏览一件产品而逛遍全店	无
友情链接	可以添加淘宝客赚佣金	无淘宝客赚佣金功能

3. 消费者保障服务

淘宝消费者保障服务分为：商品如实描述、7 天无理由退换货、假一赔三、闪电发货、数码与家电 30 天维修。

4. VIP 会员营销

淘宝 VIP 折扣给处于不同成长阶段的淘宝网会员提供不同的更省钱、更尊贵、更贴心、更强大和更快捷的特权和服务，以满足不同成长阶段的会员的需要。

在店内营销中，针对不同等级的淘宝会员设置不同的折扣价格，有利于开发那些热衷于网络购物的新客户并留住老客户，提高客户的回头率。

5. 店内活动促销

店内活动促销的方式主要有满就送、限时打折、套餐搭配和店铺优惠券等。

(1) 满就送

满就送是一种变相的减价方式。不只是通过直接的折扣而促使买家进行消费，而是通过满足一定的条件来促使买家下单，购买更多的商品，如图 4-60 所示。满就送主要分为两类，即满足“金额”和满足“件数”，如满 100 元减 10 元，满 2 件打 8 折。满就送的方式主要有赠送积分和物品、减价、包邮。

图 4-60 满就送

(2) 限时打折

限时打折是指淘宝商家在特定的时间内提供优惠商品销售的措施，以达到吸引顾客的目的。进行限时打折时，将折扣商品以活动优惠等形式告知顾客，如图 4-61 所示。限时折扣一方面可增强店铺的人气，活跃气氛，调动顾客购买欲望，同时可促使一些临近保质期的商品在到期前全部出库。

图 4-61 限时打折

(3) 套餐搭配

套餐搭配是基于旺铺功能的一项新的店内营销工具。卖家需先成功订购旺铺,然后才能对商品设置搭配套餐。通过促销套餐可以让买家一次性购买更多的商品,如图 4-62 所示。通过这个营销平台可以给卖家更多的流量,让卖家的店铺促销活动面向全网推广,将便宜、优惠的店铺促销活动推广到买家寻找店铺的购物路径当中,缩减买家购物的成本。

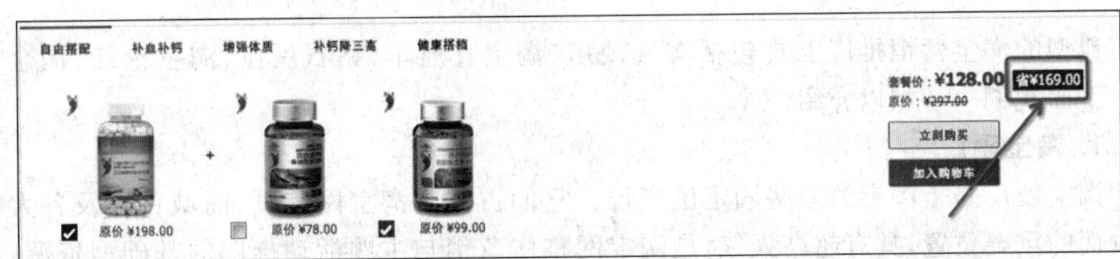

图 4-62 套餐搭配

(4) 店铺优惠券

店铺优惠券是指买家在参与淘宝购物或者店铺收藏以及其他活动时,淘宝卖家给买家的店铺优惠券。当客户在该店铺购买商品时,如果消费的额度达到优惠券的使用要求,则自动优惠相应的金额。对商家来说,店铺优惠券可以增加与客户的互动,留住老客户。

二、站内营销

淘宝站内营销的活动和工具非常灵活丰富,我们将这些活动和工具概括为三种：淘宝活动、淘宝营销推广工具。下面我们逐一介绍这些站内活动和工具。

(一) 淘宝活动

淘宝活动包括淘宝官方活动、第三方活动和类目型活动。淘宝官方活动是指由淘宝提供的活动,例如聚划算、试用中心、淘金币等。第三方活动是指由第三方服务商提供的活动,活动很多,时效性强,详情见该频道。类目型活动是淘宝网不同类目定期组织的类

目活动。

淘宝网平均每日客户访问量超过 1.2 亿，而淘宝活动是店铺分享这巨大流量的重要手段之一。淘宝活动有免费的也有付费的，平台型的活动种类很多，不管店铺经营状况如何，总可以找到适合自己的、能给自己带来流量的活动。如图 4-63 和图 4-64 所示。

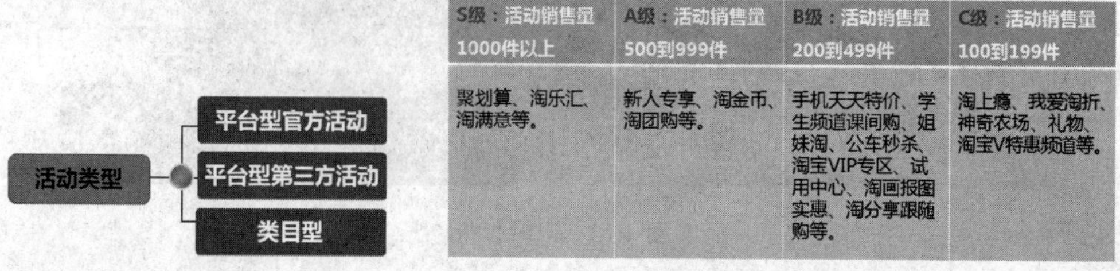

S级：活动销售量1000件以上	A级：活动销售量500到999件	B级：活动销售量200到499件	C级：活动销售量100到199件
聚划算、淘乐汇、淘满意等。	新人专享、淘金币、淘团购等。	手机天天特价、学生频道课间购、姐妹淘、公车秒杀、淘宝VIP专区、试用中心、淘画报图实惠、淘分享跟随购等。	淘上瘾、我爱淘折、神奇农场、礼物、淘宝V特惠频道等。

图 4-63　淘宝活动　　　　图 4-64　活动类型

要参加某些活动，首先要弄清楚自己做活动的目的，是清库存还是新品促销，抱着不同目的所参加的活动也不同。其次要考虑自己的实力够不够，准备是否充分，量力而行，比如是否缺货、客户服务是否跟得上等。最后要考虑活动与店铺和宝贝的相符度。

(二) 淘宝营销推广工具

典型的淘宝营销推广工具包括淘宝硬广、淘宝直通车、钻石展位、淘宝论坛、淘金币等。下面我们一一加以介绍。

1. 淘宝硬广

淘宝硬广是指淘宝的一些固定位广告。它们占据了淘宝网首页、商城首页及各大频道页面的重要位置，具有超高人气，是淘宝网整体营销与主题活动推广的基础型资源，如图 4-65 所示。

图 4-65　淘宝首页常规广告

2. 淘宝直通车

淘宝直通车是淘宝网为广大卖家量身定制的一款推广工具。主要通过设置与推广宝贝相关的关键词获得流量，按照获得流量个数(点击数)付费，进行宝贝的精准推广。卖家可以通过"我的淘宝"→"我是卖家"→"我要推广"→"淘宝直通车"找到，如图 4-66 所示。

图 4-66　淘宝直通车

(1) 淘宝直通车的优势

淘宝直通车具有以下优势，如图 4-67 所示。

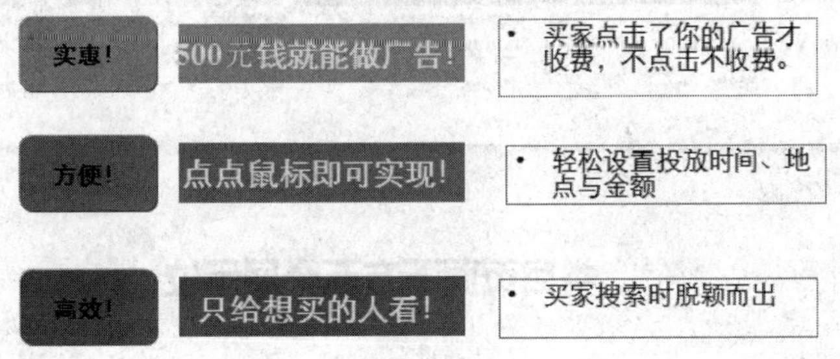

图 4-67　淘宝直通车的优势

(2) 淘宝直通车的展现位置

类目搜索结果页面右侧"掌柜热卖"区域，如图 4-68 所示。

类目搜索结果页面下方"掌柜热卖"区域，如图 4-69 所示。

(3) 什么样的宝贝适合做直通车推广

选择做直通车推广的宝贝最好是店铺中综合质量较高的宝贝。

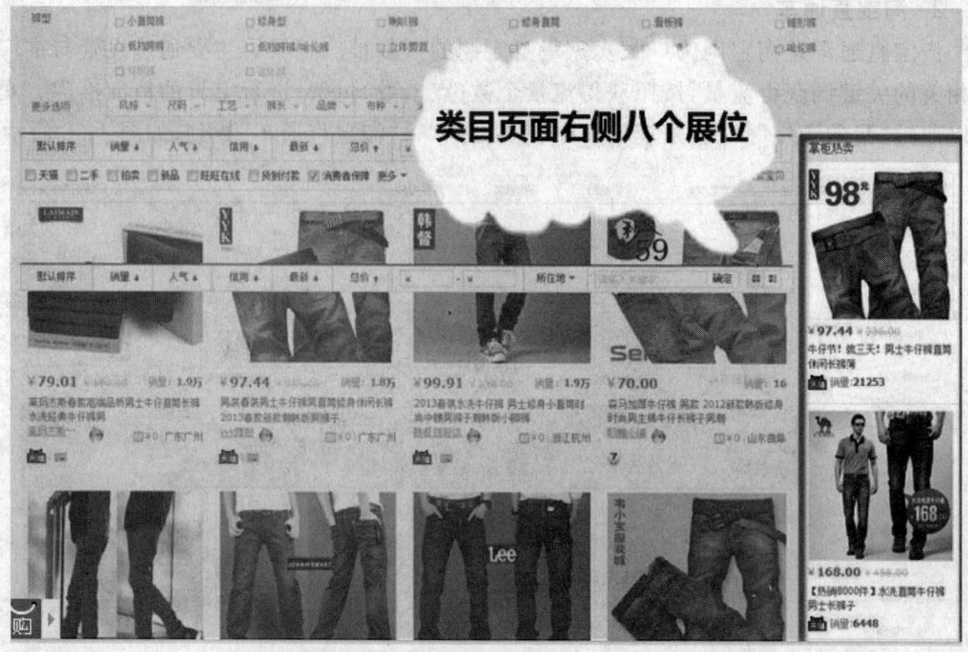

图 4-68 类目页面右侧展位

图 4-69 类目页面下方展位

① 图片背景清晰，宝贝突出。

② 宝贝价格有竞争优势。

③ 最好有售出记录(可以给买家信心，很重要)。

④ 宝贝详情内容丰富。

⑤ 多选择不同分类的宝贝。

3. 钻石展位

(1) 什么是钻石展位

钻石展位是专为有更高信息发布需求的卖家量身定制的站内营销工具，是淘宝网图片类广告位自动竞价平台。顾名思义，钻石展位精选了淘宝最优质的展示位置，通过竞价排序，按照展现计费，性价比高，更适用于店铺、品牌的推广。图 4-70 对钻展的关键词作了解读。

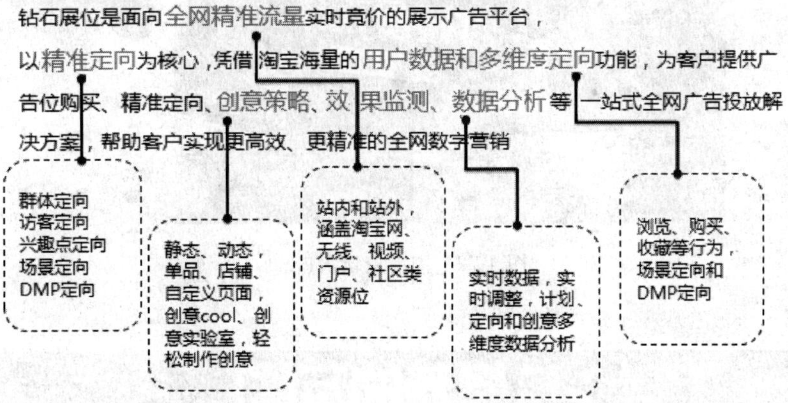

钻石展位是面向全网精准流量实时竞价的展示广告平台，以精准定向为核心，凭借淘宝海量的用户数据和多维度定向功能，为客户提供广告位购买、精准定向、创意策略、效果监测、数据分析等一站式全网广告投放解决方案，帮助客户实现更高效、更精准的全网数字营销

群体定向
访客定向
兴趣点定向
场景定向
DMP定向

静态、动态，
单品、店铺、
自定义页面，
创意cool、创
意实验室，轻
松制作创意

站内和站外，
涵盖淘宝网、
无线、视频、
门户、社区类
资源位

实时数据，实
时调整，计划、
定向和创意多
维度数据分析

浏览、购买、
收藏等行为，
场景定向和
DMP定向

图 4-70　钻展关键词解读

(2) 钻石展位广告的展示位置

钻石展位的展示位置包括淘宝网与合作网站两部分，如图 4-71 所示。

图 4-71　钻石展位的展示位置

(3) 钻石展位广告的扣费原理

钻展是按 1000 次展现收费，单位是 CPM。钻展总展现量公式：预算/CPM 价×1000＝购买的总展现量(不是流量，是展现量)。

4. 淘宝论坛

淘宝论坛不仅仅是商家交流的重要场所，也是促销的好地方。一个好的精华帖子往往会给店铺带来很多的流量，如果写的帖子上了首页，效果是难以想象的！当然回帖也很重要，看着帖子就多回复，多支持别人，留言说说自己的看法，自然也会有人顺着帖子来到自己的店铺。在淘宝首页即可以进入淘宝论坛，如图 4-72 和图 4-73 所示。

图 4-72 淘宝论坛入口

图 4-73 淘宝论坛

5. 淘金币

(1) 什么是淘金币

淘金币是淘宝网推出的虚拟货币，能够在淘金币平台兑换、竞拍到品牌折扣商品；也可以兑换、抽奖到完全免费的商品，是淘折扣的最佳途径。目前使用淘金币兑换、抽奖、竞拍各类商品，都在淘金币平台(http://taojinbi.taobao.com)进行，如图 4-74 所示。

在淘宝，拥有淘金币是资深淘友的最高象征和权利体现。淘金币也是卖家与买家交互的强有力的纽带。一些卖家在用户购买产品时赠送淘金币，增加用户的黏性。买家还可以通过参加一些活动获取淘金币，具体活动请参考淘金币后台的赚金币活动，比如电信

充值获得积分，可以将这些积分兑换为淘金币，类似这样的活动很多。

图 4-74　淘金币平台

(2) 淘金币的用途

淘金币的用途具体内容如图 4-75 所示。

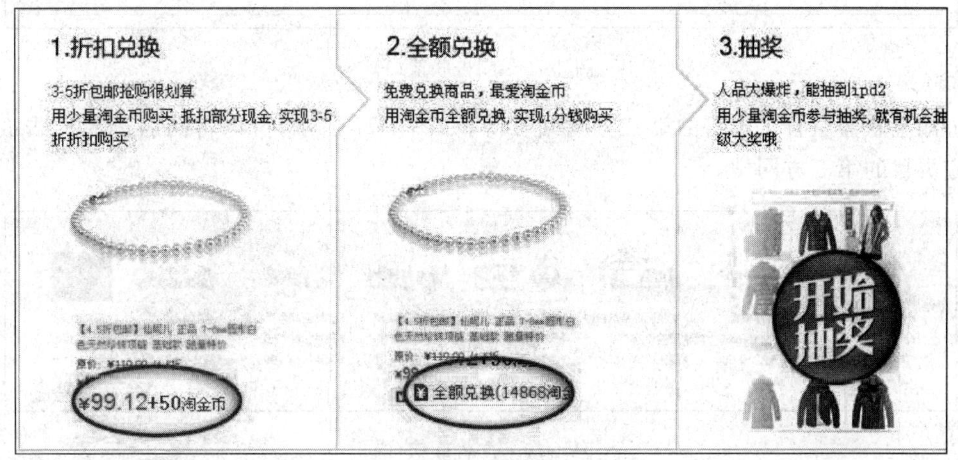

图 4-75　淘金币的用途

三、站外营销

站外营销是指利用淘宝网以外的第三方网站对淘宝网店商品进行的推广活动。主要的方法包括广告联盟、淘宝客、问答推广、论坛营销、博客营销、群邮件推广、供求信息类网站推广等。

1. 广告联盟

广告联盟通常说的是网络广告联盟，是指集合中小网络媒体资源（又称联盟会员，如中小网站、个人网站、WAP 站点等）组成联盟，通过联盟平台帮助广告主实现广告投放，并进行广告投放数据监测统计，广告主则按照网络广告的实际效果向联盟会员支付广告费用的网络广告组织投放形式。

目前比较大的广告联盟有很多，比如百度推广、谷歌的 adwords、阿里妈妈广告联盟、新浪等大型门户网站的网络广告等。各个广告联盟都有自己的特色，都有自己的适用范围。下面就以阿里妈妈联盟为例进行广告联盟的简要介绍。

阿里妈妈是阿里巴巴旗下的一个全新的互联网广告交易平台。主要针对网站广告的发布和购买平台。它首次引入“广告是商品”的概念，让广告第一次作为商品出现在交易市场里，让买家和卖家都能清清楚楚地看到。阿里妈妈作为一个权威的中介，让买家（广告主）和卖家（发布商）轻松找到对方。

大家可进入淘宝网卖家中心，点击“我要推广”，找到阿里妈妈的两个入口，分别是淘宝联盟自助推广和淘宝客推广，如图 4-76 所示。

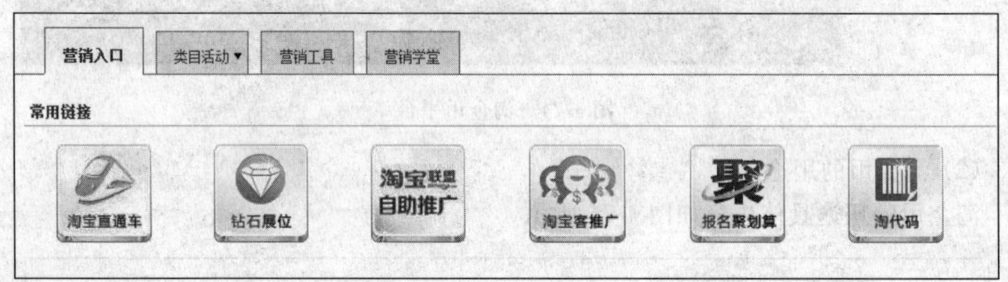

图 4-76　广告联盟(1)

淘宝联盟联合了丰富的第三方网站资源，如图 4-77 所示，可以将网店产品广告放到相应类目的第三方网站。

图 4-77　广告联盟(2)

淘宝联盟的第三方网站广告是一种定位广告模式，即特定的时间段特定的广告位收特定的费用。而淘宝客的广告是将网店产品广告代码插入第三方网站，当消费者点击广告并产生购买行为时，卖家才按照购买金额的一定比例支付广告费用（即佣金），给帮助宣传的淘宝客，是一种按照效果付费的广告模式。

是选择定位广告模式还是选择按照效果付费的广告模式，卖家要根据情况来选择。

2. 淘宝客

淘宝客是一种按照成交来计费的推广模式，由淘宝客帮助淘宝卖家推广商品，买家通过推广的链接进入完成交易后，淘宝卖家支付一定比例的佣金给帮助推广的淘宝客，业务逻辑如图 4-78 所示。

淘宝客分为两类：个人（博客主、论坛会员、聊天工具使用者、个人站长）；网站（博

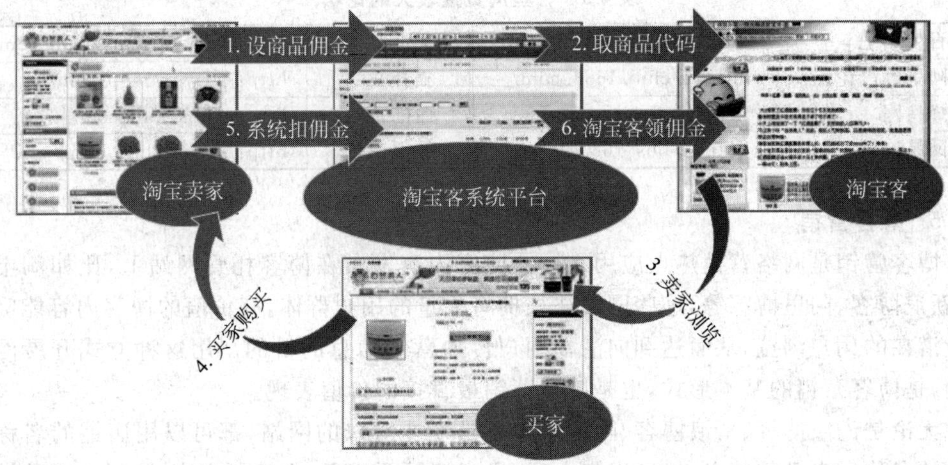

图 4-78 淘宝客的业务逻辑

客、门户、资讯、购物比价、购物搜索等网站)。

大家可通过以下方法找到并加入淘宝客。

(1) 登录→我的淘宝→我是卖家→我要推广→淘宝客推广→进入。

(2) 阅读淘宝客推广协议→注册。

(3) 注册后进入点击“新增计划”→设置类目佣金比率→勾选主推的商品(最多可以选 30 件商品),点击“下一步”→“设置佣金比率”→设置完成。

(4) 到阿里妈妈发帖寻找淘宝客。

3. 问答推广

到百度、天涯、搜狗、有道等各大问答网站搜索与商店的产品相关的问题,耐心回答这些问题,积极提供帮助,借此来推广与自己业务相关的信息。问答类推广的一个常用技巧是申请多个账号,策划自问自答。

4. 论坛营销

论坛营销就是到各大相关论坛发帖、回帖。发帖、回帖之前先将自己的广告信息填写到自己的个性签名。广告关键词一般可以放到论坛帖子以及个性签名上。比如到淘宝论坛发一些有意义的原创帖子、与商品相关的专业性的帖子,并争取成为精华帖,吸引论坛成员来灌水,达到宣传的目的。但注意别让自己的广告目的太明显,因为这样会引起论坛网友的反感。同时要注意认真回复网友的帖子,回帖最好是“沙发”,第一页宣传效果都很好,能增加店铺浏览量。

除了淘宝论坛,也可以到其他人气较旺的论坛进行软文推广。利用论坛营销,最好所选的论坛与自己的产品相关度较高,比如母婴用品到母婴论坛推广,这样目标客户更加明确。同时所发的帖子内容要与论坛栏目相符,否则存活率会很低。此外,尽量选择带有签名功能、有链接功能和修改功能的论坛。

表 4-3 提供了一些浏览量较大的论坛。

表 4-3　一些浏览量较大的论坛

百度贴吧	http://tieba. baidu. com/	天涯社区	http://www. tianyaclub. com/
阿里巴巴论坛	http://club. 1688. com/	猫扑	http://www. mop. com/
蜂鸟网	www. fengniao. com/	西陆论坛	http://bbs. xilu. com/
网易论坛	http://bbs. 163. com/	搜狐论坛	http://club. sohu. com/

5. 博客营销

博客营销是网络营销热点应用之一。博客内容发布在博客托管网站上，比如淘宝博客、新浪博客、阿里博客等，这些网站往往拥有大量的用户群体，有价值的博客内容能吸引大量潜在的用户浏览，从而达到向潜在用户传递营销信息的目的。用这种方式开展网络营销，是博客营销的基本形式，也是博客营销最直接的价值表现。

无论是淘宝博客、新浪博客、阿里博客还是专业对口的网站，都可以用店铺的名称或产品的名称做自己的笔名，然后发表文章，文章标题要醒目，内容要丰富，这样才容易被搜索引擎关注，从而达到推广的目的。有些博客是可以加入产品链接的，可以利用这一特性直接宣传自己的店铺或产品。

另外，向名人博客借势可能会收到意想不到的效果。可以充分利用名人博客做宣传，现在许多名人博客的日访问量甚至超过百万，如果能抢到沙发，带来的流量是很可观的。

说到博客，当然少不了微博。相对于博客，微博具有更强的实时性、互动性和分享性。很多人已经利用微博的这些特性成功开展了网络营销。要利用微博营销，要拥有大量的听众，平时多听别人，别人也会听你，也可以多加入微群。微博营销，宣传产品也很讲究技巧，尽量不要让自己的听众太反感，尽量以分享的方式。

表 4-4 推荐了几个有用的新浪微博账号给大家。

表 4-4　几个有用的新浪微博账号

@阿里巴巴中国	@穷游网	@蘑菇街
@创业家杂志	@知乎	@星巴克中国
@淘宝全球购		

6. 群邮件推广

还可以运用 QQ 群、旺旺群进行邮件推广。找到目标客户群，加入该群，发群邮件。比如，卖话筒的就可以加入一些教师群、导游群等用话筒较多的群体，加入这些群体的 QQ 群，就可以适当在这些群里做推广了。QQ 的群发邮件相当方便，只要点击发送，群内所有成员都能收到你的来信。对于跟产品相关度很高的群（比如母婴交流群与婴儿奶粉、婴儿游泳池等），还可以跟群主搞好关系，以进一步充分地利用群资源。也可以通过关键词搜索群找到目标客户的邮箱，然后用邮件群发器发送邮件进行推广。注意邮件群发器不能滥用，如果发的邮件太多，很容易被邮件服务器当成垃圾邮件，当然现在的网民对于邮件推广特别是垃圾邮件都很反感，所以要注意方式和技巧，特别是要选准目标客户，这样转化率才高。

7. **供求信息类网站推广**

到供求信息类网站发布产品或服务信息，让目标用户轻松找到自己，这是一种很简便却很有效的方法，但也因为太简单而被很多做网络推广的人忽略。像阿里巴巴、赶集网、百姓网这类全国供求信息类网站，还有各地的地方城市网站、二手买卖市场网站、财经网站、跳蚤市场网站，这些都值得去试一试。到这些网站发布供应信息，距离不远可以直接送货上门，这样更容易谈成生意，特别是容易找到同城的客户。

表 4-5 集合了一些用得较多的供求信息发布资源。

表 4-5 一些用得较多的供求信息发布资源

赶集网	http://www.ganji.com	百姓网	http://www.baixing.com
沃搜网	http://www.53info.com/	世界工厂网	http://www.ch.gongchang.com
100 招商网	http://www.zhaoshang100.com	中麦网	http://www.86mai.com
志趣网	http://www.bestb2b.com	网络 114	http://www.net114.com
58 同城网	http://www.58.com	中科商务网	http://www.zk71.com

资料链接

淘宝数据分类解析(普及版)

1. **基础统计类**

(1) 浏览量(PV)：店铺各页面被查看的次数。用户多次打开或刷新同一个页面，该指标值累加。

(2) 访客数(UV)：全店各页面的访问人数。所选时间段内，同一访客多次访问会进行去重计算。

(3) 收藏量：用户访问店铺页面过程中，添加收藏的总次数(包括首页、分类页和宝贝页的收藏次数)。

(4) 浏览回头客：指前 6 天内访问过店铺当日又来访问的用户数，所选时间段内会进行去重计算。

(5) 浏览回头率：浏览回头客占店铺总访客数的百分比。

(6) 平均访问深度：访问深度，是指用户一次连续访问的店铺页面数(即每次会话浏览的页面数)，平均访问深度即用户平均每次连续访问浏览的店铺页面数。“月报-店铺经营概况”中，该指标是所选月份日数据的平均值。

(7) 跳失率：表示顾客通过相应入口进入，只访问了一个页面就离开的访问次数占该入口总访问次数的比例。

(8) 人均店内停留时间(秒)：所有访客的访问过程中，平均每次连续访问店铺的停留时间。

(9) 宝贝页浏览量：店铺宝贝页面被查看的次数，用户每打开或刷新一个宝贝页面，该指标就会增加。

(10) 宝贝页访客数：店铺宝贝页面的访问人数。所选时间段内，同一访客多次访问会进行去重计算。

(11) 宝贝页收藏量：用户访问宝贝页面添加收藏的总次数。

(12) 入店页面：单个用户每次浏览店铺时所查看的第一个页面为入店页面。

(13) 出店页面：单个用户每次浏览店铺时所查看的最后一个页面为出店页面。

(14) 入店人次：指从该页面进入店铺的人次。

(15) 出店人次：指从该页面离开店铺的人次。

(16) 进店时间：用户打开该页面的时间点，如果用户刷新页面，也会记录下来。

(17) 停留时间：用户打开本店最后一个页面的时间点减去打开本店第一个页面的时间点(只访问一页的顾客停留时间暂无法获取，这种情况不统计在内，显示为"—")。

(18) 到达页浏览量：到达店铺的入口页面的浏览量。

(19) 平均访问时间：打开该宝贝页面到打开下一个宝贝页面的平均时间间隔(用户访问该宝贝页面后，未点击该页其他链接的情况不统计在内，显示为"—")。

(20) 全店宝贝查看总人次：指全部宝贝的查看人次之和。

(21) 搜索次数：在店内搜索关键词或价格区间的次数。

2. 销售分析类

(1) 拍下件数：宝贝被拍下的总件数。

(2) 拍下笔数：宝贝被拍下的总次数(一次拍下多件宝贝，算拍下一笔)。

(3) 拍下总金额：宝贝被拍下的总金额。

(4) 成交用户数：成功拍下并完成支付宝付款的人数。所选时间段内同一用户发生多笔成交会进行去重计算。

(5) 成交回头客：曾在店铺发生过交易，再次发生交易的用户称为成交回头客。所选时间段内会进行去重计算。

(6) 支付宝成交件数：通过支付宝付款的宝贝总件数。

(7) 支付宝成交笔数：通过支付宝付款的交易总次数(一次交易多件宝贝，算成交一笔)。

(8) 支付宝成交金额：通过支付宝付款的金额。

(9) 人均成交件数：平均每个用户购买的宝贝件数，即人均成交件数＝支付宝成交件数/成交用户数。

(10) 人均成交笔数：平均每个用户购买的交易次数，即人均成交笔数＝支付宝成交笔数/成交用户数。

(11) 当日拍下-付款件数：当日拍下，且当日通过支付宝付款的宝贝件数。

(12) 当日拍下-付款笔数：当日拍下，且当日通过支付宝付款的交易次数。

(13) 当日拍下-付款金额：当日拍下，且当日通过支付宝付款的金额。

(14) 客单价：客单价＝支付宝成交金额/成交用户数。单日客单价指单日每成交用户产生的成交金额。

(15) 客单价均值：指所选择的某个时间段内，客单价日数据的平均值。如"月报"中，客单价均值＝该月多天客单价之和/该月天数。

(16) 支付率：支付宝成交笔数占拍下笔数的百分比，即支付率＝支付宝成交笔数/

拍下笔数。

(17) 成交回头率：成交回头客占成交用户数的百分比，即成交回头率＝成交回头客/成交用户数。

(18) 全店成交转化率：全店成交转化率＝成交用户数/访客数。单日全店成交转化率指单日成交用户数占访客数的百分比。

(19) 全店转化率均值：指所选择的某个时间段内，全店成交转化率日数据的平均值。如“月报”中，全店转化率均值＝该月多天转化率之和/该月天数。

(20) 促销成交用户数：参与宝贝促销活动的成交用户数。

(21) 宝贝页(促销)成交转化率：参与宝贝促销活动的成交用户数占宝贝页访客数的百分比。“按月”“按周”查看报表时，该指标是所选时间段内日数据的平均值。

(22) 支付宝(促销)成交件数：买家参与宝贝促销活动产生的支付宝成交件数。

(23) 支付宝(促销)成交笔数：买家参与宝贝促销活动产生的支付宝成交笔数。

(24) 支付宝(促销)成交金额：买家参与宝贝促销活动产生的支付宝成交金额。

(25) 非促销成交用户数：未参与宝贝促销活动的成交用户数。

(26) 支付宝(非促销)成交件数：买家未参与宝贝促销活动产生的支付宝成交件数。

(27) 支付宝(非促销)成交笔数：买家未参与宝贝促销活动产生的支付宝成交笔数。

(28) 支付宝(非促销)成交金额：买家未参与宝贝促销活动产生的支付宝成交金额。

3. 直通车数据类

(1) 展现量：推广的宝贝在淘宝直通车展示位上被买家看到的次数，不包括自然搜索。

(2) 点击量：推广的宝贝在淘宝直通车展示位上被点击的次数。

(3) 点击率：推广的宝贝展现后的被点击比率(点击率＝点击量/展现量)。

(4) 花费：推广的宝贝被点击所花的费用。

(5) 平均点击花费：推广的宝贝每次被点击所花的平均费用(平均点击花费＝花费/点击量)。

(6) 平均展现排名：推广的宝贝每次被展现的平均排名(平均展现排名＝每次展现排名的加总/展现量)。

4. 来源分析类

(1) 访客数(UV)：店铺各页面的访问人数。所选时间段内，同一访客多次访问会进行去重计算。

(2) 到达页浏览量：通过该来源给店铺入口页面带来的查看次数。

(3) 到达页浏览量占比：该来源的到达页浏览量占所有来源的到达页浏览量总和的比例。

(4) 浏览量(PV)：店铺各页面被查看的次数。用户多次打开或刷新同一个页面，该指标值累加。

(5) 浏览量占比：该来源的浏览量占所有来源的浏览量总和的比例。

(6) 入店访问深度：该来源带来的访客每次入店后在店铺内的平均访问页面数。

(7) 入店跳失率：该来源带来的访客入店后只访问了该店铺一个页面就离开的次数

占该来源访客总入店次数的比例。

(8) 新访客数：该来源在选定时间段内带来的访问人数中在前六天从未访问过店铺的用户数。

(9) 新访客占比：该来源带来的新访客占该来源总访客数的比例。

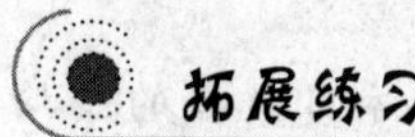

折800(www.zhe800.com)是一个给广大网民实时提供淘宝秒杀信息的第三方网站。该网站每日推出精选淘品，其中9.9元包邮商品更是引发用户的抢购热潮。专业编辑选取商品，职业买手砍价格，折800用户独享团购低价，是折800的核心要素。在帮助用户节省浏览淘宝海量商品信息时间的同时，还能让用户以更优惠的价格购买，一举两得。

思考：开店初期如何用折800推广你的淘宝店铺并提高信誉？

任务五　在线接待与引导

在线接待与商品结算

小伟的网店经过前期的营销与推广现在已经慢慢步入正轨了，顾客通过各种渠道进入店里，销量每天稳中有升，但随着销量的增加，客服的压力也急剧增大。有些顾客可能觉得商品介绍得不够详细或是对商品带有疑问，因此希望通过咨询客服人员来消除自己的疑虑。

当然随着生意的越发红火，也经常有顾客在旺旺上询问拍下的商品怎么付款，也有的顾客询问除了网银还有没有其他的付款方式……这时候客服在咨询交流中的沟通技巧就显得非常重要，会直接影响交易能否最终成交。

于是小伟除了把付款的流程和付款的方式整理汇总起来放到网店里供新手顾客查看外，还特地为客服部设立了客服宗旨和目标。宗旨就是：以顾客为中心，提供更多贴心服务。目标：快乐购买，让每个人享受过程乐趣。

问题与思考：

(1) 一般网店在线接待(服务流程)的步骤有哪些？

(2) 假如你是一名客服人员，遇到顾客对商品或者服务有不满时该怎么处理？

(3) 若已成功拍下宝贝，怎么通过支付宝付款？

(4) 淘宝常见的付款方式有哪些？

2014年作为淘宝服务年，服务不再仅仅限于DSR动态评分与好评率，而更多地让客户体验到购物感受的因素，如退款速度、旺旺反应时间、投诉率、纠纷率、旺旺在线时长等，

都被赋予了权重。由此可见,网店客服扮演着越来越重要的角色。那么一名网店客服要出色地完成在线接待工作,需要具备哪些基本的知识、技能和心态呢?

在网店支付中,网上支付是一种主流的方式,它是电子支付的一种形式,这种方式的好处在于可以直接把资金从用户的银行卡中转账到网站账户中,汇款马上到账,不需要人工确认。客户和商家之间可采用信用卡、电子钱包、电子支票和电子现金等多种电子支付方式进行网上支付。

在淘宝网交易中,最常用的支付工具就是支付宝,由它为交易双方提供安全担保。买家购买商品后,付款到支付宝,由支付宝代管,支付宝随即通知卖家发货,待卖家发货后,支付宝又会通知买家准备收货,买家收到货确认无误后,遂通过支付宝将货款支付给卖家,如图 4-79 所示。

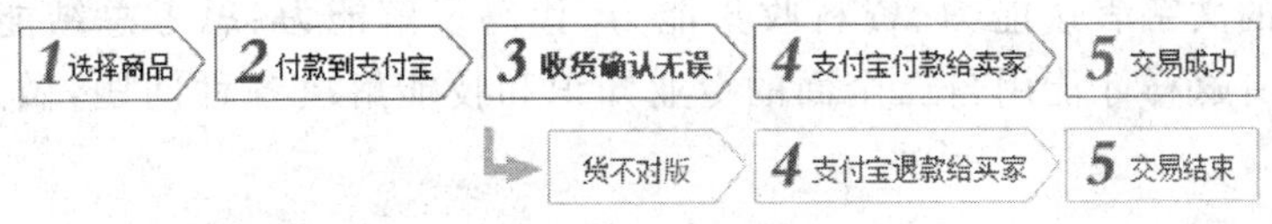

图 4-79 支付宝担保交易流程

一、网店客服基本的心理素质

在客户服务的过程中,客服人员要面对形形色色的客户,要面对客户提出的各种问题,承受着各种压力、挫折,没有良好的心态和心理素质,是无法出色完成工作的。以下是作为客服人员必须具备的心理素质。

(1) 处变不惊的应变能力:遇到任何事情都不慌张,首先想到的是寻找解决问题的对策。

(2) 承受打击的能力:其实任何工作岗位都会遇到挫折,不过客服人员会面对更多的客户问题,所以他们更需要这种特质,强大的承受力是客服必备的心理素质。

(3) 自我调节的能力:任何人都会有情绪,而如何快速调整,不让个人情绪影响工作是普通客服和优秀客服的本质区别之一。

(4) 积极乐观的心态:正面的情绪可以带动工作、感染客户,作为一名客服,要随时准备好传递这种正能量。

二、网店客服基本的技能要求

1. 出色的沟通能力

作为与买家的直接对话者,沟通是否顺畅,会影响到买家是否会购买商品、是否会二次购买商品、是否会介绍朋友购买商品,也直接影响到店铺业绩的好坏,因此沟通能力是在线客服的首要能力。

2. 良好的谈判能力

销售过程就是与客户互相谈判博弈的过程,谈判的目的在于促成销售,让客户拥有良好的购买体验,而不是与客户争一时的输赢,所以优秀的客户服务员还应具备良好的谈判能力。

3. **熟练的专业技能**

在线客服一般通过线上的聊天工具与客户进行沟通，熟练使用这些聊天工具是必要的，同时客服要熟悉 Windows 系统，会使用 Word 和 Excel，会发送电子邮件，会管理电子文件，熟悉上网搜索和找到需要的资料，打字速度快且准确率高(60 字/分钟以上)，能同时和多人聊天等。

4. **敏锐的观察力**

客服需要在线上通过短时间的接触快速了解到客户的购买意图、购买心理，并发现客户的疑虑和问题。除了沟通能力，敏锐的观察和推理能力也能够帮助客服人员做出准确的判断，制定正确的销售策略。

以上只是在线客服的一些基本要求，实际上要真正做好在线接待，除了这些基础的能力外，良好的文字表达能力、资料收集能力、代码了解能力、思考总结能力等也是不可或缺的，只有这样才能用自己全面的专业知识和技能解决各种问题，做到游刃有余、轻松化解。

三、客服操作流程

表 4-6 为客服在交易的各阶段具体的操作。

表 4-6　客服在交易的各阶段具体的操作

售前之前	售　前	售　中	售　后	售后之后
产品知识	产品咨询	快递查件	退款退货	二次营销
行业知识	询价议价	催发货	换款返修	客户关怀
竞品分析	物流咨询	修改订单	买家评价	
竞品了解	促销咨询	缺货通知	维权投诉	
后台操作	品牌咨询	催付款		
旺旺工具				
话术脚本				
快捷设置				

四、商品付款

若已成功拍下宝贝，还未通过支付宝付款，可以进入“我的淘宝”→“已买到的宝贝”页面找到一笔新创建的“等待买家付款”的交易，该状态下卖家可以修改交易价格，待交易付款金额确认无误后，点击“付款”，进入付款页面操作，如图 4-80 所示。

付款成功后，可以再次进入“我的淘宝”→“已买到的宝贝”页面查看交易，此时交易状态为“买家已付款”，等待卖家发货即可，如图 4-81 所示。

五、付款方式

淘宝常见的付款方式有以下几种。

1. **支付宝账户余额支付**

当支付宝账户余额足够支付所拍宝贝的订单金额，可以直接使用支付宝余额支付，输

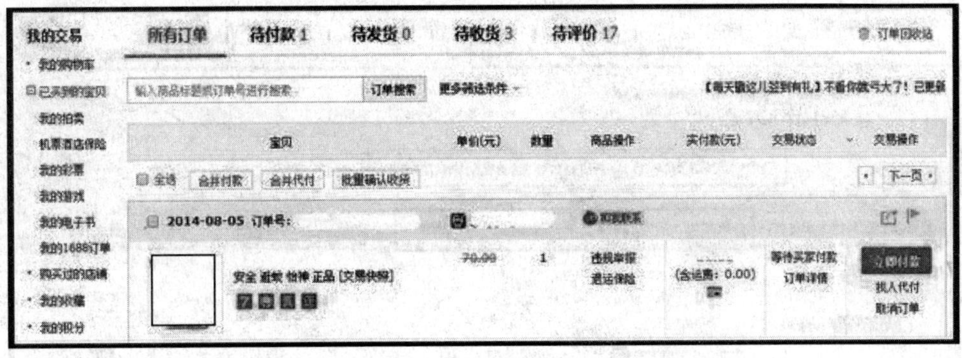

图 4-80　付款页面

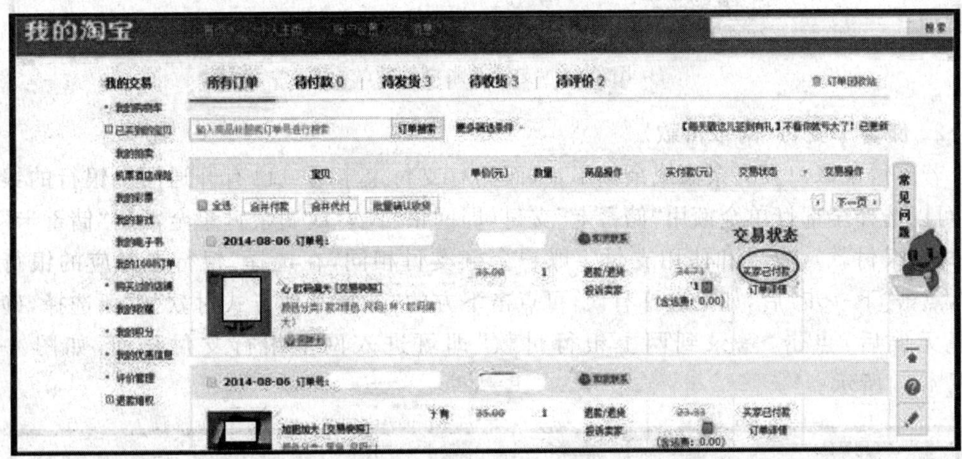

图 4-81　交易状态页面

入支付宝支付密码，点击“确认付款”即可，如图 4-82 所示。

图 4-82　支付宝账户付款(1)

当支付宝账户余额不足以支付所拍宝贝的订单金额，可以先将已有的支付宝余额勾选使用，剩余金额用其他方式支付，或不勾选支付宝余额付款，全部订单金额直接选择用其他方式支付，如图 4-83 所示。

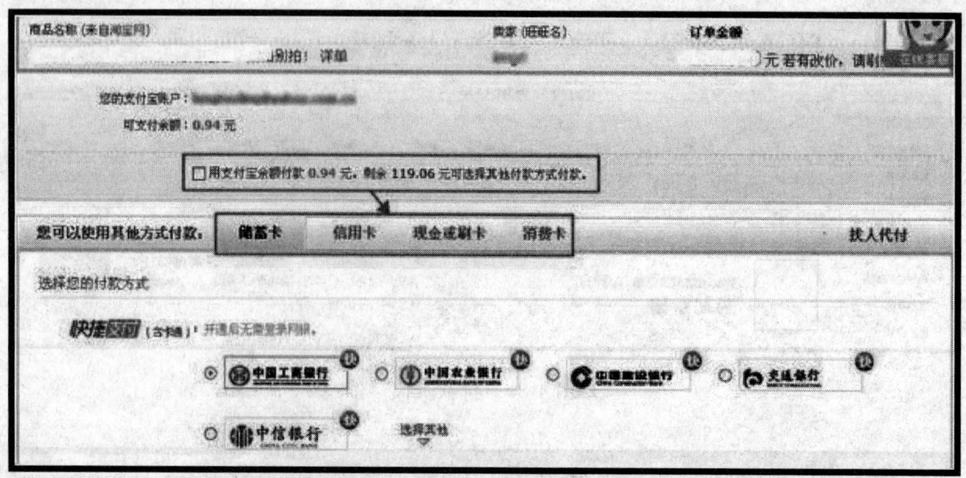

图 4-83　支付宝账户付款(2)

2. 储蓄卡支付(网银付款)

若支付宝账户没有余额或余额不足，而拥有支付宝卡通或已有开通网上银行的银行卡，可以选择全部订单金额用“储蓄卡”支付(即网银付款)或剩余订单金额用“储蓄卡”支付(即网银付款)，效果和使用支付宝账户余额支付相同，在选择“银行卡对应的银行名称”，点击“下一步”后，如果选择有误，可点击下方的“选择其他方式付款”重新选择，确认选择无误后，点击“登录到网上银行付款”即可进入网上银行支付页面，如图 4-84 和图 4-85 所示。

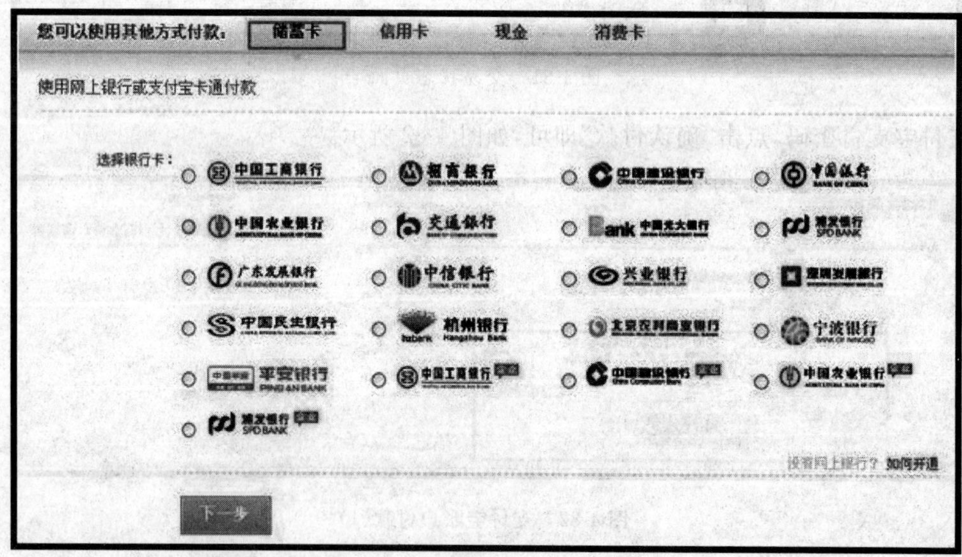

图 4-84　储蓄卡支付(网银付款)(1)

3. 信用卡支付

只要选择带▬的商品，即说明卖家有加入“信用卡支付”业务，买家在进行交易付款

图 4-85　储蓄卡支付(网银付款)(2)

时就可以选择使用“信用卡”付款，如图 4-86 所示。

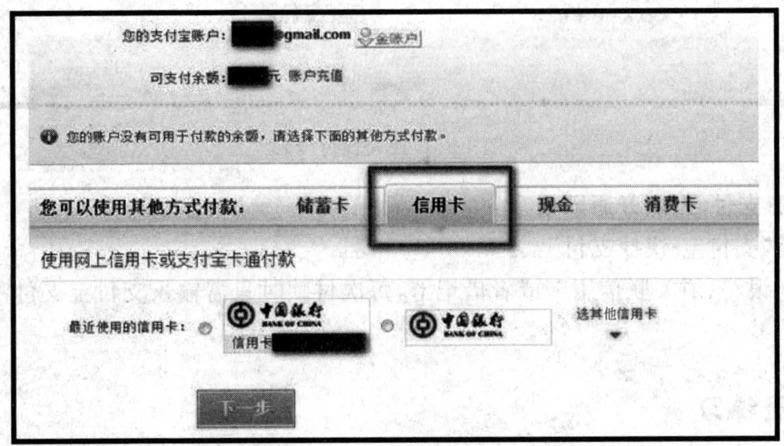

图 4-86　信用卡支付

4．**找人代付**

淘宝网上交易找人代付的方法如下。

第一步，选择需要的商品，点击“立刻购买”。

第二步，确认收货信息和地址后，在找人代付的方框前打钩，然后点击“确认无误，购买”，如图 4-87 所示。

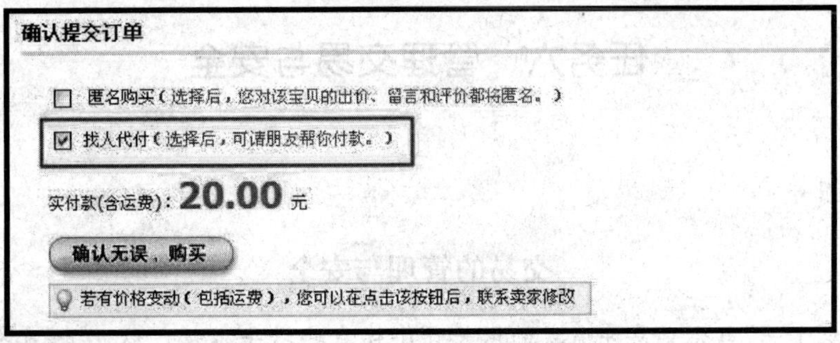

确认提交订单

匿名购买(选择后，您对该宝贝的出价、留言和评价都将匿名。)

找人代付(选择后，可请朋友帮你付款。)

实付款(含运费)：20.00 元

确认无误，购买

若有价格变动(包括运费)，您可以在点击该按钮后，联系卖家修改

图 4-87　找人代付(1)

第三步，选择指定的人帮自己代付，或者是任何人都能帮自己代付，后续等待朋友帮忙付款即可，如图 4-88 所示。

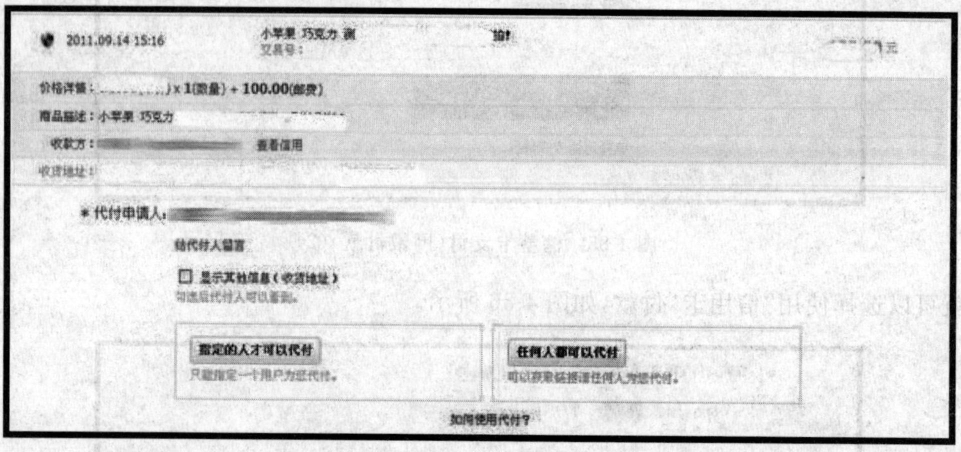

图 4-88　找人代付(2)

5. 快捷支付(无须开通网银)

什么是“支付宝-快捷支付”？

无需网银，只须关联信用卡或者借记卡，每次付款时只需输入支付宝支付密码即可完成付款。

拓展练习

(1) 有位女士在小兵的网店购买一双皮鞋，下单之前她询问是否能够提供发票，小兵手上刚好没有发票了，请问该如何跟顾客解释？如果顾客同意小兵过几天给她寄送发票，请问发票的邮寄费用该由谁来承担？如果顾客是恶意差评师，在付款之后投诉小兵没有寄送发票，请问小兵要如何妥善解决？

(2) 小孙是一名网店客服，一位客户在网上付款的时候告诉他：一直提示“无法成功”，通过了解得知这位客户网购次数不多，对于支付不是很了解，请问如果你是小孙，应该如何指导这位客户？

任务六　管理交易与安全

案例导入

交易的管理与安全

淘宝“双十一”当天交易井喷式的增长让小伟有些措手不及。这几天，小伟和他的员工都在处理这些“双十一”订单。这些订单目前状态大致有以下几种：有已经提交但还未付款的，有已经付款等待发货的，有已经发货很久了但还没确认的，还有需要做退换货处

理的……总之是五花八门。

还有就是员工网络安全的意识相对薄弱的问题也让小伟头痛不已。虽然他的店到目前为止还没发生过此类的问题，但是，如果每一个员工都具备一定的网络安全知识，那么就可以防止店铺资产流失，防患未然……

问题与思考：

(1) 谈谈如何有效对这些交易进行管理，避免出错，养成良好的交易习惯。

(2) 说说淘宝的骗术通常有哪些，如何才能确保自己不被骗。

知识探究

交易管理指的是对交易过程的管理。买卖双方是交易的主体，任何一方做出一步操作，都需要对方及时做出相应的处理，以保证交易能顺利进行。在淘宝后台我们看到交易分为几个不同的情况或环节。

而随着网络的普及以及网上交易越来越便捷，网络支付方式也受到越来越多人的青睐，但是大多数人对于网上交易缺乏了解，对计算机和网络技术也知之甚少，所以经常出现交易事故，甚至遭遇黑客、病毒。许多事故的发生并不是不能防范的，而是当事人疏于防范。特别是在网上进行商业活动，涉及的资金量有可能比较大，一旦发生事故往往是不能承受之痛，所以保证交易安全、控制交易风险是首先要解决的问题。所以作为一名网店经营者，必须拥有网络安全意识，也必须学习一些网络防骗的知识。

一、等待买家付款

当顾客提交订单拍下商品，后台“等待买家付款”栏下就会显示顾客拍下的商品，如图 4-89 所示，在这种状态下卖家通常会进行两种操作。

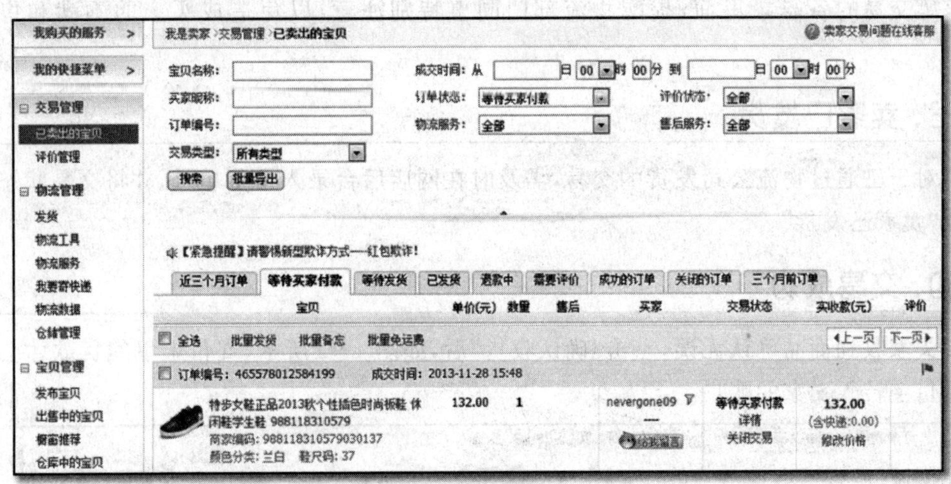

图 4-89　等待买家付款

(1) 修改价格：这是比较常见的一种操作。如多件商品打包，就要修改重复计算的邮费，或是买卖双方就新的价格达成一致，这种情况一般先由买家先提交订单，然后等卖家修改价格后，再进行支付，如图 4-90 所示。如果是买家已付款的状态，则卖家无法修改价格，建议先联系买家，等买家收到货以后申请部分退款即可。卖家修改价格后，买家刷新当前支付页面后才能看见修改后的价格。卖家提交修改价格的操作无次数限制。

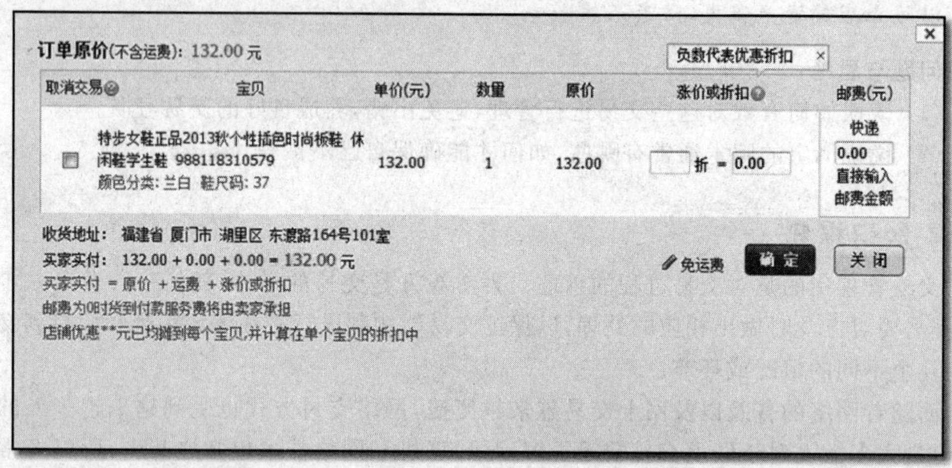

图 4-90　修改价格

(2) 关闭交易：由于买卖双方个人原因而导致交易无法正常进行，这时候需要将交易关闭。

二、买家已付款

买家付款后，卖家需及时核对订单内容与收货地址。如快递不到的地区需及时告知买家；如有顾客对商品有特殊要求或临时更改收货地址的，卖家需及时把卖家留言备注到该笔交易的备忘录里面，提醒物流部门同事特别注意，以免造成买家的不满和售后纠纷。

三、卖家已发货

对于已通过物流公司发货的交易，需及时在网店后台录入发货单号，并将交易状态更改为“卖家已发货”。

四、交易成功

买家收到商品确认无误，点击“确认收货”后，如图 4-91 所示，支付宝里的货款才会通过支付宝转入卖家的账户。

图 4-91　选择确认收货

五、退款

并不是每一笔交易都会成功，由于商品质量问题、实物与网店描述不符或其他原因买家可能会申请退款，退款的流程如图 4-92 所示。

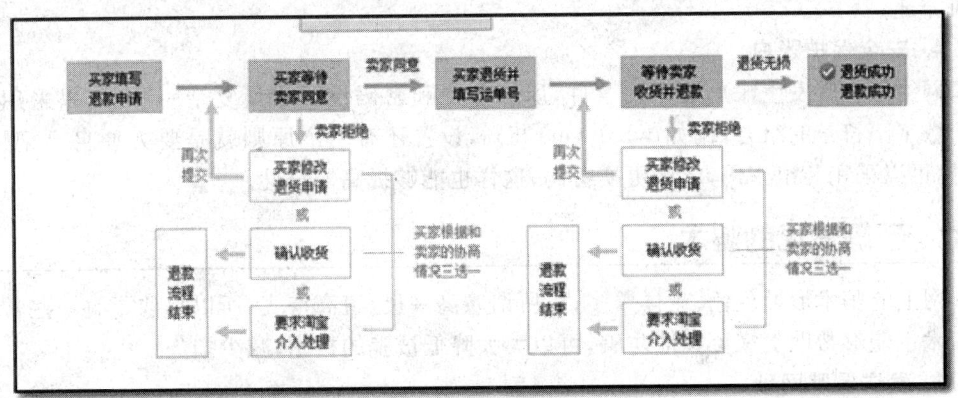

图 4-92 退款流程

(1) 订单状态为买家已付款，买家申请退款后 48 小时，卖家未点击发货，钱款自动退回。

(2) 订单状态为卖家已发货，买家申请退货退款，系统给予卖家 5 天时间响应退款，卖家逾期未响应退款，系统自动达成退款协议，等待买家退货，此时给予买家 7 天时间操作退货，若买家在 7 天内未操作退货，系统将关闭退款。买家操作退货后，系统给予卖家平邮 30 天、快递 10 天响应退款，逾期卖家未操作，系统自动将钱款退回给买家。

(3) 订单状态为卖家已发货，买家申请不退货仅退款，申请退款后，系统给予卖家 5 天时间响应退款，逾期未响应，系统将根据买家申请退款的金额退款给买家。

如买卖双方就退款协议问题不能达成一致，或卖家发现退货损坏或无法进行二次销售不同意退款，点击“要求淘宝介入处理”后，会给予 3 大的举证期，如果需要买家举证的，还会给予卖家 24 小时的处理期，之后会进入淘宝审核凭证期，将会在 4～6 个工作日内给出处理意见。

六、养成良好的操作习惯

1. 注意防范病毒

计算机上要安装防火墙和杀毒软件，定期更新软件，定期清理计算机中的垃圾文件和缓存，因为谁也不能保证你的软件或者系统是 100% 安全可靠的。同时不要访问非法的网站，因为不法分子经常利用人们的好奇心在这些网站上挂上病毒木马，同时不要贸然下载或者点开不明程序，否则很有可能就中招了。

2. 限制使用软件

这里说的限制使用是针对交易用的软件，网上与买家沟通尽量使用旺旺、QQ 等常用的聊天软件，注意不要轻易接收不明文件，不轻易泄露个人资料。而且使用上述软件还可以作为交易的凭证。对于第一次使用的软件也一定要注意。

3. 不要在计算机中安装任何具有记忆命令的程序

因为这种程序可以记录用户击键的动作,甚至可以用截图的方式记录屏幕发生的一切。这一类型的软件常见于一些游戏插件,所以建议玩游戏的计算机最好和私密性的计算机分开。

4. 安全保护账户

网络上经常发生账户被盗的事件,所以账户和密码设置尽量复杂一些,可以采用英文+数字+符号的组合,比如 whatever135%,设置还有一个原则就是要方便自己记忆。另外,可以采用几组密码,定期更换密码,这样也能够提高安全性。

七、了解常见的骗术

网上的骗术形形色色、花样繁多,正所谓魔高一尺,道高一丈,所以提前了解一些常见的骗术也能够帮助卖家更好地防骗,可以大大降低被骗的概率,减少损失。

1. 发送冒牌网址

许多骗子经常利用旺旺等即时通信工具发送一些带有病毒的链接或钓鱼网站,这些链接和正规的网站高度相似,如果点进去就上当了。面对此类骗术,最好的办法就是:不要轻易点击对方发过来的网址,千万不要对自己过于自信,谁都不能保证在工作疲劳的情况下会看走眼。

2. 发送病毒文件

骗子会采取冒充顾客或其他工作人员的方式给卖家发送一些文件,实际上这些文件是病毒程序,点开之后就会盗取计算机中的账号、密码等信息,对付这类的骗术就是不要轻易接收对方发过来的文件,可以让对方采用截图的方式。

3. 冒充淘宝客服

骗子拍下货之后不付款要求卖家发货,如果卖家不发货,就以投诉、差评威胁,过一会有个"淘宝在线客服"之类的旺旺联系卖家,告诉卖家收到买家投诉要求卖家给买家发货。其实淘宝并没有这样的客服,也不会催卖家发货的,只要是催卖家发货的所谓淘宝客服就是假的。

4. 注册类似账号行骗

骗子使用两个很相似的淘宝账号行骗,用账号 A 和你聊天说要买货,之后使用账号 B 去拍货付款,粗心买家会认为这是同一个人,便给 A 号发货。骗子拿到所需要的东西后,再用账号 B 联系卖家再次索要东西。这样卖家就被骗走一份东西。破解的方法是:发货之前,在拍货记录上点击拍货旺旺联系买家发货,或者确认拍货旺旺是否和联系旺旺相同。一般情况下数字"0"和字母"O"不好分辨,请一定注意。

限于篇幅,这里无法将所有的骗术一一呈现,建议大家上网或者在卖家群里多学习了解,因为骗子也在不断地与时俱进,新的骗术层出不穷,为了保护来之不易的收入,我们也需要不断地去学习。

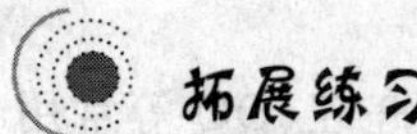

拓展练习

(1) 小李在淘宝网某服装旗舰店购买了一条休闲裤,收到货后发现裤子尺码发错了,于是与该店客服联系要求换货，请问客服要如何处理？

(2) 小王在淘宝网开了一家销售高档手表的网店。某日一位买家购买了一款价值1000余元的手表，卖家正要发货时，买家忽然发来信息，说拍多了不要了，由于店铺承诺7天无理由退货，自然要给买家退货。可是退完货后，小王突然发现自己损失了约50元，他也很纳闷这是怎么回事，按照正常流程是不用扣款的呀？而且货还没发，顾客也没有投诉，请你帮他解决一下。

任务七 管理评价

案例导入

被差评了，怎么办？

最近小伟感觉自己好像运气有点背，这不，前几天由于物流部员工的疏忽，发货时把商品颜色发错了，小伟的店铺迎来了开张以来的第一个差评。要知道小伟对评价可是相当看重的，任何一个差评他都不能接受，他让客服与买家进行沟通，希望买家可以对评价进行更改，将差评改为好评。

一波未平一波又起，今天又有顾客投诉小伟的店里卖假货。小伟哭笑不得，自己明明卖的就是自己公司生产的货真价实的产品，产品是经过国家商品质量认证，与商场专柜销售是同步的，怎么可能是假货呢。纵使客服百般解释，顾客仍旧不相信，要求假一赔十……这件事情也让小伟意识到当遇到交易纠纷时，对顾客单靠良好的服务态度或是一味地躲避忍让并不是办法，还需要掌握解决这些争议和纠纷的技巧。

问题与思考：

(1) 如果你的店铺被差评了，该怎么办？

(2) 当你的店铺发生交易纠纷了，你要如何处理？

知识探究

有网购经验的人都知道，交易结束的最后一项一般是对该次的交易做出评价，评价的内容对网店来说是极其重要的，因为大多数网购者都会参考商品的评价做出选择，可以说评价的结果直接影响到网店的好评率、宝贝的销量、销售的业绩，甚至影响店铺能否报名参加淘宝活动。

一、信用评价介绍

淘宝网会员在淘宝个人交易平台完成每一笔交易订单后，双方均有权对对方交易的情况做出好评、中评或者差评。评价有效期是在订单交易成功的15天内。如果过了评价有效期，则无评价入口就无法进行评价了。如一方做出了好评而另一方未评，在交易成功后的15天以后系统将自动默认给予评价方好评。

交易成功且买家评价后还可追加评论，追加评论时间为交易成功后的 180 天。买家将有一次追加评论的机会，卖家也会有多一次解释的机会，从而更真实地反映购买后的情况，追加的评论仅是文字内容，不影响卖家的好评率，追加评论后无法进行修改或删除，如图 4-93 所示。

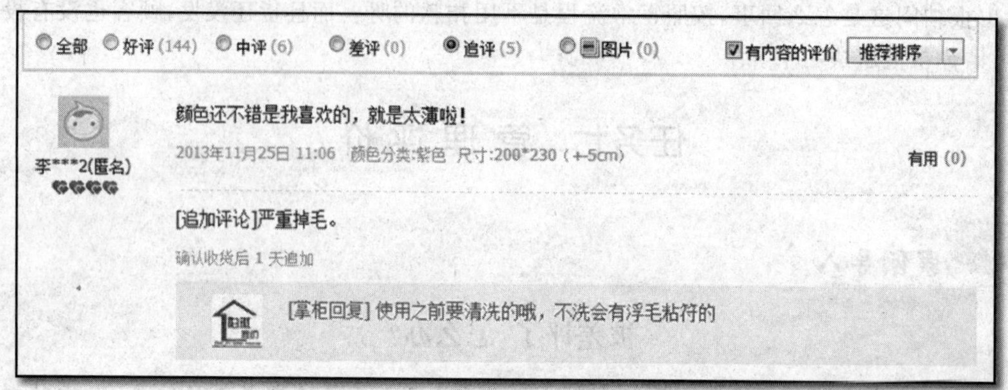

图 4-93 追加评论

二、修改评价

淘宝的评价规则规定：修改评价不必求助于淘宝客服，可自行处理，但收到的评价需要联系评价方才能修改。评价人可在做出中评或差评后的 30 天内，对信用评价进行一次修改或删除，30 天后评价不得修改。中评或差评只能修改为好评或是删除，且只有一次机会，如差评修改为好评后，将不能再删除或修改，如图 4-94 所示。

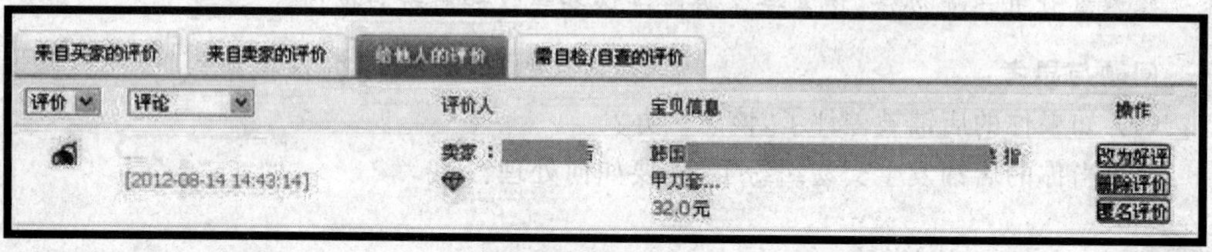

图 4-94 评价修改

三、评价管理

进入淘宝后台“交易管理”模块，点击“评价管理”，首先看到的是店铺半年内的动态评分，如图 4-95 所示。

动态评分下面是卖家的信用情况，可以查看店铺的评价数量及好评率，如图 4-96 所示。

“评价管理”页面底部显示的是评价的具体信息，如图 4-97 所示。这也是本页面最需要注意的地方，它包括来自买家的评价、来自卖家的评价、给他人的评价、需自检/自查的评价、退款评价五个部分。

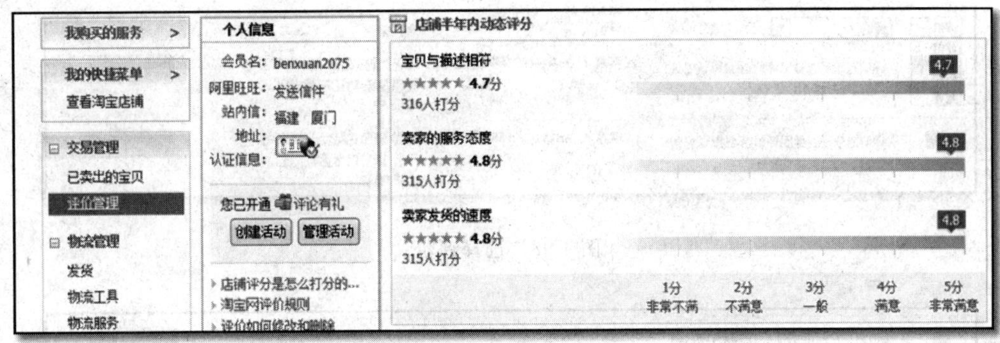

图 4-95　店铺动态评分

卖家累积信用：691　　好评率：99.42%

	最近1周	最近1个月	最近6个月	6个月前	总计
好评	0	8	460	231	691
中评	0	0	4	0	4
差评	0	0	0	0	0
总计	0	8	460	231	691

图 4-96　卖家积累信用

来自买家的评价　来自卖家的评价　给他人的评价　需自检/自查的评价　退款评价

评价　评论	评价人	宝贝信息	操作
评价方未及时做出评价,系统默认好评! [2013-11-15 10:41:08]	买家：pink1ace7	【天天特价】波西米亚厚底 中跟凉拖鞋 碎花布面坡跟... 67.6元	解释
评价方未及时做出评价,系统默认好评! [2013-11-10 18:20:35]	买家：wx1314006688	包邮 新款止品女士休闲户外运动鞋 旅游内增高鞋女鞋... 258.0元	解释
是否合适：刚好 鞋子很不错，穿着很显身材，就喜欢这种。谢谢老板了 [2013-11-08 16:17:28]	买家：you1987227	男鞋 190.0元	解释
评价方未及时做出评价,系统默认好评! [2013-11-08 15:40:19]	买家：lizongning	限时促销 休闲女鞋 低帮平底帆布鞋 一脚蹬拼接懒人鞋... 88.0元	解释

图 4-97　评价具体信息

作为卖家,最值得关注的是“来自买家的评价”。我们可以选择好、中、差评进行有针对性的管理,如图 4-98 所示。

针对某些中评或差评,卖家可以及时做出解释或回应。特别是差评,卖家的这种及时跟进可以争取到客户的谅解,使差评变为中、好评,如图 4-99 和图 4-100 所示。

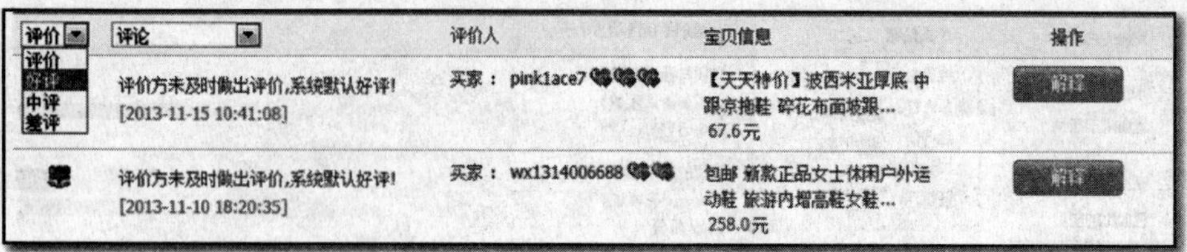

图 4-98　选择评价

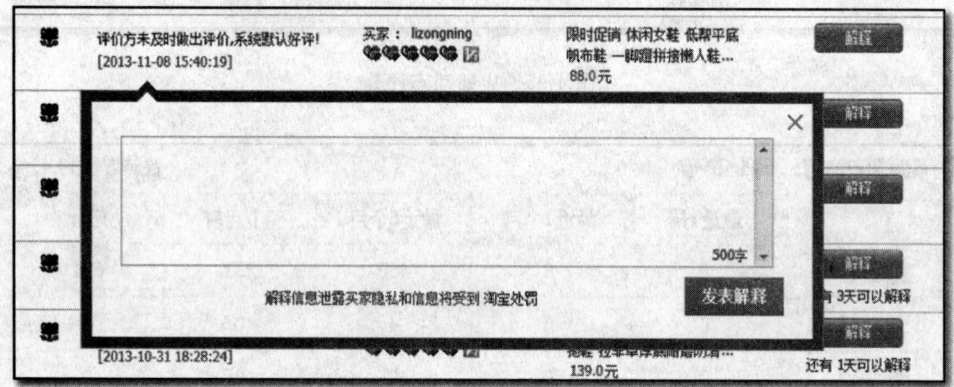

图 4-99　评价解释

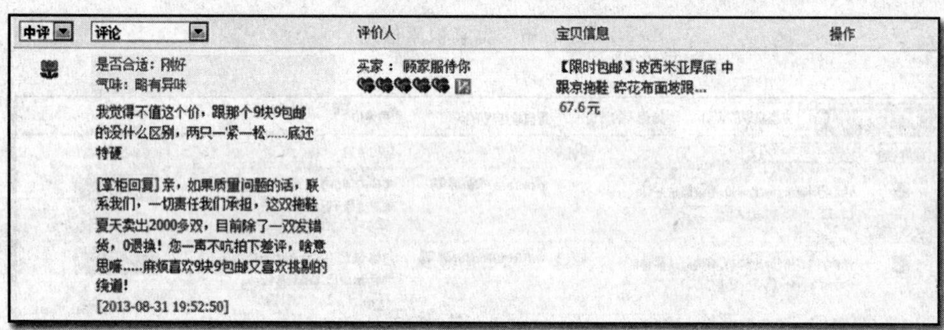

图 4-100　评价解释后差评变为中评

四、纠纷产生的原因

1. 收到的货物有问题

如宝贝颜色、数量、配件、损坏、瑕疵等。

2. 交易被骗了

在淘宝购物时没有通过支付宝正常流程进行交易，导致收到商品不满意时无法直接申请退款。

3. 服务态度和方式

现在的行业竞争很大程度上是服务的竞争，因为现在的买家更注重消费的体验，卖家

通过网络为买家提供产品和服务，如果缺乏正确的推荐技巧和工作态度，都将导致买家的不满，进而产生抱怨。主要表现为：服务态度差；推销方式不正确；专业性不够；过度推销等。

4. **未按约定时间发货**

在无特殊情况下卖家未按约定时间发货。

5. **物流问题**

如物流信息不更新、地址错误、未收到货等。

五、常见纠纷的解决

1. **质量问题产生的纠纷**

质量问题的纠纷是可以避免的，无论品牌大小，首先要选择的是质量过硬的商品，这样纠纷相对会少些。即便刚开始创业条件有限也没关系，只要朝着这个方向努力，就在进步，无形中就在避免纠纷发生。其次是严格把控物流和发货环节，在商品入库时就要做好质量检验和商品保管；发货时也要做好出库检查，最好拍摄照片或有录影留底，以备不时之需。

万一真的因为质量问题发生纠纷，首先需要和买家沟通，确认质量问题发生的原因和环节，一般来说如果问题不大，可以给买家一定的优惠，比如适当的折扣、退款，或者赠送一些小礼品；如果问题比较大，确认是己方的问题，就要迅速为顾客做退换货，而且因卖家的原因发生的退换货，一般也是由卖家承担物流费用。还有一种比较特殊的情况，就是商品本身没什么质量问题，或者问题不大，只有一些小瑕疵，但是买家态度强硬一定要求退货，这时只要货物不影响销售，能退则退，因为此类型的买家一般比较清楚投诉的流程，而电商平台一般是倾向于消费者的，如果进入投诉环节，既浪费卖家的时间，也可能影响声誉。

2. **服务问题产生的纠纷**

常见的服务问题主要有：服务态度差、推销方式不正确、专业性不够、过度推销等。一般遇到此种情况，大部分是客服本身的问题，而买家估计也是受不了而发飙。这时候卖家要摆出诚恳的态度，除了态度语言上要温和外，还可以仿照质量问题的处理方式，给予一定的物质好处，此法也可以说是万金油，常用有效，当然须考虑成本。

还有一种情况是遇到比较挑剔，刻意刁难的买家，或者说有些买家为了压低商品价格，争取折扣故意制造纠纷，只要手头有足够的证据，卖家还是应当保持自己的立场，不过分纵容这一类客户。实在遇到纠缠不休型的买家，只要在语言上保持风度，不落下记录，买家也是无可奈何的，有时候客服也需要会“打打太极”，玩玩“乾坤大挪移”。

3. **物流问题产生的纠纷**

物流问题也是网购中常见的一大类问题，主要有晚发货、漏发货、货物破损或变质等。

一旦出现晚发货、漏发货引起的纠纷，应当提前或及时和买家沟通，大多数的买家都会表示理解。如果因为疏忽而导致买家主动问责，首先要主动表示负责，做到“骂不还口”，俗话说：伸手不打笑脸人。买家此时一般都是怒气冲天，你让他发泄完了，他自然而然会冷静下来，而且良好的服务更能够增加他们的忠诚度。这里要提醒的一点是：骂不还口不等于不说话，不等于推卸责任。

对于货物破损或变质，应当及时查明原因。如果是物流或发货不当造成的，卖家要主动承担责任，答应给顾客退换货，事后再向第三方物流或厂家理赔结算，始终要以买家的体验为先。

六、淘宝后台投诉管理

一旦有人对店铺提出交易投诉或者侵权、违规的举报，淘宝的系统都会将纠纷处理进程及时通知给双方，我们就要赶紧收集相关证据，及时进行申诉处理。进入淘宝卖家中心，点击“客户服务”下的“投诉管理”，点击“我收到的投诉”，点击相应投诉操作下的“查看”进入，如图 4-101 所示，在投诉举报页面里点击“申诉”→“详细内容”→“发表新看法”，写明申诉原因，申诉时切记要讲重点，言简意赅。

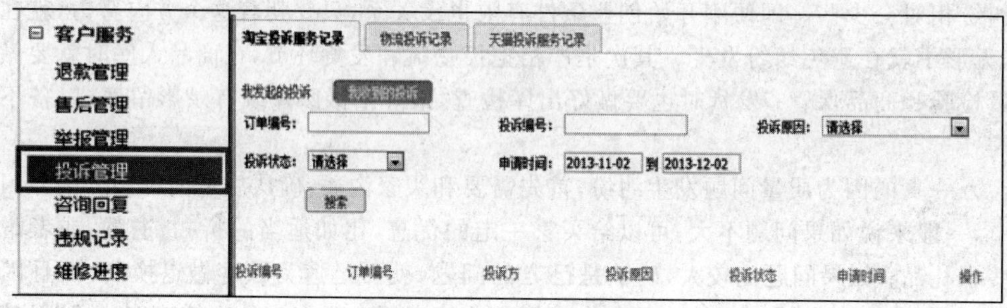

图 4-101　卖家投诉管理

需要注意的是：卖家应诉失败后，会受到淘宝网的警告，若卖家受到 3 个不同买家投诉后的淘宝网警告，网店就会被限制 1 个月停止交易，同时会关闭店铺，并下架所有未出售的商品。所以作为每一个卖家都应当认真地对待销售中的每一个细节，事前做好充分的准备往往比事后解决要有效得多，做到防患未然，有备无患才是根本。

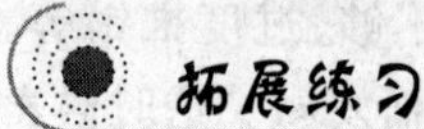

拓展练习

(1) 一位买家网购了一件女士长袖衬衫并做出差评，客服针对差评做出的回应，如图 4-102 所示，请问你觉得客服的回答是否得当，遇到类似的情况应该怎么处理？

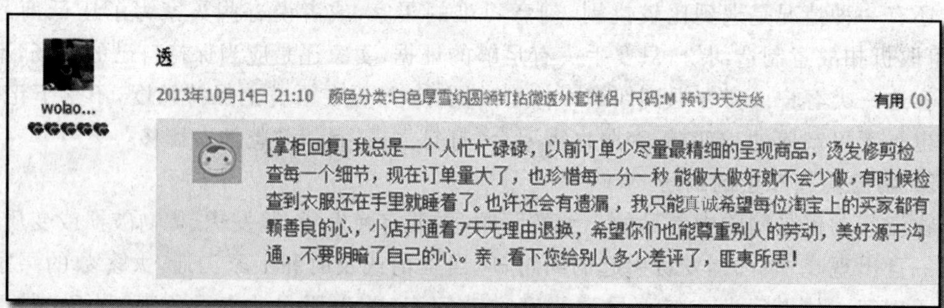

图 4-102　差评图

(2) 客户A在某网店购买了一条牛仔裤，但是裤子穿了一次膝盖就坏了一点，客户要求退货或者是换货，而且邮费要商家承担。这位客户是位资深买家，非常了解天猫7天无理由退换货的规则。但是客服人员不同意，理由是：无理由退换货必须在不影响第二次销售的前提下，没穿过、没洗过、没修改过，保持吊牌的完好等。双方就这样僵持，最后客户说："如果你承认店铺商品是一次性商品，我就认栽，大不了以后再也不来了。"面对这样的情况，如果你是网店的管理人员，请问你要怎么处理？

任务八　管理客户

案例导入

淘宝客户管理

其实小伟在客户管理这方面一直做得挺不错的，他从一开始就要求员工要建立完善的客户档案。特别对于经常光顾的老客户，小伟根据他们的交易金额与交易次数，通过设置买家级别，让他们能够享受到会员优惠折扣。此外，小伟要求员工在物流发出后都要向客户发出短信提醒，店铺搞促销活动时向客户发送有关活动内容的邮件……

快到元旦了，小伟又要求客服人员向客服发送节日问候和祝福信息，小伟深信，良好的服务态度和职业精神，一定可以让他的店铺留住老客户，取得他们的认同，创造出更好的销售业绩。

问题与思考：

(1) 建立完善的客户档案有什么作用？

(2) 对客户进行关怀回访对销售业绩有影响吗？为什么？

知识探究

电子商务的普及和迅速发展，给许多传统的理念带了更新更强的冲击，在某些领域甚至是颠覆性的。商人以利为先，任何经商者都明白客户是衣食父母的道理。电商行业同样重视客户维护，但是作为一个在近十年才兴起来的行业，它又有许多自己的特征，最明显的一点是：电商的客户一般都在线上完成交易，买卖双方互不见面，它并不像传统行业那样可以通过平时的嘘寒问暖、走动拜访来保持稳定的关系，相比传统行业它基本不可能对每个客户进行定时定点的一对一沟通，这样就造成电商客户的不稳定性更大，加上每个客户在线上面对的选择更多，客户的流动性和不稳定性就更大了。每个网店的经营者在线上，面对的客户都是海量的，可以说这既是优势也是劣势，劣势如上所说，优势是只要管理得当，拥有比较稳定的客户群体，可以说就拥有了一座挖不完的金山。

一、客户信息管理

案例导入中提到的短信营销或者邮件营销，都是基于客户的信息进行操作的，如果没有客户的手机号码或者邮箱是不可能让客户接收到促销信息的，那么如何去获得这些客户信息呢？下面提供几种常见的方法。

1. 销售记录法

销售记录法是比较传统的一个方法，只要有客户咨询、购买过商品，就把该客户的具体的个人信息录入资料库中。可以记录的信息有客户的基本情况、教育背景、家庭情况、特殊兴趣、个人生活、工作情况等，只要能记录的信息都可以记下来。通过坚持不断的记录，建立比较完整的客户资料库，这种方法的关键在于长期连续地坚持记录。

2. 客户转介绍法

商家都明白，服务好客户可以为商品建立好口碑，那么口碑怎么用呢？当然是把它宣传出去，所以精明的卖家经常会要求客人帮忙转介绍一些客户，拥有一个客户就可以影响他更多的朋友，无形中客户数量就增加了。这种方法的前提是帮你转介绍的这个客户对你的商品和服务都比较满意，否则就不是口碑相传，而是恶评相传了。

3. 广告收集法

很多企业会通过发送广告、赠送小礼品的形式，顺便采集一些潜在客户的信息，不过此种方法在网店中采用得不多，客户信息的归类整理也相对是比较麻烦的事情。线上的短信、邮件营销可以看作这种方法的变形，只不过记录的一般是成交之后的客户。

4. 搜索邮件法

可以从网上下载免费或收费的邮件搜集工具，分析客户经常出没的网站和客户求购的产品经常会用到哪些关键词，根据这些关键词用百度进行搜索，然后把搜索所得的 IE 地址输入邮件搜集工具中，软件就会自动搜集想要找的邮件地址了。

二、客户维护管理

客户信息相当于战略储备，有了储备还应当好好地把它利用起来，那么如何利用手头上的客户资料呢？

1. 客户资料分析

分析客户资料能够了解客户需求，把握住客户需求就能够抢先一步把握商机，所以分析客户资料是客户维护的第一步。可以从以下五个方面进行分析：一是对产品的关心的程度，比如对款式、颜色、尺寸的喜好等；二是客户对价格的接受程度，要分析客户的消费能力，高端、中端还是低端，客户的消费能力最终决定他会购买哪种商品；三是客户对质量的关心程度，需要判断客户是否属于挑剔型的，因为此类客户往往容易引起纠纷；四是客户对服务要求如何，有些客户比较注重购买过程中的体验，有些客户对物流速度要求比较高，不同的客户需求要有针对性地去满足；五是客户对店铺或者对品牌的满意程度或忠诚度，很显然满意度、忠诚度高的客户容易达成交易。

2. 客户日常维护

做好了客户资料分析，接下来就要有的放矢了。客户资料分析是基础，日常的行动是关键。日常的维护主要有三类。

(1) 客户关怀：我们可以利用 CRM 系统或管理软件对当天过生日、确认付款、一个月没有联系的客户等进行提醒设置，定时给这些客户发送短信，甚至把物流的情况也及时

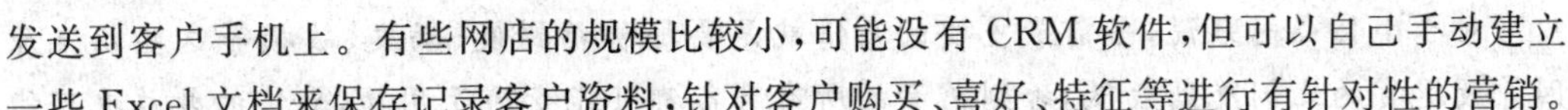

发送到客户手机上。有些网店的规模比较小，可能没有CRM软件，但可以自己手动建立一些Excel文档来保存记录客户资料，针对客户购买、喜好、特征等进行有针对性的营销。

(2) 客户回访：卖家可以利用邮件、QQ、旺旺或者其他即时通信工具对客户进行定期回访。定期回访的好处有：一是可以增加客户的服务体验，提高客户的满意度和忠诚度；二是可以激活一些老客户，创造出新的销售机会；三是有利于保持老客户，只要客户还记得自己，就还有可能为自己带来销量。现在很多新上线的店家都很重视广告，不惜花大价钱去引流，实际上维护老客户的成本远远低于开发新客户的成本，据统计前者的成本只有后者的1/7，所以周期性的回访是非常有必要的。回访可以设置固定的频率，例如1个月、3个月、6个月，遇到五一、国庆、元旦这样的特殊节日也可以增加回访的次数。

(3) 新品通知：一旦店铺有新品上架可以给客户发送新品通知，和促销通知有一些不一样，新品通知会让客户感觉更不带功利性，顾客会觉得店家更多的是从他们的角度进行考虑和推荐，针对性地为客户进行推荐是非常重要的，但这必须建立在对客户资料详细分析、归类的基础上，不同的客户采用不同的推荐方式，推荐不同的新品。一般的客户都不会介意接受新品通知，当然在客户成交时提前咨询客户会让客户感受到更受尊重，店家也会显得更加专业。

拓展练习

也许现在大部分同学还未走上职场，进入商道，无从对客户进行演练。但是环顾四周，你们是否发现：每个人身边都有两个大客户值得我们去管理，他们就是我们的父母。在现实中，当一个人呱呱坠地他就已经成为父母最大的客户。各位将来就要走进不同的行业，服务不同的人群，但是笔者认为，如果连自己的父母亲人都无法好好照顾，更谈不上能够服务好客户了，知识只是“形”，一心为客户才是“神”，形神兼备方能发挥极致，互利共赢。

今天希望各位同学能够利用本情景所学的知识，鼓起勇气，反客为主，让自己的父母感受优质的客户体验。

要求：

(1) 有资料的整理、分析。

(2) 形式不限、方法不限。

(3) 能够持续地服务，课后可以讨论共享。

任务九 物流发货

案例导入

物流与配送

小伟的淘宝店铺参加了淘宝“双十一”活动，效果出乎意料的好，可是随着到来的就是物流与配送的问题，瞬间激增的订单量，考验着小伟公司与物流部的能力……

对于小伟公司来说，当前最重要的事情就是要把货物错发、漏发、破损等这些物流原因导致退货的比例降到最低，否则前面的所有准备都可能变为无用功，最终的效益也可能为零。

问题与思考：

网店物流一般包含哪几个环节？

知识探究

在网店经营过程中，顾客完成支付后即进入物流环节。物流工作实际上包括物管和物流配送两个部分，商品入库、编号、仓库管理属于物管部分，销售打单、包装、出库、发货，一直到商品送到客户手里属于物流配送部分。以下从一般的物流配送流程展开。

一、网店物流设置

当一个订单产生后，我们可以查询后台“物流管理”中的“发货”来查看等待发货的订单、发货中的订单和已发货的订单，如图 4-103 所示。

图 4-103　查看订单

在“物流工具”里可以添加地址、设置默认物流公司、设置运单模板、跟踪物流信息。宝贝上架时，可以针对不同的产品选择不同的运费模板；发货之后可以输入订单号跟踪物流信息，如图 4-104 所示。

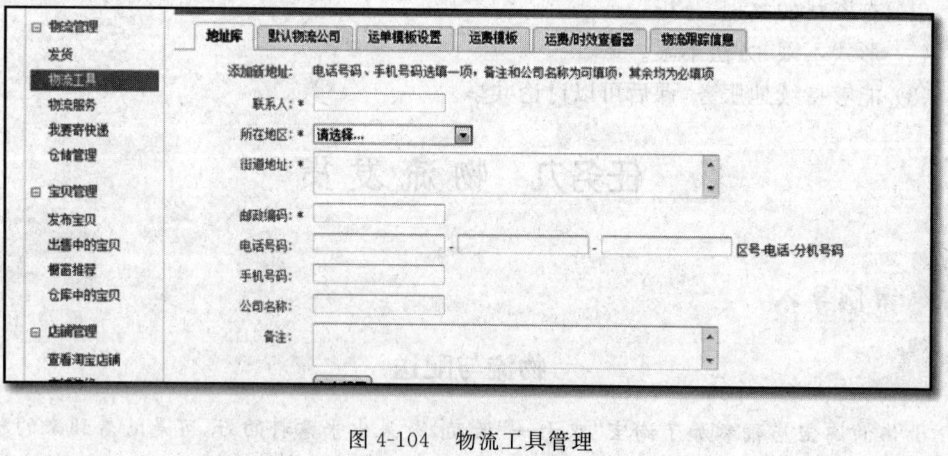

图 4-104　物流工具管理

在整个销售流程中，客户下单之后，销售人员确认订单、付款和收货地址之后，就要通知物流人员进行发货操作。物流人员要打印三种货单：一是配货单，用于出库和财务销账；二是快递单，通常也叫面单，贴在货物外包装上；三是装箱单，用于内部核对和顾客清点商品。接下来就进入商品包装、发货流程。

二、商品包装

仓库接到下单后，就要立马着手发货各项事宜。首先是要对商品进行包装，在网购过程一般都会涉及运输环节，由于路途上的不可测因素非常多，所以商品的包装是十分必要的，首先要熟悉商品包装标准作业程序（SOP），见表 4-7。

表 4-7　商品包装标准作业程序

顺序	标准作业程序	作业图片
1	打印出所有待发货订单的销售单（POS 单）和快递面单，并把两者关联起来，看清楚 POS 单上面的特殊备注并标识出来	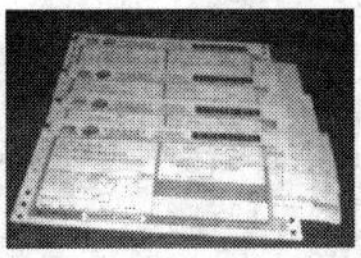
2	选中所有的订单，派配货单，仓库人员根据配货单进行配货	
3	确认打包用的纸箱、胶带等材料是否齐全	
4	对已经配货完成的商品进行质检。重新用新的透明包装袋包装	
5	根据 POS 单商品详情，找到所需商品	
6	放入纸盒中，并把相对应的销售 POS 单放入	

续表

顺序	标准作业程序	作业图片
7	用透明胶带把纸箱封口	
8	贴上正确的快递单号	
9	称重,用扫描枪扫描快递单号	

商品包装的基本要求是坚固、完好、轻便,在运输的过程中能够防止包装破裂、内件漏出,防止因摩擦、撞击、温度而引起的货物损坏或变质,要能够无损运输设施,同时也要考虑商家的成本。包装的具体细节可以参考以下几点。

(1) 根据商品进行包装,最经常用的是纸箱,虽然成本比较高一些,但是效果也比较好,适用范围也比较广,可以通过批量采购来降低成本。纸箱包装最基本的要求是箱内不能有间隙,晃动时应没有声音,用力摁箱子的间隙时胶带不会脱落。

(2) 对于一些不易损坏的物品也可以用比较简易的包装,例如服装可以用塑料袋;对防震要求比较高的商品则要用比较坚固、缓冲性高的材料,例如手机这样的电子产品,一般会在手机包装外面再多加一层泡沫或其他填充物。

(3) 纸箱的四角最好用胶带包好,遇到撞击时能够最大限度地保持纸箱的完整。

(4) 商品的外层可以多加上几层保护,既可以增加安全性,也能够防止快递人员私自拆包。

(5) 特殊物品的包装:对于液体物品还需要填充一些可以吸收液体的物品,例如棉花、卫生纸等;对于颗粒物品务必要确保包装坚固不易破裂;像字画这一类特殊物品,最好用特殊的圆柱形管材来包装,例如建材店里的 PVC 管材,这样可以保证字画不会被折压。

(6) 涉及空运的物品包装要特别坚固,因为公路运输一般就 1～2 次卸载,而空运可能会有 6～7 次的卸载过程。值得注意的是有些物品不能空运,一定要提前了解。

三、物流配送

1. EMS 邮政快递

邮局因可达农村、有多种邮寄方式可选的缘故,是很多网店商家选择的合作伙伴,也

弥补了非城镇地区的物流空白。邮局设有平邮包裹、快递包裹和 EMS 等多种邮寄方式，不同的邮寄方式产生的费用也不同。体积大且重、不急于收货的商品一般选择平邮包裹的形式，价格较便宜。贵重商品如珠宝、手机则可选择 EMS，邮寄时可以选择保价，增加商品在物流配送过程中的安全性。

2. 快递配送

电子商务的发展带动了物流业的发展，全国似乎在一夜之间就出现了大大小小的快递公司，现在比较有名的是顺丰、四通一达（圆通、中通、申通、汇通、韵达）、宅急送、联邦快递等，这些快递公司采用的是上门取件、送货上门的收发货方式，客户可以在快递公司的网站上查询到配送的进程，如图 4-105 所示，深受广大店家和网民的喜爱。

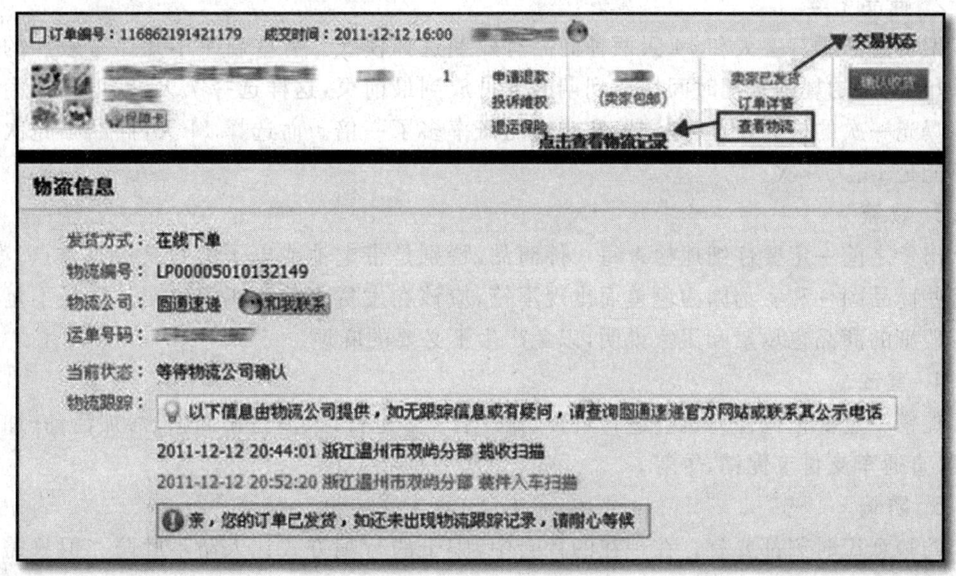

图 4-105　查看物流

在卖家操作发货后，交易状态会变更为“卖家已发货”，买家进入“我的淘宝”→“已买到的宝贝”页面，找到对应交易，点击“查看物流”即可查看到物流跟踪信息。

3. 货运配送

货运配送包括公路运输、铁路运输和航空运输三种类型。在网络交易中，货运配送主要用于配送大件商品，如家电、家具等。由于航空运输成本高，一般货运配送选择前两种类型。选择货运配送与邮政快递、快递配送的操作方法相同。

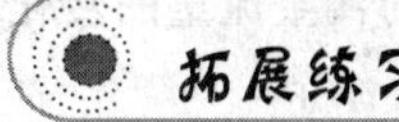
拓展练习

以下是一些物流中常见的问题，请问遇到这些问题该如何处理？

(1) 为什么我的件寄了好多天都没到？

(2) 丢件了该如何处理？

(3) 当客户收到破损件时如何处理？

(4) 如何避免破损件的发生？

答疑解惑

经营网店是一件很烦琐的事，它由很多环节构成，每个环节又包含了许许多多的细节，细节决定成败，把每个环节中的细节都做好，自然水到渠成。以下是经营网店应注意的细节。

1. 收集信息

在开网店之前首先要做的是准备工作，信息收集对于一个网商来说十分重要。只要是和网店有关的都要了解，包括发布商品规则、支付宝使用规则，论坛规则、社区规则、促销活动规则，等等。

2. 商品上架

编辑商品时有7天和14天两种商品有效期选择模式。有些新手不知道有效期的作用，原来淘宝的规则是把时间快要到期的宝贝放到最前页，这样选择7天，就可以让商品有多曝光一次的机会，也就是浏览和成交的概率多了一倍。而选择14天，商品曝光次数就只能是14天一次。

3. 物流

出货之前一定要仔细地检查每一件商品，特别是带电池或电子类的是检查重点。如果有些商品图片和实物因为色差而出现不符，应该在发货之前跟买家说明。数量不足或稍带瑕疵的商品也尽量和买家说明，以免产生不必要的麻烦。

4. 宣传

促销一定要把握任何机会进行宣传、做广告：多逛社区、多写帖回帖、参加活动、加入旺铺、直通车支付宝促销，等等。

5. 防骗

防骗意识时刻都要有。在现在的社会中，骗子的行骗方式让人防不胜防。但只需记住一点：不贪小便宜。不要以为天上真的会掉馅饼，天下没有免费的午餐。

6. 售后管理

始终把服务做到让买家感觉满意为止，这一点是至关重要的。不管和买家发生什么不愉快的事情，都要认识到这一点，甚至可以用一句话来形容：卖产品，更是在卖服务。谁的服务到位，谁的成功概率就大。

7. 诚信管理

何谓诚信？诚信是任何行业中的基石，也是人们所有活动最重要的基础。网店更是如此。所以我们要创造一个以诚信为本的网上购物环境。面对每一个客户都必须真诚以待。

除了以上提到的这些因素外，产品销量、收藏人数、包邮与否等因素也对淘宝流量的转化率有一定的影响。最后还要强调一点，要想把店铺做好，就一定要注意每一个细节。

项目小结

本项目主要介绍淘宝开店前准备和店铺经营必须学习和掌握的知识和技能。

淘宝开店前准备主要从组建团队、创建店铺以及发布商品这几个方面进行了论述。

对于运营规则主要讲了淘宝的一些基本规则，包括淘宝注册规则、支付宝与淘宝账户的绑定规则、淘宝网评价规则、橱窗推荐规则等。准备商品资料主要讲了有关商品规格、商品特性以及产品的使用方法及售后保养等方面。创建店铺主要讲了淘宝创建店铺的流程，包括网店建设前的准备、申请认证支付宝、店铺的设置与发布、店铺美化等。发布商品主要讲了商品发布流程、商品名称、商品图片、商品描述和商品价格等。

对于店铺经营，我们从营销推广与网店日常各方面的事务处理这两个角度进行了详细的论述。营销推广主要分为店内营销、站内营销、站外营销。店内营销是充分利用自己网店内部的资源进行促销与推广的有效营销方式。主要的店内营销方式有：完善商品信息、利用旺铺、消费者保障、利用旺旺、VIP 折扣、满就送、限时打折、搭配套餐、优惠券等。站内营销是充分利用淘宝网内部的推广资源进行促销与推广的有效营销方式。主要的站内营销方式有：淘宝活动、淘宝营销推广工具、淘宝社区等。淘宝活动的种类很多，需要根据自身的产品与实力量力而行。淘宝营销推广工具主要包括淘宝硬广、淘宝直通车与钻石展位等，需要付费。淘宝社区包括淘宝论坛、淘宝帮派、淘金币等，是免费的。站内推广和营销活动及工具很多，使用时并不是多多益善，要有针对性地使用。站外推广可以采用广告联盟、问答类推广、论坛与博客、QQ 群与邮件推广、供求信息网站等方式。在实际网店营销中，可以将某一种方式运用到极致，也可以综合运用这些推广手段，要根据实际情况进行策划与实施。网店日常各方面的事务处理则涵盖了售前、售中、售后的各个环节，几乎涵盖一个网店经营者必须掌握的知识。

淘宝开店这一项目是本书的重点之一，它所包括的知识点对应着电商最热门的几个岗位，如网店运营、网店美工与网店客服，希望大家可以把学到的知识运用到实践中去，通过实践去检验是否掌握这些知识。

实训练习

一、填空题

1. 网店运营部主要负责________、________、________、________，以及客户关系维护，处理相关客户投诉及纠纷问题。

2. 在好评下面我们会看到有 4 个动态评分，分别是________、________、________、________。

3. 淘宝网商品名称的容量是________、________，关键字一般可以设置为________、促销或者________。

4. 常见的纠纷经常因________、________、________、________或者物流问题而引起。

5. 获得客户信息的方法有________、________、________、________等。

6. 要保证基本的交易安全，就要养成良好的操作习惯，常见的方法有________、________、________、________。

二、简答题

1. 淘宝直通车的展示位置有哪些？

2. 简述客服在线接待的工作内容。

3. 如果遇到职业差评师应该如何处理？

4. 淘宝店内促销常用的方式有哪些？

5. 站内营销方式中哪些是付费的？哪些是免费的？

三、实践活动

案例名称	御泥坊的客户关系
工作任务	御泥坊拥有一个神话般的营销方式，御泥坊就是以小小的几件商品拥有了自己的天空，2011 年度获选全球十大网商和年度营销构思网商。 御泥坊能够有今天的成绩，除了产品自身质量好之外，还得益于其良好的顾客服务及一套具有御泥坊特色的客户管理体系。 每逢节假日期间，御泥坊会大力进行促销，回馈消费者，并且促销的产品非常丰富，可以任由客户选择。并且御泥坊设立了会员等级，不同等级的会员享受不同的特权。 虽然御泥坊近年来在网上取得了很大的成功，赢得了广大网友的一致好评，口碑和销量也在节节攀升，但是其中也有一些问题需要改进。请你针对御泥坊在客户关系管理方面存在的问题提出改进意见，以便更好地维护客户关系。
存在问题	1. 商品宣传力度不够。 2. 售后服务存在问题。
任务要求	1. 可以运用淘宝哪些营销推广方法加大宣传力度，增加品牌知名度？ 2. 如何改进售后服务，让客户拥有更好的购物体验？
研讨成果	
自我评价	
小组评价	
教师评价	

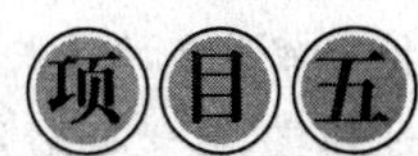

天猫开店

2014 年 11 月 11 日天猫“双十一”单日交易额 571 亿元，令人震惊的数字，再次刷新全球最大购物日纪录。大家都好奇天猫到底是什么？品牌店为什么要入驻天猫？入驻天猫后该如何操作？带着这些问题阅读接下来的内容，会让你对天猫及天猫店铺的运营有所了解。

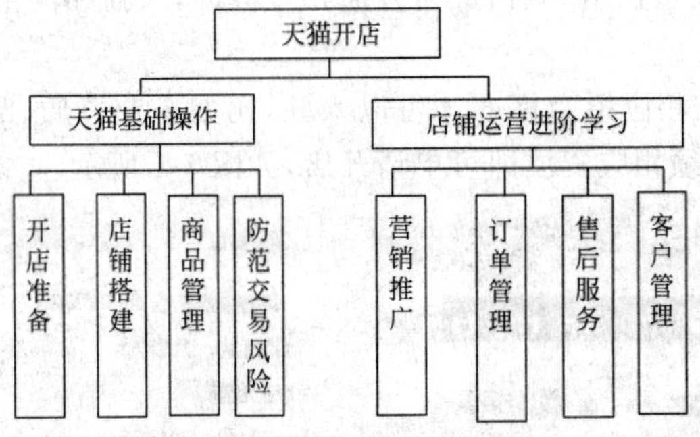

知识目标：

了解并熟悉天猫平台，掌握天猫店铺基础操作理论。

能力目标：

运用学习的知识开展天猫店铺的基础操作，包括店铺申请、店铺搭建、商品管理、店铺推广等。

任务一　开店准备

企业如何入驻天猫？

小军上班的公司，最近决定入驻天猫，用公司自己的品牌拓展电商渠道，于是经理安排小军着手准备天猫入驻的事情。问题来了，小军虽然学的是电商专业，但工作后只接触过淘宝，对于天猫知之甚少，天猫跟淘宝到底有什么区别？企业入驻天猫需要哪些条件？这些问题弄的小军一头雾水，恨自己没有早点学习和了解关于天猫的知识。

问题与思考：

（1）小军要完成入驻天猫的工作需要学习哪些知识？

（2）如果你是小军，要准备好哪些资料才可以完成天猫店铺申请的任务呢？

知识探究

天猫是中国线上购物的地标网站，亚洲最大的综合性购物平台，天猫有 2000 个品类，70000 个品牌，涵盖服饰鞋包、美妆护肤、家电数码、时尚大牌、母婴玩具、家具建材等品类。迄今为止，天猫已经拥有 4 亿多买家，5 万多家商户，7 万多个品牌。

一、天猫与淘宝的区别

简单地说，天猫是一个企业品牌开店的集合商城，而淘宝店铺只是一个个人开店的集市，二者在平台资源、流量供给、诚信交易方面相差甚远，天猫和淘宝店铺的具体区别可概括为如下几点。

（1）天猫必须满足相应招商标准才可以入驻，比如企业资质、品牌资质等，而淘宝则属于个人开店行为，无须相应资质即可申请开店，如图 5-1 所示。

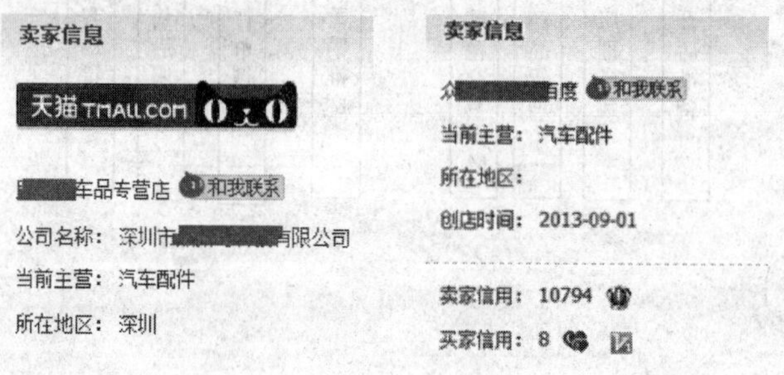

图 5-1　卖家信息对比

（2）天猫店铺强制缴纳 5 万～15 万元的大额度店铺保证金，而淘宝店铺需要缴纳的保证金比较低，且非强制缴纳，如图 5-2 所示。

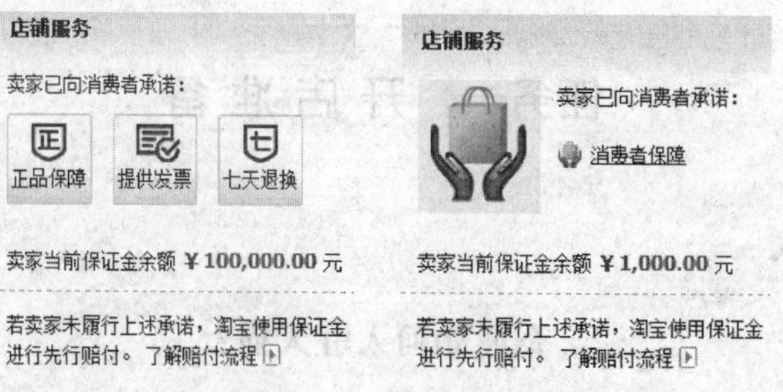

图 5-2　店铺保证金

(3) 天猫所有交易额都需要向平台方缴纳一定比例的销售佣金,淘宝店则不需要缴纳。

(4) 天猫店铺强制执行交易保障,包括正品保证、7天退换货、提供发票等,而淘宝网上面的保障都是开店者自愿加入的,如图5-3所示。

图 5-3 店铺保障体系

二、天猫店铺入驻标准

(一) 天猫店铺的类型(见图5-4)

1. 旗舰店

商家以自有品牌(商标为R或TM状态)入驻天猫开设的店铺。旗舰店可以有以下几种类型。

(1) 经营一个自有品牌商品的品牌旗舰店。

(2) 经营多个自有品牌商品且各品牌归同一实际控制人的品牌旗舰店(仅限天猫主动邀请入驻)。

(3) 卖场型品牌(服务类商标)所有者开设的品牌旗舰店(仅限天猫主动邀请入驻)。

2. 专卖店

商家持品牌授权文件在天猫开设的店铺。专卖店有以下两种类型。

(1) 经营一个授权销售品牌商品的专卖店。

(2) 经营多个授权销售品牌的商品且各品牌归同一实际控制人的专卖店(仅限天猫主动邀请入驻)。

3. 专营店

经营天猫同一招商大类下两个及以上品牌商品的店铺。专营店有以下几种类型。

(1) 经营两个及以上他人品牌商品的专营店。

(2) 既经营他人品牌商品又经营自有品牌商品的专营店。

(3) 经营两个及以上自有品牌商品的专营店。

店铺类型介绍

旗舰店

商家以自有品牌(商标为R或TM状态)入驻天猫开设的店铺。

旗舰店可以有以下几种类型:

1. 经营一个自有品牌商品的品牌旗舰店;
2. 经营多个自有品牌商品且各品牌归同一实际控制人的品牌旗舰店(仅限天猫主动邀请入驻);
3. 卖场型品牌(服务类商标)所有者开设的品牌旗舰店(仅限天猫主动邀请入驻)。

- **开店主体必须是品牌(商标)权利人或持有权利人出具的开设天猫品牌旗舰店独占授权文件的企业。**

专卖店

商家持品牌授权文件在天猫开设的店铺。

专卖店有以下几种类型:

1. 经营一个授权销售品牌商品的专卖店;
2. 经营多个授权销售品牌的商品且各品牌归同一实际控制人的专卖店(仅限天猫主动邀请入驻)。

- **品牌(商标)权利人出具的授权文件不得有地域限制,且授权有效期不得早于2015年12月31日。**

专营店

经营天猫同一招商大类下两个及以上品牌商品的店铺。

专营店有以下几种类型:

1. 经营两个及以上他人品牌商品的专营店;
2. 既经营他人品牌商品又经营自有品牌商品的专营店;
3. 经营两个及以上自有品牌商品的专营店。

- **一个招商大类下专营店只能申请一家。**

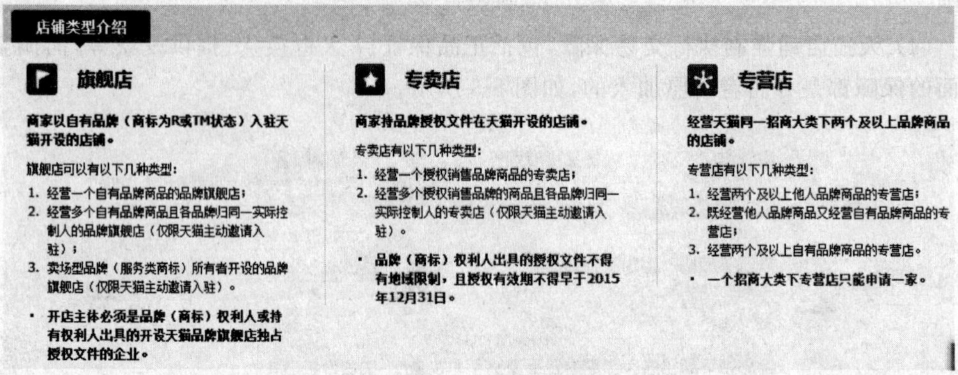

图 5-4 天猫店铺类型

(二) 入驻天猫所需材料

无论何种类型的天猫店铺,都需要满足招商标准中要求的相应资质才可以入驻,包括:

(1) 企业营业执照副本复印件;

(2) 企业税务登记证复印件(国税、地税均可);

(3) 组织机构代码证复印件;

(4) 银行开户许可证复印件;

(5) 法定代表人身份证正反面复印件;

(6) 店铺负责人身份证正反面复印件;

(7) 由国家商标总局颁发的商标注册证或商标注册申请受理通知书复印件;

(8) 商家向支付宝公司出具的授权书;

(9) 产品清单。

(三) 资费标准

1. 保证金

天猫经营必须缴纳保证金,保证金主要用于保证商家按照天猫的规范进行经营,并且在商家有违规行为时根据《天猫服务协议》及相关规则规定用于向天猫及消费者支付违约金。保证金根据店铺性质及商标状态不同,金额分为 5 万元、10 万元、15 万元 3 档。

2. 技术服务费年费

商家在天猫经营必须缴纳年费。年费金额以一级类目为参照,分为 3 万元或 6 万元两档,各一级类目对应的年费标准详见《天猫 2014 年度各类目技术服务费年费一览表》。

3. 实时划扣技术服务费

商家在天猫经营需要按照其销售额(不包含运费)的一定百分比(简称"费率")缴纳技术服务费。天猫各类目技术服务费费率标准详见《天猫 2014 年度各类目技术服务费年费一览表》。

三、天猫店铺申请流程

天猫店铺申请的操作步骤如图 5-5 所示，详解如下。

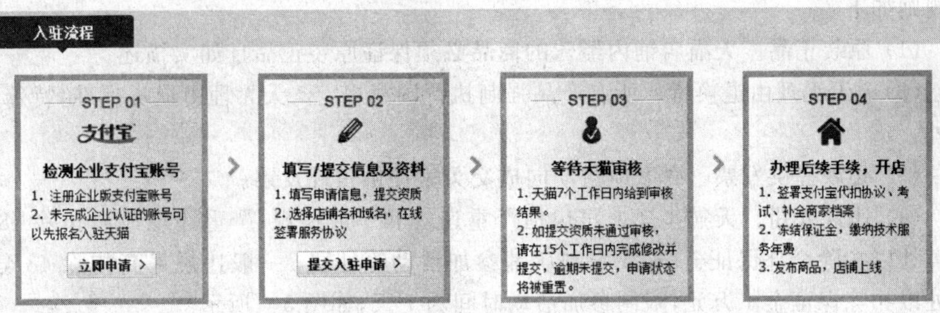

图 5-5　天猫店铺申请流程

(一) 申请企业支付宝账号且通过商家认证

(1) 申请企业支付宝账号。

(2) 如何通过支付宝商家认证。

(二) 登录在线申请页面

(1) 登录天猫招商频道，点击立即入驻天猫并阅读入驻须知。

(2) 检测支付宝账户。

(3) 阅读淘宝规则并完成考试。

(三) 提交企业信息

(1) 填写公司申请信息并在线上传相关的企业资质和品牌资质。

(2) 了解天猫店铺命名规范，确定天猫的店铺名称和域名。

(3) 在线签订服务协议、线上支付服务协议及签署支付宝代扣协议。

(四) 等待审核

(1) 提交申请，天猫工作人员 7 个工作日完成审核。

(2) 请以天猫账号登录“我的淘宝”→“我是卖家”→“天猫服务专区”，在 15 天内完成保证金/技术服务年费的冻结缴纳操作。逾期操作，本次申请将作废。

(五) 发布商品、店铺上线

(1) 请以天猫账号登录“我的淘宝”→“我是卖家”→“天猫服务专区”，点击“发布商品”，根据页面提示，在 30 天内发布满规定数量商品。逾期操作，本次申请将作废。

(2) 点击“下一步，店铺上线”，店铺正式入驻天猫。

四、天猫规则

天猫规则是对天猫用户增加基本义务或限制基本权利的条款，概括总结几条最重要的规则如下。

(1) 原装正品。天猫店铺内经营的商品必须保证原装正品且如实描述。

(2) 7 天无理由退换货。所有产品强制执行国家规定 7 天无理由退货标准，特殊产品例外。

(3) 必须提供发票。商家应主动向成交买家提供正规发票。

(4) 违规处罚。天猫违规处罚包括严重违规和一般违规，严重违规最高扣除 48 分，最高处以扣除全部保证金、永久限制店铺参加活动等处罚；一般违规最高扣除 48 分，最高处以扣除保证金 1 万元，限制参加活动时间为 7 天，如图 5-6 所示。

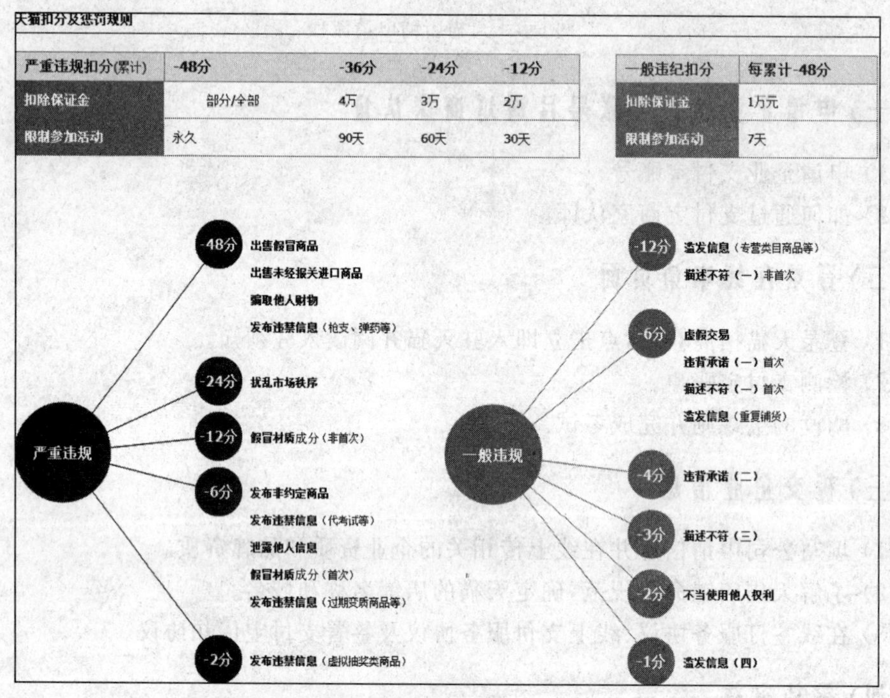

天猫扣分及惩罚规则

严重违规扣分(累计)	-48分	-36分	-24分	-12分
扣除保证金	部分/全部	4万	3万	2万
限制参加活动	永久	90天	60天	30天

一般违纪扣分	每累计-48分
扣除保证金	1万元
限制参加活动	7天

图 5-6　天猫扣分及惩罚规则

任务二　店铺搭建

案例导入

企业如何搭建天猫店铺？

经过不断学习和实践，小军不仅了解了天猫平台，还成功进行了天猫新店铺的申请，

接下来又到了经理安排任务的时间。经理要求小军全权负责公司天猫店铺的搭建工作，包括产品发布和店铺装修等。小军心想，淘宝店铺我都装修过了，天猫也难不倒我。可谁知小军第一次登录天猫后台，就发现跟淘宝真的有很多不一样的地方，看来小军真的需要努力学习了。

问题与思考：

(1) 天猫新店审批成功后必须在多长时间内完成开店工作呢？

(2) 小军要完成这次的天猫店铺搭建任务，需要掌握哪些知识？

知识探究

天猫新店铺审批成功后，紧接着就需要进行店铺装修和产品发布工作，因为根据天猫规则，新店铺审批成功后 30 个工作日内，商家必须发布一定数量(最少 10 件)的产品并装修店铺后点击开店按钮，这样一个崭新的天猫店铺才算正式开张。

一、Photoshop 软件的使用

店铺装修简单理解就是对天猫店铺的首页和各级页面进行设计美化，以达到提升视觉效果的目的。要完成店铺装修工作，首先需要熟练掌握装修软件的使用，最常用到的软件就是 Photoshop。

(1) 图片尺寸。网店图片常以像素(px)为尺寸单位，可以通过网上收集图片、自己作图或屏幕截图获取所需图片。将鼠标移动到图片上即可知道图片尺寸；或可将图片粘贴到 Photoshop 软件工作区中，在图层面板左键点击粘贴图片所在图层，按 Ctrl＋A 键全选图片，按 Ctrl＋C 键复制图片，然后新建文件，则新建文件的宽度、高度即为粘贴图片的大小，或通过标尺测量图片的尺寸。可通过画布大小、图像大小改变图片尺寸。使用图像大小更改图片尺寸时应勾选约束比例，并只能缩小较小尺寸，否则将使图片变形、模糊。使用画布大小改变图像大小时应注意图片所需部分位置，适当调整图片大小，否则将造成图片的残缺。

小知识：天猫产品描述页的尺寸是 790px 宽度。

(2) 图片格式。网店图片常用的格式为 JPG、PNG、GIF，在 Photoshop 中保存或导出时选择这些格式即可。

(3) 抠图。常用的抠图工具有钢笔工具、魔术棒工具。在图片背景比较简单且与所需图形色差较大的情况下，可用魔术棒工具点选背景，然后按 Ctrl＋I 键反选图形，按 Ctrl＋C 键复制图形，即可得到所需图形，或可用魔术棒工具点选背景，然后按 Delete 键直接删除背景，即可得到所需图形；在图片背景复杂的情况下则需使用钢笔工具进行抠图，点击钢笔工具，在所需图形的边缘以钢笔绘制，完成后按 Ctrl＋Enter 键转换为选取，按 Ctrl＋C 键进行复制，即可得到所需图像，或可在转换为选取后，按 Ctrl＋I 键反选图形，然后按 Delete 键直接删除背景。

(4) 图层。网店图片的合成在 Photoshop 中是通过图层的叠加合成的，各个图层的排版和排列次序是合成效果的关键，可通过修改各图层的图层样式、填充模式、添加图层

蒙版辅助图片合成。

(5) 颜色与渐变。可使用颜色的拾色器获得各种素材的颜色。颜色填充工具有两种,即渐变工具与油漆桶工具。渐变工具可完成多种颜色的渐变,通过选择渐变样式可达到不同效果。油漆桶工具则用以进行单色填充,可使用渐变工具或油漆桶工具给图层或形状填充丰富多样的色彩,完善图片的视觉效果。

(6) 字体。网店图片中多样炫酷的文字效果主要是通过文字的字体选择、文字的图层样式及上方功能面板中的变形文字实现的,也可通过修改字符面板,简单修改文字样式颜色,或通过窗口中的"编辑"→"变换"命令对文字进行修改;若要大幅度改动文字样式则需栅格化文字,使文字变成图片图层,再以窗口中的"编辑"→"变换"命令对文字进行扭曲透视等变形,或者使用工具栏中的各种工具进行修改。

(7) 形状与钢笔工具。通过 Photoshop 的自定义形状工具和钢笔工具可以画出各种各样网页常用的图标、形状和装饰背景。

二、天猫店铺装修后台操作

进入卖家中心左栏主菜单"店铺管理"下的"店铺装修",然后选择左边的店铺装修,打开天猫装修页面,如图 5-7 所示。

图 5-7　天猫装修页面

天猫店铺装修包括店铺首页、产品列表页和自定义页面等设计。天猫店铺首页装修设计包含店铺招牌、店铺导航栏、店铺海报图、产品展示、店尾等模块。

1. 店铺招牌

店铺招牌(以下简称"店招")是天猫店铺品牌形象展示的重要版块,在各个子页面中,店招的形象一般是统一的,所以在设计店招时,需要重点展现品牌信息、产品类目信息甚至包括最新促销信息等。

在天猫装修设计页面中,将鼠标移动到店招右上角位置,设计操作的按钮呈现出来,点击"编辑"即可进入编辑店招,如图 5-8 所示。

图 5-8 天猫店招设计

点击右上角的"编辑",进入网站招牌设置界面,需要提前设计好精美的店招图片,然后选择自定义招牌,上传店招图片即可,如图 5-9 所示。

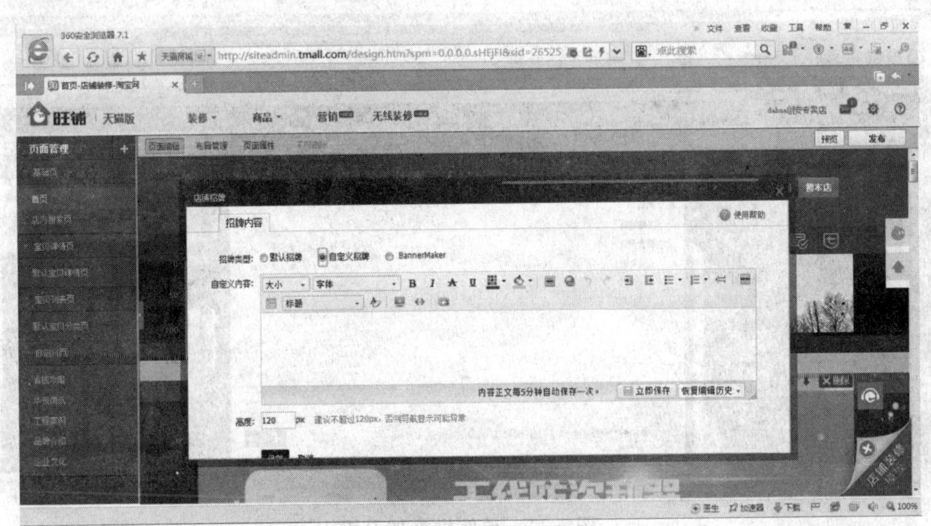

图 5-9 店招编辑页面

小知识:天猫店铺招牌的尺寸一般为 990 像素,高度不超过 150 像素。

2. 店铺导航栏

导航栏位于店招下方,将鼠标放在导航栏模块右上角位置,就会出现编辑界面,如图 5-10 所示。

点击"编辑"后,就可以添加内容了。天猫导航栏可以展示不同系列产品类目,也可以添加店铺活动主题、品牌介绍等一系列专题页菜单,如图 5-11 所示。

图 5-10 编辑导航栏

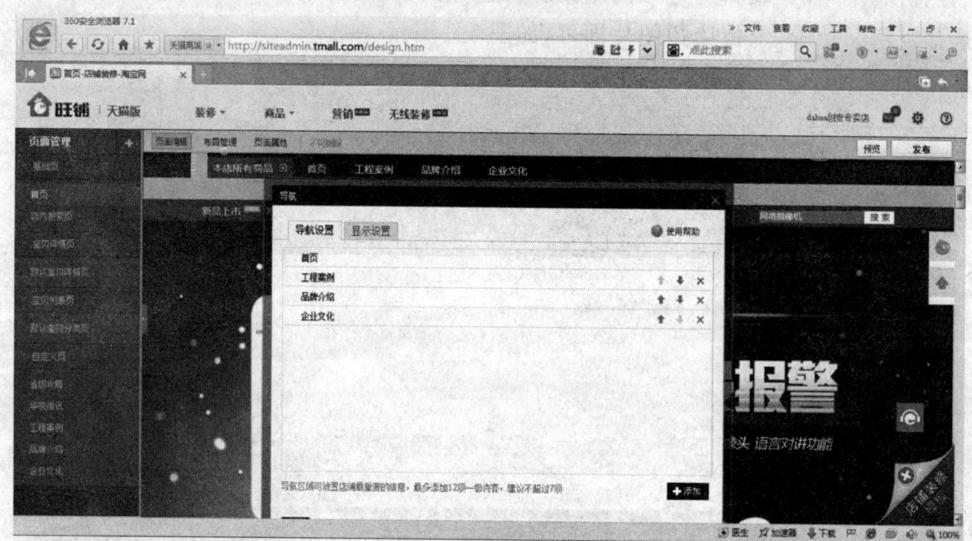

图 5-11 导航栏添加设置

3. 店铺海报图

店铺海报可以通过添加“系统模块”→“图片轮播”来实现，系统固定的轮播图模块尺寸最大宽度是 990 像素，高度不超过 600 像素，可以事先按轮播图尺寸设计好精美的海报图片，然后在图片轮播编辑中上传展示，如图 5-12 和图 5-13 所示。

小知识：为了更加美观，海报轮播也可以自行购买大图轮播模块，实现全屏大图轮播效果。

图 5-12　添加图片轮播模块

图 5-13　编辑图片轮播模块

4. 产品展示

在首页中可以通过添加产品自动展示模块来实现产品展示的功能，如图 5-14 所示；也可以通过添加自定义模块，然后将事先设计好的产品展示排版图片切片上传到自定义模块内，实现更美观和更加个性的产品展示效果，如图 5-15 所示。

5. 店尾

同以上操作一样，在装修设计的页面，把鼠标移动到网店尾部位置，点击“编辑”即可编辑内容。店尾是一个店铺最后展示模块，通常该模块内容不宜太过复杂，可以加上店铺的信息提示，比如产品质保、物流信息、售后服务、联络方法等，如图 5-16 所示。

图 5-14　添加宝贝推荐模块

图 5-15　添加自定义模块

除了上述介绍的装修设计内容外，还可以自行选择系统模块内的内容进行添加编辑，丰富页面展示，比如，客服在线、工作时间、产品搜索框等，在此不一一阐述。上述所有装修内容设计完成后，可点击右上角的“预览”查看装修效果，如无问题即可点击“发布”到天猫店铺展示。

以上操作的是天猫店铺首页的装修设计，其他各子页面包括产品列表页和自定义页面的操作可参考首页装修的操作执行。

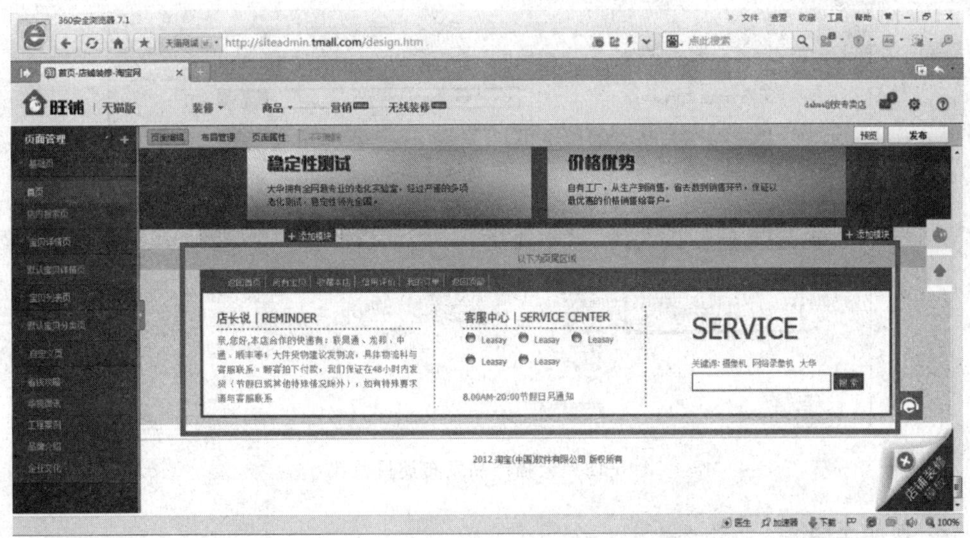

图 5-16　店尾设计

三、天猫商品发布

天猫商品发布流程与淘宝店铺商品发布流程类似，如图 5-17 所示，发布商品前需要准备好产品的主图，产品描述内容，编写好产品标题，确定产品售价与库存数据，熟悉产品属性与产品参数等。

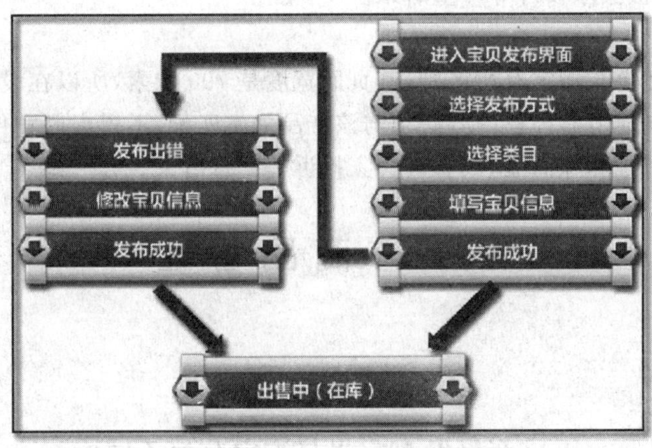

图 5-17　商品发布流程

下面重点介绍发布天猫商品需要特别注意的事项。

1. 商品分类要准确

天猫与淘宝在商品发布时有所不同，淘宝可以一个店铺发布不同产品类目，但天猫只允许发布申请店铺时分配的产品类目，并且需要提供品牌资质才可以发布，如图 5-18 所示，所以天猫店铺发布产品时只能选择自己申请的类目下。

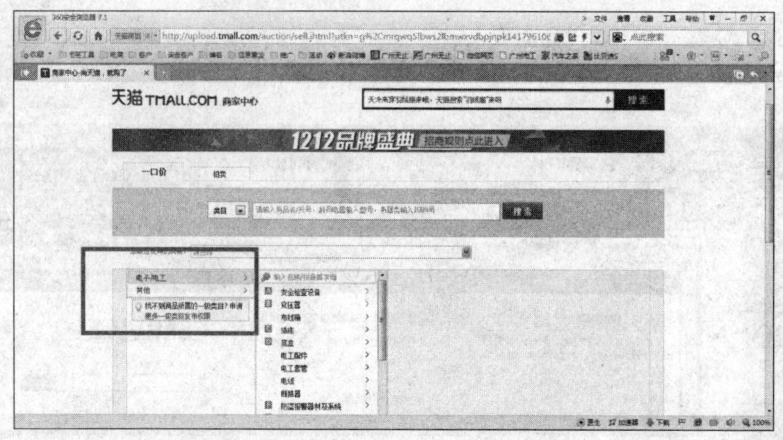

图 5-18　天猫产品发布类目授权

2. 商品主图

天猫对商品发布的主图有严格的要求，切忌使用不合规则的商品图片充当主图，根据最新天猫规则，第二张图必须是白底清晰产品图，正方形，大小最好为 800 像素×800 像素。

广告推广图片可以上传在第四和第五张图片，其他图片不要出现“牛皮癣”现象。

3. 商品参数

天猫商品发布的参数务必按系统要求填写完整，且如实填写，否则有可能导致扣分或被删除商品，或者被买家投诉等严重后果。

4. 商品描述

天猫商品描述页与淘宝有所区别，其页面宽度是 790 像素，所以在设计描述页图片时就要注意区分。同时所有描述内容必须与该产品如实匹配，不得虚假宣传或描述不实，否则可能导致扣分或被删除商品，或者被买家投诉等严重后果。

任务三　商品管理

案例导入

天猫商品发布宝贝与淘宝有何不同？

经过努力工作后，小军顺利完成了店铺搭建工作，接下来的工作也非常重要，就是按经理要求发布公司准备在天猫平台上展示和销售的产品，小军以前在淘宝上发布过宝贝，心想这有什么难的。这时，经理提醒了小军，天猫店铺商品发布和管理与淘宝是有区别的，不可掉以轻心。

问题与思考：

(1) 发布一个高质量的商品需要准备哪些资料？

（2）天猫的商品促销价格设定通过什么工具进行调整？

知识探究

新店铺前期的准备工作完成后，就进入商品管理环节，这一环节的主要工作内容包括：商品资料准备和商品管理。

一、商品资料准备

商品资料准备包括商品的属性、规格、质量以及商品的使用方法和售后服务等信息（见图 5-19）。

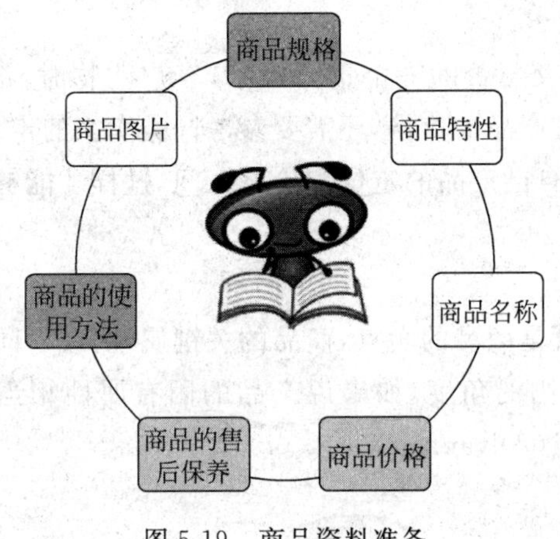

图 5-19　商品资料准备

1. 产品的属性

一般商品通常包含产地、材质、规格、价格等基本信息，在销售过程中，顾客也经常针对以上信息发问。如果连这些基本问题都回答不了，顾客将会对客服的专业性产生怀疑，甚至进一步怀疑商品的真实性，销售就无从谈起了。

（1）产地：很多商品的品质跟产地是密切相关的，例如一些中药材。以枸杞为例，我国很多地区都产枸杞，但是以宁夏的枸杞为最优。当然一般客服都可以回答这些问题。而优秀的客服还会告诉你：宁夏枸杞又以中宁县产的为最佳，因为那里地处内蒙古高原和黄土高原过渡带，属北温带大陆性季风气候区，光照充足，有效积温高，昼夜温差大，正是这一独特的地理环境和气候为枸杞生长提供了全国最优越的自然环境。优秀的客服知其然还知其所以然，客户自然能够给出一个很好的印象分。

（2）材质：简单地说就是商品的原材料或者质地。这往往是决定商品价格的重要属性，也是客户发问的密集区。

（3）规格：指的是产品的物理形状，一般包括体积、长度、形状、重量等。通常每一种商品都有其相应的规格标准，主要是为了区分类似产品，一般商品的规格都是从小到大有序地排列。区分规格的标准一般有大小、长度、重量、容量等。

① 大小：例如我们经常看到的计算机显示器或者电视机，从 17 英寸、19 英寸一直到

50英寸、60英寸以上的都有。

② 长度：例如钓竿、管材、布料，包括鞋子也可以看作按长度来进行分类的。一般的长度单位有“米”“厘米”等，也有“毫米”或更小的单位。鞋子通常用尺码作为计量单位，女鞋一般是35～39码，男鞋一般是38～44码，不过在实际销售中不同品牌的鞋子尺码和标准相比会有些许差距，这就需要客服积累经验，给顾客最准确的建议。

③ 重量：像很多食品都是以重量为单位的，例如大米、茶叶、巧克力等。一般重量的单位采用千克(kg)、克(g)。

④ 容量：液体商品或者容器一般都采用容量单位，例如升(L)、毫升(ml)等，常见的有各种饮料如牛奶、汽水、矿泉水等，还有某些电器也是以容量为单位，例如烧水壶、电热水器等。

(4) 价格：是商品成交与否的一个重要因素，客户购物时，都会考虑价格因素，因此客服人员不仅要熟悉自己产品的价格，还需要参考同类卖家的定价，准确地说是了解行业和竞争对手的价格，明白自己产品的定位和价格区间，这样才能够准确解答客户关于价格的问题。

2. 商品特性

商品特性通俗地说就是商品的卖点，商品的关键属性，或不同于其他同类商品的特点(见图5-20)。从FAB法则的角度，如果说产品的固有属性相当于特征(Feature)，那么“商品特性”就相当于优点(Advantage)。

图5-20　商品特性

例如服饰，以夏装为例：夏季一般出汗比较多，需要衣服透气、吸汗，很多商家都会以纯棉布料作为卖点，因为棉质的衣服具备以上特点。从棉料到透气、吸汗再到穿着舒适，这就是FAB法则的实际应用。

针对商品特性，应当将其和商品的固有属性以及商品给客户带来的利益挂钩，它像一条纽带把这三者有机地结合到一起，给客户的感觉是：商品的好处是实实在在的，有其特征作为依托的，客户自然而然地会相信销售人员的观点。

3. 产品的使用方法及售后保养

在销售过程中，除了遇到咨询产品特性的问题，对于某些高科技电子产品或者操作比

较复杂的商品，顾客还会询问其使用方法，以及售后保养等问题，这些同样是专业客服应知必会的知识。

（1）产品的使用方法

商品的使用步骤和方法我们可以用文字的形式或图片说明的方式，因为人们对文字的视觉记忆远没有对图片的视觉记忆深刻，而且很多时候用文字和语言很难说清楚的操作细节，使用图片说明就能让人一目了然，所以应多用图片的形式进行说明，也可以利用图文结合的方式将产品的使用方法更好地展示给消费者。

（2）售后及保养

商品使用和保养不当有可能缩短商品的使用寿命，许多售后问题就来源于不当的使用操作。因此需要采用特别的方式储存和保养的商品，一定要预先提醒客户，以免产生不必要的售后问题。

通过查看产品说明书、相关信息或者上网搜索，都可以得到正确的使用及保养方法，卖家可以将这些内容在店铺里面进行展示，并拟定售后服务内容与交易条件，提醒买家一旦交易成功即代表认可并同意这些条款，享受的售后服务将按照约定进行，如图 5-21～图 5-23 所示。

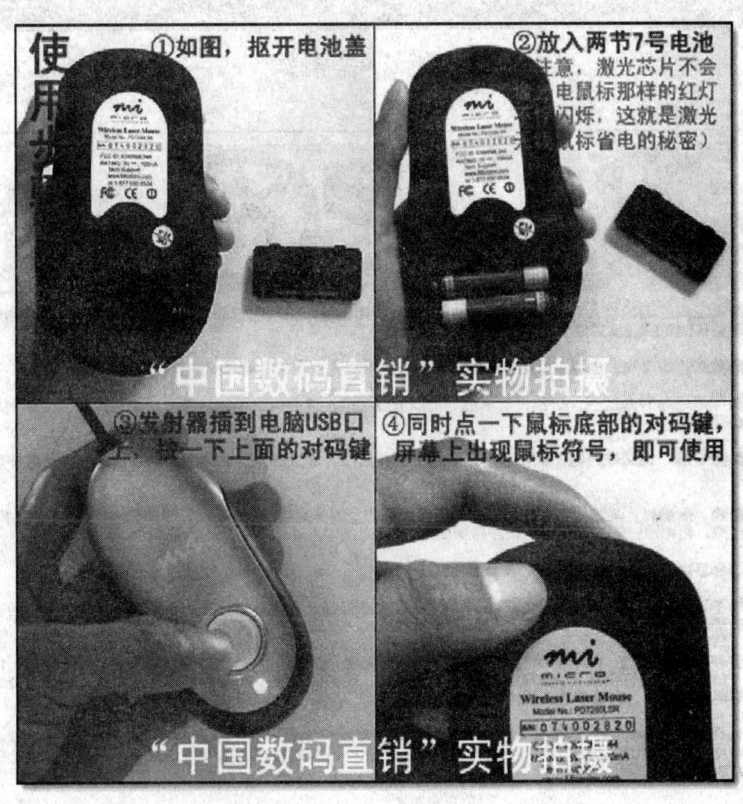
①如图，抠开电池盖
②放入两节7号电池
④同时点一下鼠标底部的对码键，
屏幕上出现鼠标符号，即可使用
Wireless Laser Mouse

图 5-21　产品使用说明

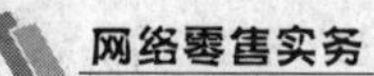

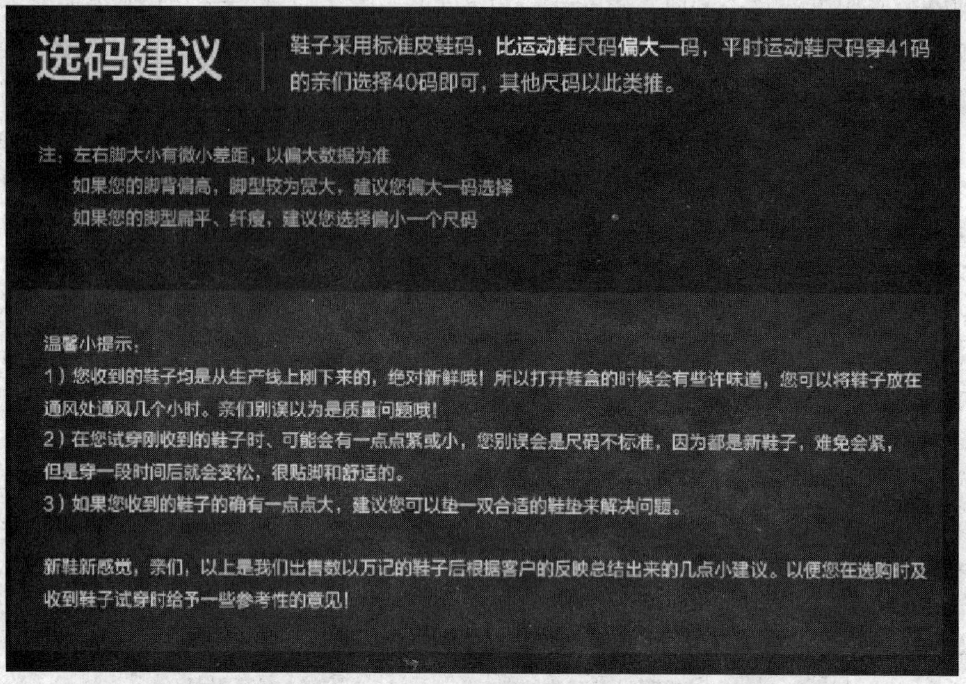

选码建议

鞋子采用标准皮鞋码，**比运动鞋尺码偏大一码**，平时运动鞋尺码穿41码的亲们选择40码即可，其他尺码以此类推。

注：左右脚大小有微小差距，以偏大数据为准

如果您的脚背偏高，脚型较为宽大，建议您偏大一码选择

如果您的脚型扁平、纤瘦，建议您选择偏小一个尺码

温馨小提示：

1）您收到的鞋子均是从生产线上刚下来的，绝对新鲜哦！所以打开鞋盒的时候会有些许味道，您可以将鞋子放在通风处通风几个小时。亲们别误以为是质量问题哦！

2）在您试穿刚收到的鞋子时、可能会有一点点紧或小，您别误会是尺码不标准，因为都是新鞋子，难免会紧，但是穿一段时间后就会变松，很贴脚和舒适的。

3）如果您收到的鞋子的确有一点点大，建议您可以垫一双合适的鞋垫来解决问题。

新鞋新感觉，亲们，以上是我们出售数以万记的鞋子后根据客户的反映总结出来的几点小建议。以便您在选购时及收到鞋子试穿时给予一些参考性的意见！

图 5-22　产品售后

1.皮鞋穿着后应使用松软的布或者软毛刷轻擦保洁，再用皮鞋柔软剂进行表面保养，最后使用专用鞋油保养，以避免鞋油与皮面发生化学反应，造成变色或损伤皮质

2.磨砂皮鞋面切勿擦油，水刷。应用专业清洁剂顺方向用刷子轻刷或试用专业橡皮、鞋粉清洁。

3.油皮鞋面是经油浸泡过的，外层无防水层，所以皮质柔软，保养时应用鞋油柔软剂与专用鞋油搭配使用，可防止表面划痕

4.经常保持干燥，切忌在遇雨、雪水穿用，如遇上雨、雪水，应立即用干布抹干，并擦上鞋油，放在干爽处阴干。

5.经常擦油。擦油时，鞋油中可加一两滴醋，可使皮鞋的光泽鲜亮持久。擦油后，停5分钟左右，再用刷子将鞋面打亮。若再涂一层牛奶，则可使皮鞋更耐穿。

6.皮鞋切忌暴晒、火烧、以防发脆、干裂或收缩。

7.脱鞋时不要踩着后帮，以免出现塌跟变形。深色真皮内里因受潮或摩擦产生掉色属正常现象，此时可使用深色袜子。

8.不穿皮鞋的储藏方法：换季不穿的皮鞋首先要清除皮鞋表面的灰尘污垢，放在阴凉通风处晾干水分，以防霉变；晾干的皮鞋首先擦上一层动物油脂，反复擦拭，然后再打上一层鞋油，防止皮鞋失去油脂而变硬、断裂。最后将填充物、鞋撑等填入鞋内防止皮鞋变形。

9.怎么防止新皮鞋不打脚？新鞋穿着时往往会有磨脚等轻微不适感，严重的会使脚磨出水泡，当出现这种情况时可用一块打湿的海绵或布包住大脚起泡的地方，过一小时左右，去掉湿海绵或布，用手不断来会回撑、揉打脚的部位直至其自然定型。

图 5-23　产品的保养及注意事项

二、商品管理

天猫的商品管理，主要工作包括商品上下架、橱窗推荐、价格调整、库存管理等。

1. 商品上下架

天猫商品上下架管理是指配合店铺运营需要，将出售中的商品放入仓库或将仓库中的商品上架销售，如图 5-24 所示。

图 5-24　天猫出售中的商品

小知识：商品上下架管理，除了配合产品库存调整需要，比如产品缺货，更大作用是能够通过上下架调整，来优化商品的下架时间，达到搜索排名靠前的目的。

2. 橱窗推荐

橱窗推荐（又名卖家热推），即每位商家根据店铺实际经营情况，将店铺内最有竞争力的宝贝通过设置成橱窗推荐的方式（在"我是卖家"→"宝贝管理"→"橱窗推荐"中设置），在搜索排序中，其他条件相同的情况下，橱窗推荐宝贝将获得优先展示机会。

每个商家根据销售情况可获得不同数量的橱窗推荐位，规则如图 5-25 所示。

月销售金额（M）	橱窗推荐位（个）
M<1.5万	60
1.5万≤M<10万	100
10万≤M<30万	200
30万≤M<100万	300
100万≤M<300万	500
300万≤M<500万	1000
M≥500万	2000

图 5-25　橱窗推荐规则

根据天猫商家每个月(以自然月为计算单位)的销售金额,分设七个层级,每个层级有不同的橱窗推荐位数量。

月销售金额：指上个自然月成交并且已成功付款的交易。

3. 价格调整

天猫商品的零售价格在发布商品时已经设定,店铺进行促销活动时需要修改促销价格,通常是配合营销工具来调整促销价格,常有的官方促销工具有限时打折、店铺优惠、特价宝等,如图 5-26 和图 5-27 所示。

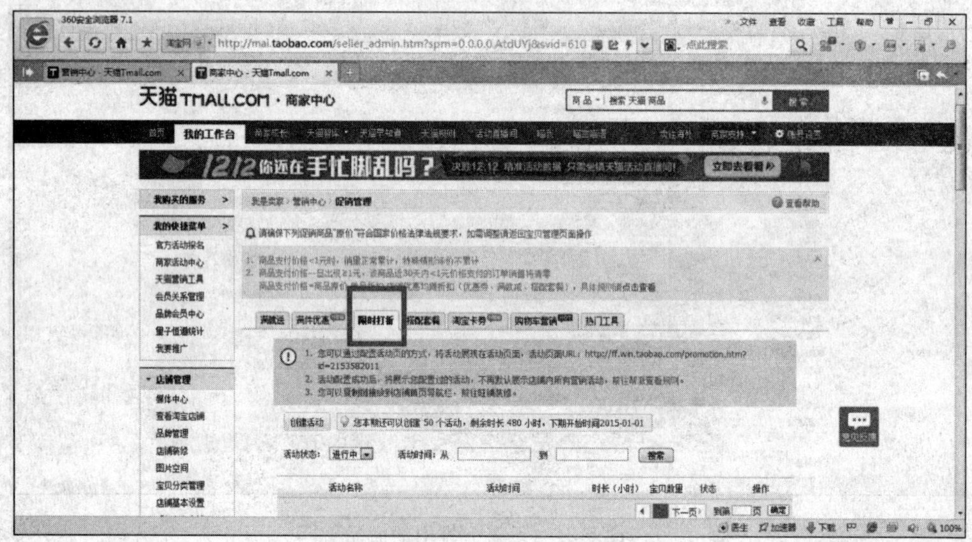

图 5-26 限时打折工具

图 5-27 天猫营销工具

小知识：促销价格的调整最好控制在零售原价的 3 折以上，更低的折扣容易引发平台规则误判为作弊行为。

4. 库存管理

发布商品时可以设定该商品的库存数量，如果一件商品有不同的型号或颜色，可以单独设定不同 SKU 库存数量，在实际销售过程中可以根据仓库实际的库存数量实时调整，在出售中的商品列表中，选择需要调整库存的产品，点击库存栏进行编辑即可，如图 5-28 所示。

图 5-28 库存编辑

小知识：为保证库存的准确性，可以在发布商品时选择付款减库存，这样只有成功付款的订单才会减去库存量，当然，在参加某些大型活动时，官方规则会要求设定拍下减库存，以防止买家多拍。

任务四 防范交易风险

天猫店铺日常交易存在哪些风险？

店铺开业以后不久，小军突然收到一个短信通知，说他管理的天猫店铺涉及违规已经被处罚了，要求拨打信息中提供的电话去处理。一开始小军吓了一跳，后面仔细一看电话号码根本不是天猫官方的客服热线。于是，心存疑惑的小军拨打了天猫客服电话，得知原来是一个诈骗信息，一颗悬着的心终于放下了，但同时也提高了警惕，必须要注意防范日常的交易风险。

问题与思考：

如何识别诈骗信息？

知识探究

随着网络的普及以及网上交易越来越便捷，网络支付方式也受到越来越多人的青睐，但是大多数人对于网上交易缺乏了解，对计算机和网络技术也知之甚少，经常出现交易事故，甚至遭遇黑客、病毒。许多事故的发生并不是不能防范，而是由于当事人疏于防范。作为一名网店管理者，必须拥有网络安全意识，也必须学习一些网络防骗的知识。

一、养成良好的操作习惯

1. 注意防范病毒

计算机要安装防火墙和杀毒软件，定期更新软件，定期清理计算机中的垃圾文件和缓存，因为谁也不能保证你的软件或者系统是100％安全可靠的。同时不要访问非法的网站，因为不法分子经常利用人们的好奇心在这些网站上挂病毒木马，同时不要贸然下载或者点开不明程序。

2. 限制使用软件

这里说的限制使用是针对交易用的软件，在网上与买家沟通尽量使用旺旺、QQ 等常用的聊天软件，注意不要轻易接收不明文件，不轻易泄露个人资料。而且使用上述软件还可以作为交易的凭证。

3. 不要在计算机中安装任何具有记忆命令的程序

具有记忆命令的程序可以记录用户击键的动作，甚至可以用截图的方式记录在屏幕上发生的一切。这一类型的软件常见于一些游戏插件，所以建议玩游戏的计算机最好和私密性的计算机分开。

4. 安全保护账户

网络上经常发生账户被盗的事件，所以将账户和密码设置得尽量复杂一些，可以采用“英文＋数字＋符号”的组合，比如 whatever135％，设置时还有一个原则就是要方便自己记忆。另外，可以采用几组密码，定期更换密码，这样也能够提高安全性。

二、识别常见诈骗信息

网上的骗术形形色色、花样繁多，正所谓魔高一尺，道高一丈，所以提前了解一些常见的骗术也能够帮助卖家更好地防骗，可以大大降低被骗的概率，减少损失。

1. 发送冒牌网址

许多骗子经常利用旺旺等即时通信工具发送一些带有病毒的链接或钓鱼网站，这些链接和正规的网站高度相似，如果点进去就上当了。面对此类骗术，最好的办法就是：不要轻易点击对方发过来的网址，千万不要对自己过于自信，谁都不能保证在工作疲劳的情况下不会看走眼。

2. 发送病毒文件

骗子会采取冒充顾客或其他工作人员的方式给卖家发送一些文件，实际上这些文件是病毒程序，点开之后就会盗取计算机中的账号、密码等信息，对付这类骗术就是不要轻易接收对方发过来的文件，可以让对方采用截图的方式。

3. 冒充天猫客服

骗子拍下货之后不付款并要求卖家发货，如果卖家不发货，就以投诉威胁，过一会儿有个“天猫客服”之类的旺旺账号联系卖家，要求给买家发货。其实天猫并没有这样的客服，也不会催卖家发货的，催着发货的所谓“天猫客服”是假的。

4. 注册类似账号行骗

骗子使用两个很相似的买家账号行骗，用账号A和你聊天说要买货，之后使用账号B去拍货付款，粗心的卖家会认为这是同一个人便给A发货。骗子拿到所需要的东西后，用账号B联系卖家再次索要东西。这样卖家就被骗走了一份东西。破解的方法是：发货之前，在拍货记录上点击拍货旺旺联系买家发货，或者确认拍货旺旺是否和联系旺旺相同。一般情况下数字“0”和字母“O”不好分辨，请一定注意。

任务五　营销推广

案例导入

天猫店铺该如何做营销推广呢？

作为一个天猫新店，有了好产品还远远不够。店铺开业好长时间了都无人问津，小军非常苦恼，经理似乎看出了小军的烦心事，主动找他聊天，并传授了一些店铺推广的方法和技巧，让小军可以通过自己的努力把天猫店铺的流量和销量做起来。

问题与思考：

(1) 天猫店铺主要的推广方法有哪些？

(2) 如何利用好天猫的站内推广工具为店铺引流呢？

知识探究

众所周知，天猫店铺的营销推广是非常重要的，一个新店铺要有销量必须得先有流量，本任务主要讲解天猫站内营销的方法和手段，主要包括：天猫直通车推广、钻石展位推广、天猫活动推广等。

一、天猫直通车推广

天猫直通车是天猫平台为商家量身打造的一款精准营销推广工具，可以直接进行商品的精准推广，同时直通车也提供了定向推广、店铺推广等不同形式的功能可选择，如图5-29所示。

图 5-29 天猫直通车推广

搜索营销指的是卖家通过设置与推广商品相关的关键词和出价，在买家搜索相应关键词时获得推广商品展现与流量，卖家按照所获流量(点击数)付费，进行商品精准推广的营销产品。卖家加入天猫直通车，即默认开通搜索营销。

例如，当买家搜索“连衣裙”时，我们就可以通过设置“连衣裙”这个关键词，在搜索结果页的右侧或底部获得展现，并吸引买家进入商品的页面。下面所述的关键词，均指我们设置过的关键词。

定向推广依靠淘宝网庞大的数据库，构建出买家的兴趣模型。它能从细分类目中抓取那些特征与买家兴趣点匹配的推广宝贝，展现在目标客户浏览的网页上，帮助我们锁定潜在买家，实现精准营销。

例如，有一买家喜欢波西米亚蕾丝花边连衣裙，那么当此买家来到定向推广页面时，系统就会在连衣裙类目里选出具有波西米亚、蕾丝、花边特征的宝贝展现给此买家。

店铺推广是基于搜索营销推出的一种新的通用推广，满足我们同时推广多个同类型宝贝、传递店铺独特品牌形象的需求。店铺推广特别适合我们向带有较模糊购买意向的买家，推广我们店铺中的多个匹配宝贝。它能有效地补充单品推广，为我们提供更广泛的推广空间。

例如，当买家搜索“连衣裙”时，我们就可以通过设置“连衣裙”这个关键词，在店铺推广设置的推广位展现店铺形象，并吸引买家进入我们的店铺或店铺中所有连衣裙商品的集合页面等。

直通车外投是站内推广资源的拓展和补充，把我们推广的商品投放在淘宝以外的网站上，以 Banner、文字链、搜索栏等形式展现，并根据对数据的分析，锁定人群，匹配相应的宝贝，将外部消费者吸引到专门展现直通车宝贝的页面。

(一)直通车账户基础操作

1. 推广新商品

在推广宝贝的选择上建议尽量选择具有一定成交基础、客户评价较好、有足够库存、具备卖点(如价格优势、宝贝特性等)的宝贝来进行推广。在新版直通车操作平台推广一款宝贝,需要分五步。

第一步,选择推广计划。

方法一:

在直通车操作平台首页点击"我要推广宝贝",如图5-30所示。

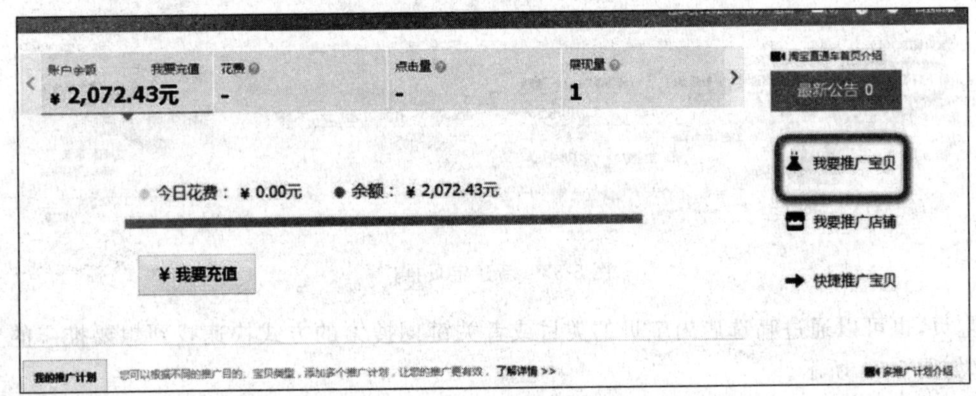

图5-30　新建推广宝贝

新建一个推广计划或者选择已有推广计划进入,如图5-31所示。

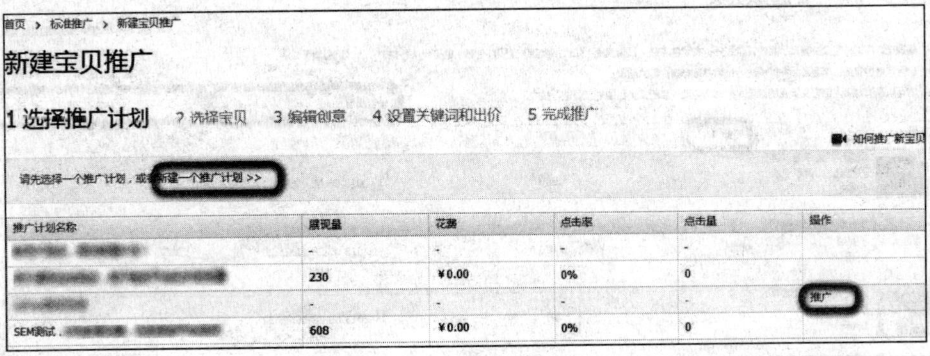

图5-31　选择宝贝推广计划

方法二:

在首页"我的推广计划"下或者点击导航"推广计划"选择对应推广计划,点击编辑进入,如图5-32所示。

进入推广计划,点击"新建宝贝推广",如图5-33所示。

第二步,选择推广宝贝。

选择一款需要推广的宝贝,可以通过销售量、库存和发布时间进行排序来选择有优势

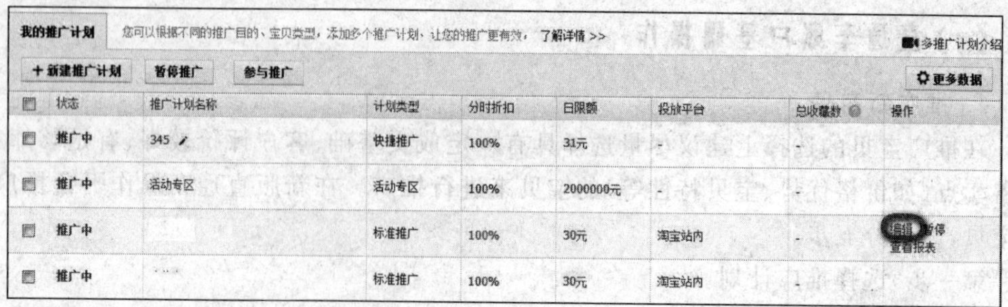

图 5-32　编辑推广计划

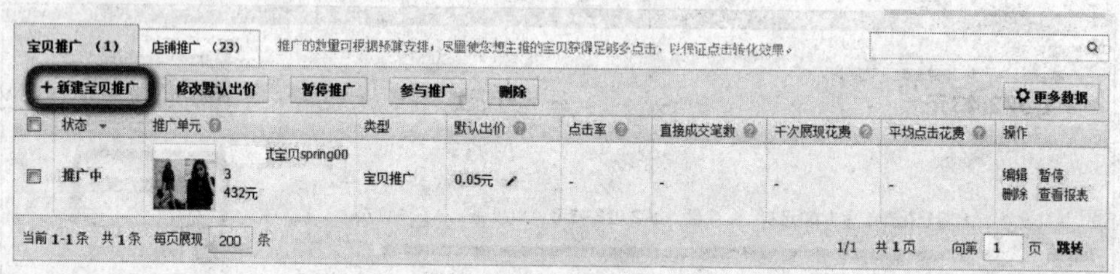

图 5-33　新建宝贝推广

的宝贝，也可以通过筛选店内宝贝的类目或者关键词搜索的方式快速找到想要推广的宝贝，如图 5-34 所示。

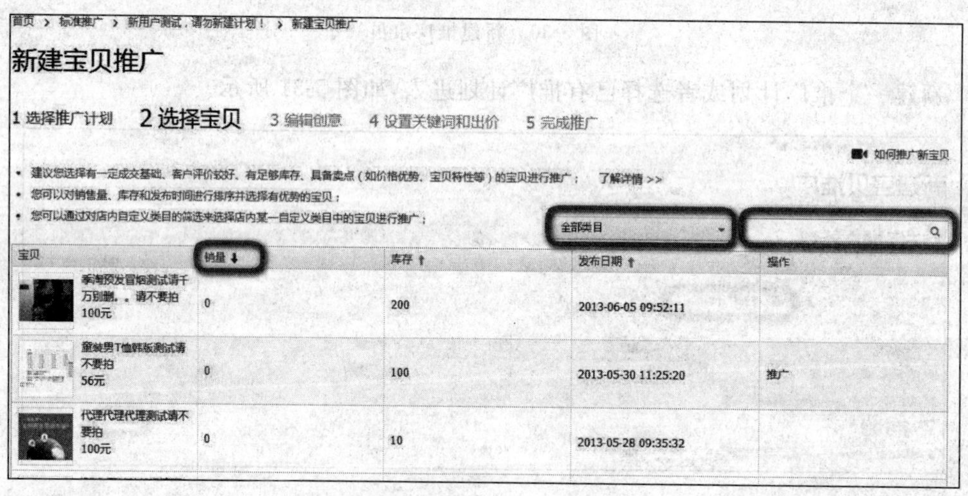

图 5-34　选择要推广的宝贝

第三步，编辑推广创意。

编辑宝贝的推广创意，可以勾选五张主图中的一张作为产品的创意图片，编辑创意标题时建议突出宝贝的属性、功效、品质、信誉、价格优势等，同时也可以添加一些热门词，字数控制在 40 个字符以内（一个汉字为两个字符），尽量不要使用特殊符号，如图 5-35 所示。

第四步，设置关键词和出价。

图 5-35 编辑宝贝推广创意

(1) 在左侧一栏中为推广宝贝设置关键词，最多可设置 200 个关键词，每输入一词按回车输入下一个。

(2) 可以通过右侧系统提供的宝贝匹配的关键词、相关词查询和其他推广使用的关键词来选择关键词。

(3) 可通过设置关键词的不同匹配方式来提高关键词的展现机会，广泛匹配能获得最多流量，精准匹配能获得精准流量，中心词匹配介于两者之间。

(4) 添加关键词后设置默认出价，选择是否开启定向推广，然后点击“下一步”完成设置，如图 5-36 所示。

第五步，完成设置，如图 5-37 所示。

2. 新建店铺推广

在新版直通车操作平台推广一款宝贝，需要分五步操作。

第一步，选择推广计划。

方法一：

在直通车操作平台首页点击“我要推广店铺”，如图 5-38 所示。

新建一个推广计划或者选择已有推广计划(标准推广)进入，如图 5-39 所示。

方法二：

在首页“我的推广计划”下或者点击导航推广计划选择对应推广计划(标准推广)，点击“编辑”进入，如图 5-40 所示。

进入推广计划，选择“店铺推广”，点击“新建店铺推广”，如图 5-41 所示。

第二步，选择推广页面。

店铺推广页面可以推广店铺搜索页面、已有导航页面、自定义页面，可以选择其中任何一种进行设置，设置后可点击预览查看推广页面显示内容，如图 5-42 所示。

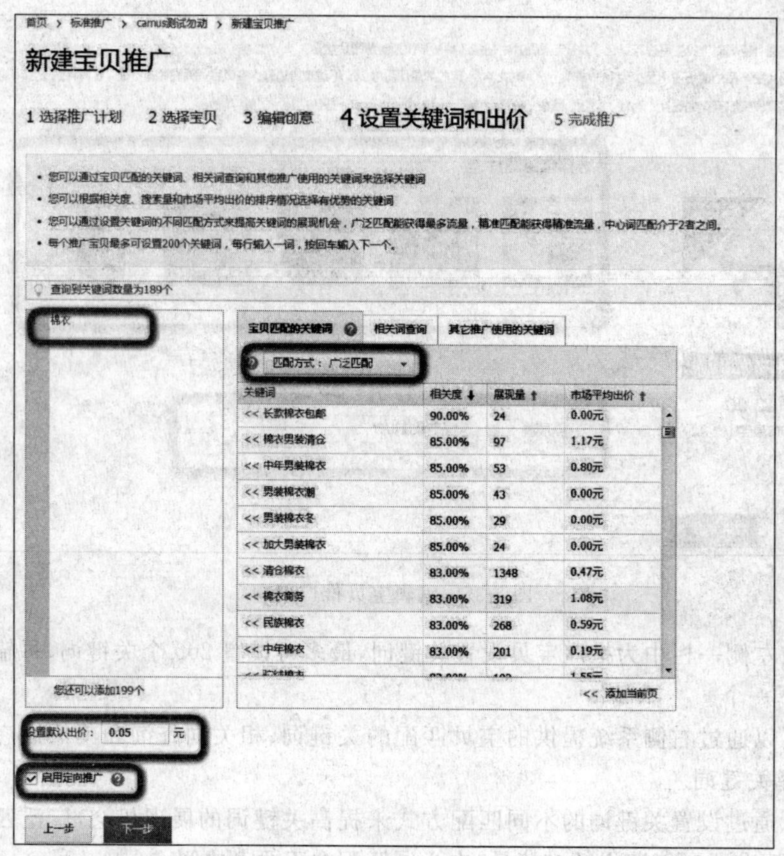

图 5-36　添加宝贝推广关键词

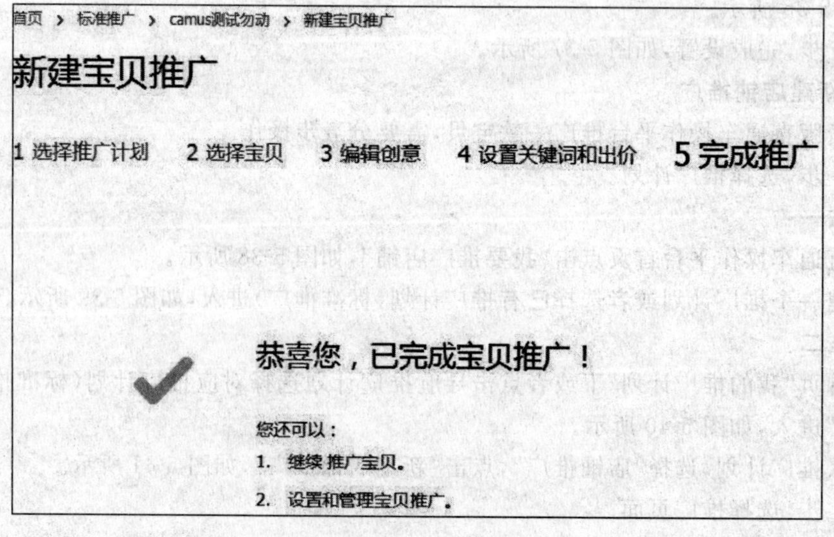

图 5-37　宝贝推广完成页面

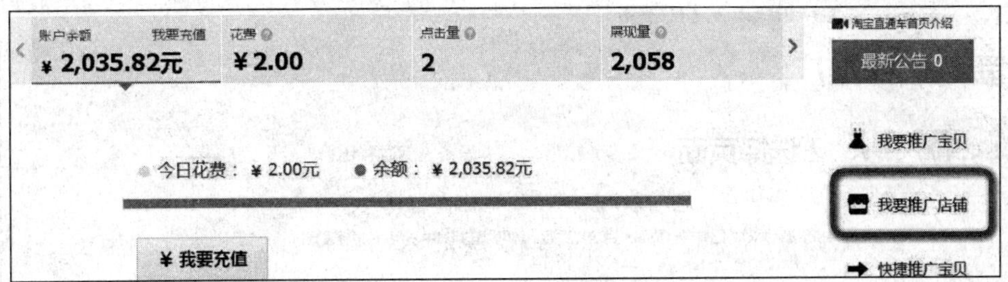

图 5-38　新建店铺推广(1)

首页 › 标准推广 › 新建宝贝推广

新建宝贝推广

1 选择推广计划　2 选择宝贝　3 编辑创意　4 设置关键词和出价　5 完成推广

如何推广新宝贝

请先选择一个推广计划，或新建一个推广计划 >>

推广计划名称	展现量	花费	点击率	点击量	操作
	-	-	-	-	
	230	¥0.00	0%	0	
	-	-	-	-	推广
SEM测试，	608	¥0.00	0%	0	

图 5-39　新建店铺推广计划

我的推广计划　您可以根据不同的推广目的、宝贝类型，添加多个推广计划，让您的推广更有效。　了解详情 >>　多推广计划介绍

+ 新建推广计划　暂停推广　参与推广　更多数据

状态	推广计划名称	计划类型	分时折扣	日限额	投放平台	总收藏数	操作
推广中	345	快捷推广	100%	31元	-	-	
推广中	活动专区	活动专区	100%	2000000元	-	-	
推广中		标准推广	100%	30元	淘宝站内	-	编辑 暂停 查看报表
推广中		标准推广	100%	30元	淘宝站内	-	

图 5-40　编辑店铺推广计划

首页 › 标准推广 › 推广计划：camus测试勿动

camus

昨天

宝贝推广（3）　店铺推广（4）　推广的数量可根据预算安排，尽量使您想主推的宝贝获得足够多点击，以保证点击转化效果。

+ 新建店铺推广　修改默认出价　暂停推广　参与推广　删除　更多数据

状态	推广单元	类型	默认出价	展现量	点击量	点击率	花费	平均点击花费	操作
推广中	关键词	店铺推广	0.20元	-	-	-	-	-	编辑 暂停 删除 查看报表
推广中	标题	店铺推广	0.20元	-	-	-	-	-	

图 5-41　新建店铺推广(2)

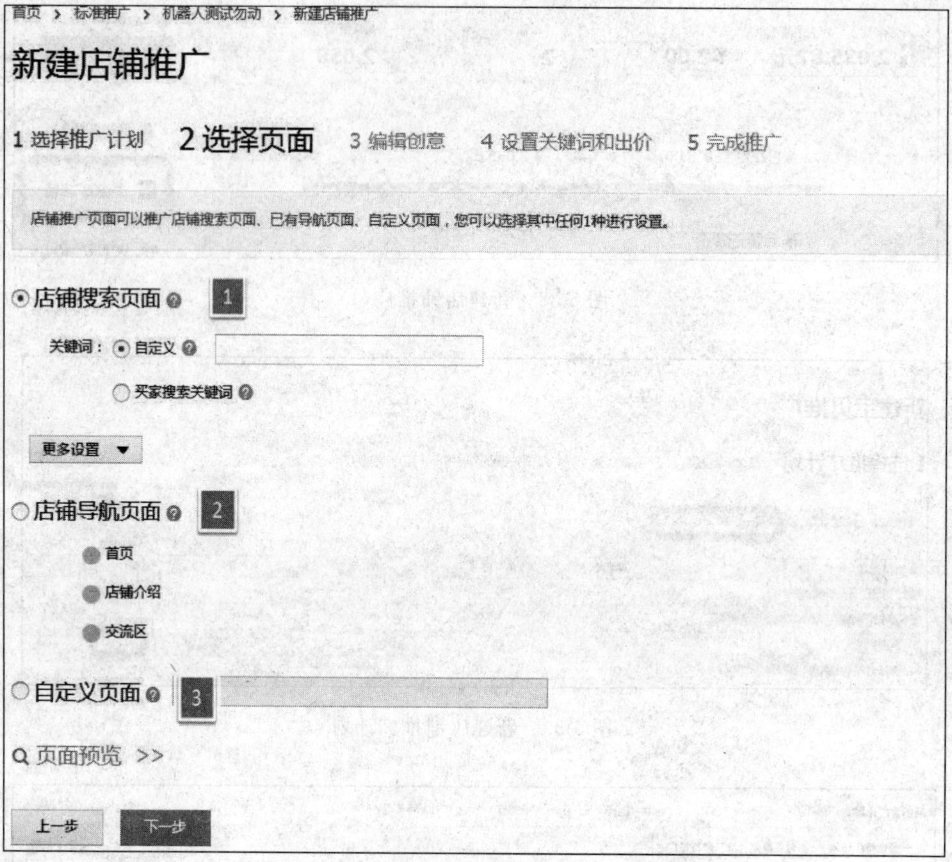

图 5-42　选择店铺推广页面

(1) 店铺搜索页面：选择店铺搜索页面，系统自动将买家搜索条件转化为搜索店内宝贝查询条件，进而形成一组宝贝集合页，买家点击推广信息进入店铺后，即可看到该集合页面下的所有宝贝。可以选择自定义的关键词来锁定店铺内的搜索结果，也可以选择买家搜索关键词传入店铺中进行搜索。

(2) 店铺导航页面：买家点击推广信息后将看到所选择的店铺导航页面下的所有宝贝。

(3) 自定义页面：这是指自己所输入的一个店内页面链接地址，可以是首页、自建页面或分类页面，买家点击推广信息进入后，可以看到该页面下的所有宝贝。

第三步，编辑推广创意。

编辑推广页面的创意图片时，可以选择一张已有图片，作为店铺推广的创意信息，也可以点击“本地上传”，上传计算机中的图片到天猫“图片空间”，支持 JPG、JPEN、PNG 的图片格式，单张图片大小需控制在 500KB 以内。设置店铺创意标题时，可以使用标题的高级功能，如图 5-43 所示。

第四步，设置关键词和出价。

在左侧一栏中为推广的店铺页面设置关键词，每输入一词按 Enter 键输入下一个。

图 5-43　编辑推广创意

可以通过右侧系统提供的宝贝匹配的关键词、相关词查询和其他推广使用的关键词来选择关键词。还可以通过设置关键词的不同匹配方式来提高关键词的展现机会，广泛匹配能获得最多流量，精准匹配能获得精准流量，中心词匹配介于两者之间。添加关键词后设置默认出价，然后点击"下一步"完成设置，如图 5 44 所示。

第五步，完成设置，如图 5-45 所示。

3. 参加天猫直通车活动推广

天猫直通车活动是直通车客户特有的一个活动区域，活动推广产品能在淘宝首页直接展示，拥有千万消费者关注度；而专题活动是在最合适的时间、最火爆的推广位置，给店铺带来持续高涨的目标客户量。下面我们来看看报名直通车活动的流程。

第一步，登录直通车自助系统。

打开 http://new.subway.simba.taobao.com/，并登录到天猫直通车自助系统。

第二步，选择"活动专区"推广计划。

方法：点击"我的直通车"→"我的推广计划"→"活动专区"进入，如图 5-46 所示。

第三步，选择要报名的活动。

可以在此选择查看目前可报名的活动以及已经报名参加的活动，点击报名活动进入下一步，如图 5-47 所示。

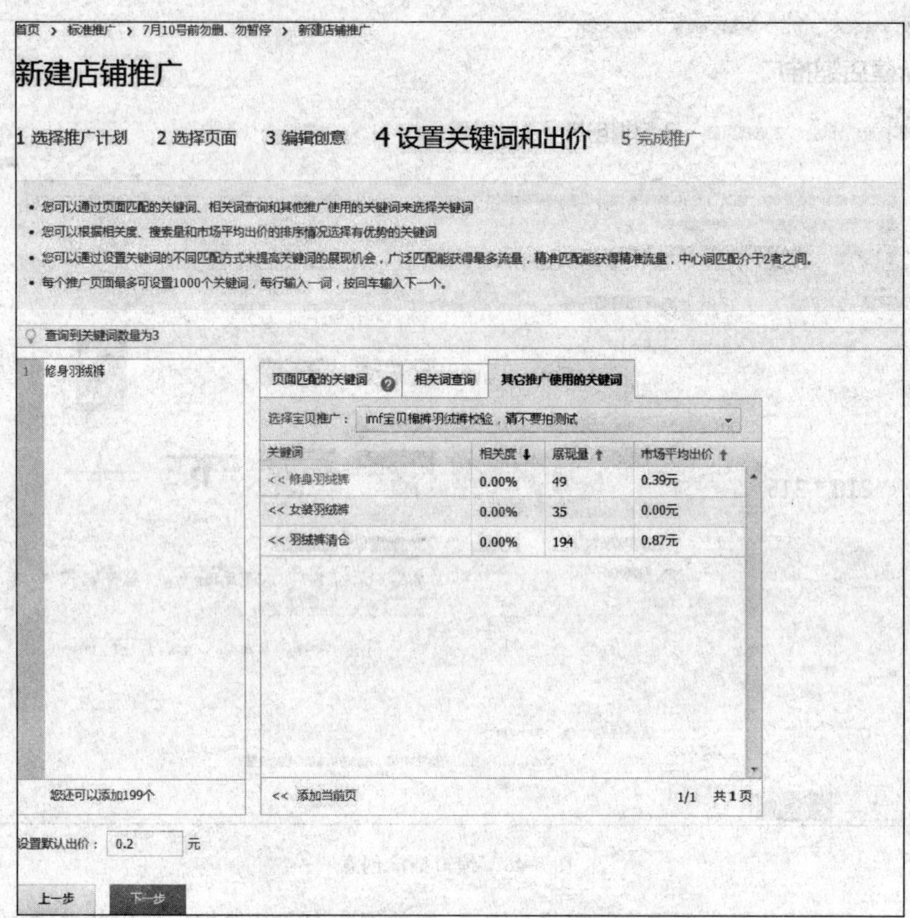

图 5-44　添加店铺推广关键词

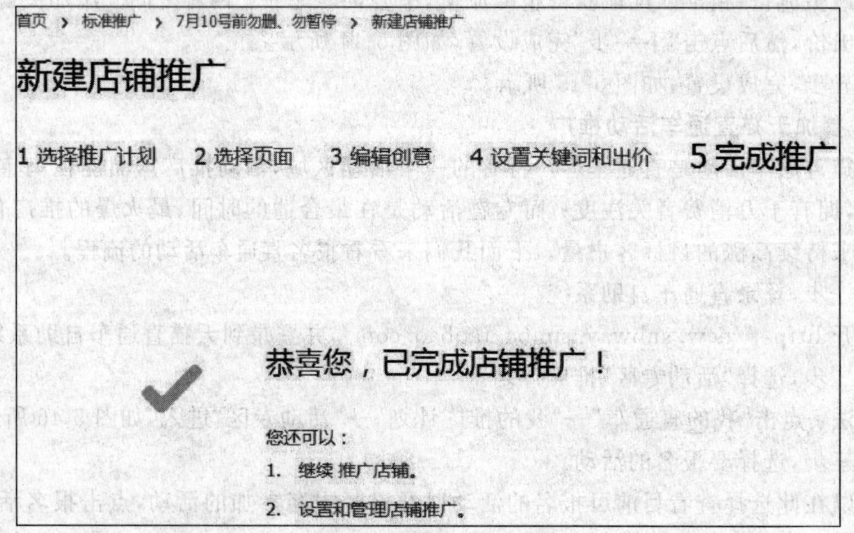

图 5-45　店铺推广完成页面

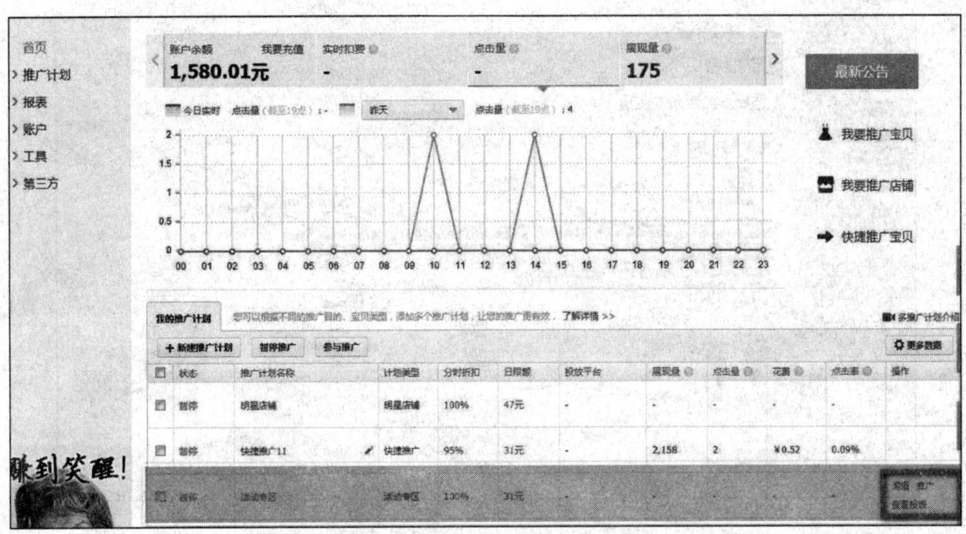

图 5-46 进入活动专区

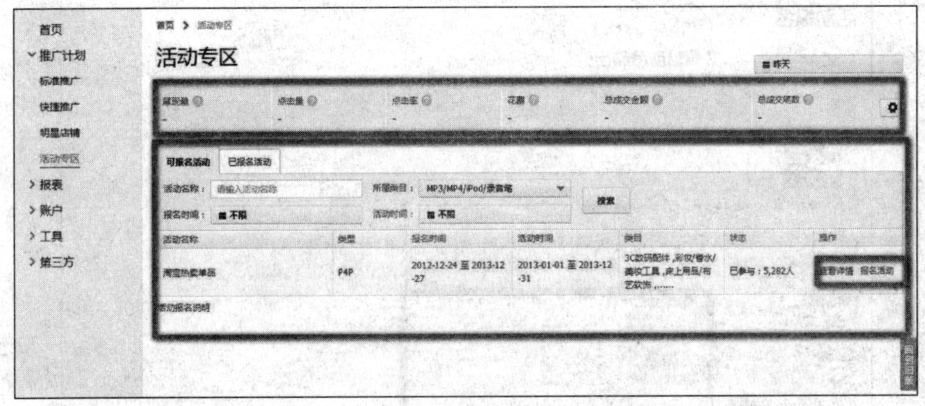

图 5-47 选择报名活动

第四步，选择要报名活动的宝贝。

通过宝贝名称搜索相应宝贝，点击“参加活动”，如图 5-48 所示。请仔细阅读报名宝贝的要求。

第五步，编辑推广创意和出价。

从宝贝图片中选择推广图片，添加标题以及活动出价，出价大于等于底价，设置创意前建议先阅读推广标题和推广图片要求，如图 5-49 所示。

第六步，完成报名，等待审核，如图 5-50 所示。

(二) 直通车账户优化操作

1. 优化直通车推广计划

一般情况下，可在直通车账户中创建 4 个标准“推广计划”。“多推广计划”是根据商家的推广需求专门研发的功能，可以让商家选择计划来推广宝贝，如图 5-51 所示。

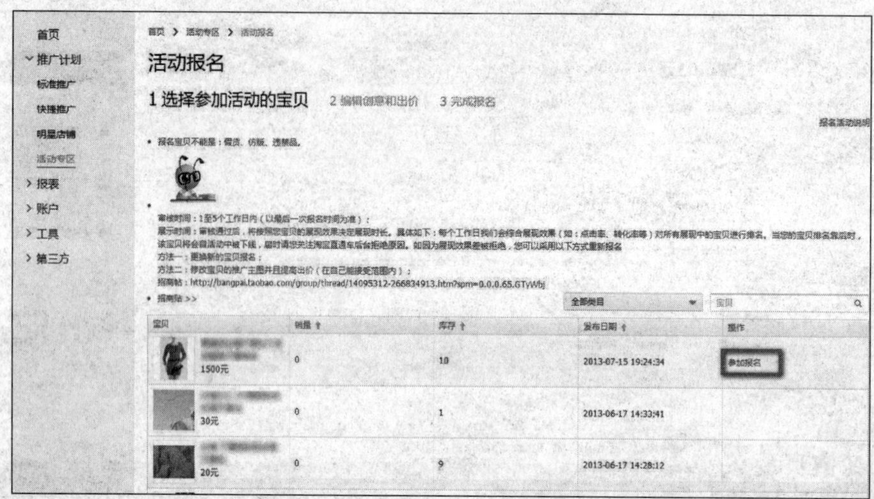

图 5-48　选择参加活动的宝贝

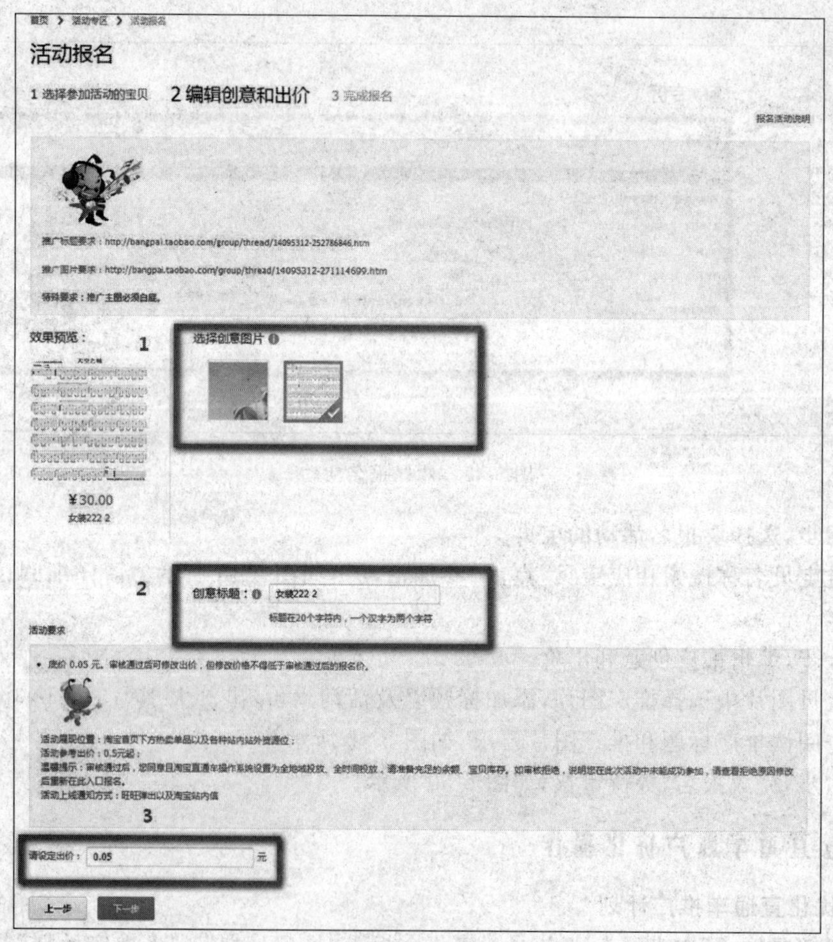

图 5-49　编辑推广计划的创意

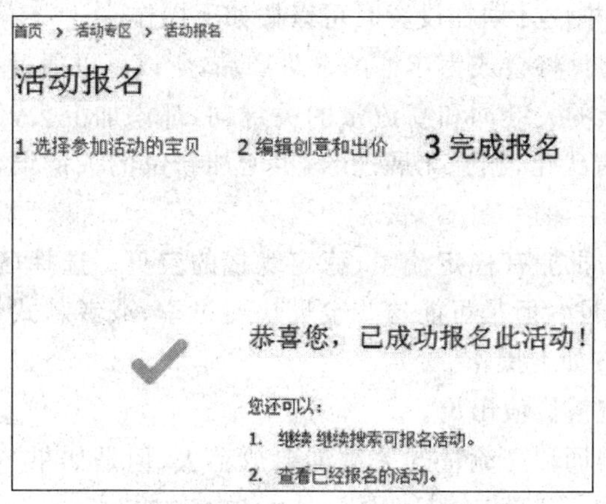

图 5-50　直通车推广计划完成页面

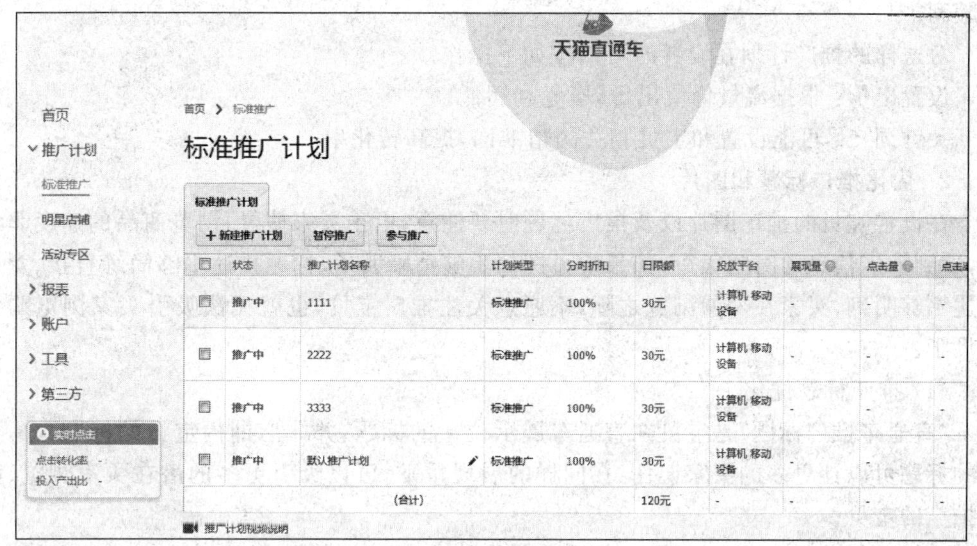

图 5-51　标准推广计划

多推广计划的优势如下。

(1) 为宝贝设置不同的推广方式，不同的日限额，不同的投放地域、时间、平台，多种推广计划组合，更加灵活的制作推广方案。

(2) 根据不同买家需求和宝贝特点，可以设置不同的推广计划，将不同类型的宝贝展现给最适合的买家，实现更精细化的推广。

(3) 能在有限的预算范围内，协助我们更合理地安排推广策略，赢得更好的推广效果。

可以为不同类型的宝贝设置不同的推广计划。

(1) 不同地域季节差异性很大。

比如北京和广东。服饰类目用户便可根据地域差异来设定不同的推广计划。

(2) 如果店铺需要把特定的一批宝贝加大推广，可以把此类宝贝单独做一个推广计划,重点推广。这样的推广计划在设置时可以按如下操作。

设置出价:这些宝贝将会成为店铺的拳头产品,所以可以通过提高出价来获取流量。

关键词:所有重点的关键词和高流量的关键词,都添加上去,保证有大量的浏览量。关键词一定要每天进行优化,删除无展现的,再增加新鲜的关键词,保证有更多的关键词被点击。

(3) 店铺中还有一批拥有稳定流量、稳定赚钱的宝贝。选择店铺中即使直通车投入不多,仍然会热卖的宝贝。但是可能这些宝贝快要过季,或者款式快要更新,对这样的推广计划在设置时可以按如下操作。

设置出价:根据流量价值出价。

关键词:重点关键词和高流量的关键词要放上去,但是如果"重点推广计划"已经用过,就不必放了。

(4) 店铺中还有一批宝贝需要清仓推广,也可以做一个推广计划。清仓扫货,卖完就是胜利。

对这样的推广计划在设置时可以按如下操作。

设置出价:根据流量价值出价,毕竟利润低。

关键词:尽可能设置和宝贝相关的精准词,提高转化率。

2. 优化推广标题和图片

在设置宝贝的推广图片以及推广标题时要注意,由于买家搜寻、浏览商品的速度非常快,看到推广信息的时间很短,如果宝贝图片不够清晰明了、标题描述不够简练直接、卖点描述不够明确,买家在匆匆浏览之际,不愿意关注推广宝贝,也就无法吸引买家浏览购买宝贝了。

(1) 推广标题优化

"直通车推广标题"是宝贝在直通车展示位上的标题,并非店铺内宝贝的标题。一个好的标题可以让更多的买家记住,在同样的展现量下,可以吸引更多的潜在买家浏览、购买推广的宝贝。

推广标题可以使用40个字符(20个汉字),标题内容要简洁明了,与宝贝密切相关,并突出宝贝的卖点,尽可能涵盖宝贝的更多属性、特征,这样才能有效提高关键词的质量得分。

① 标题需卖点明确,简练直接,一望即知商品优势。

设置标题时可以参考的商品卖点有:产品本身的特性、价格优势、品质或品牌保证、促销优惠信息,等等。当然,卖点的提炼一定要实事求是,夸大的卖点可能实现不了成交,浪费推广费。

② 将文字的信息点归类,并注意断句。

撰写让买家能轻松读懂的标题,可以适当使用标点符号或空格,让标题读起来更像一个通顺的句子,而不是复杂得没有任何停顿的短语。

反例如图5-52所示。

正例如图5-53所示。

③ 最重要的卖点,一定要在标题里突出而且要确保表达清楚。

如果一个宝贝的卖点有好几个,无法在20字的标题里写全,请至少在标题里突出最

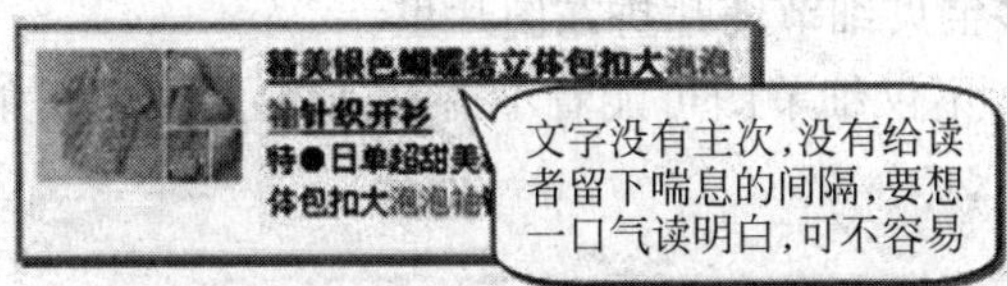

图 5-52　推广标题优化反例

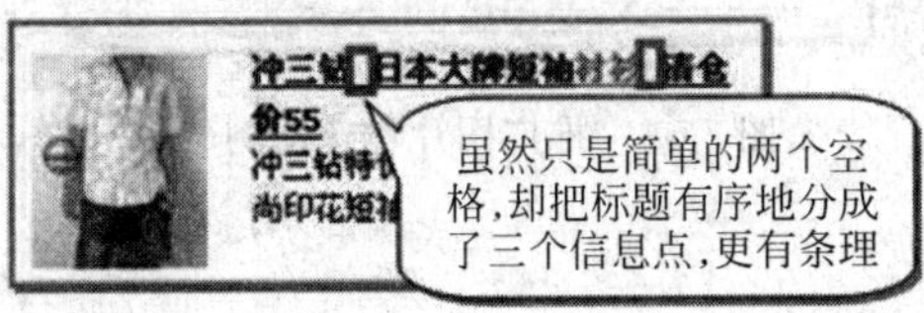

图 5-53　推广标题优化正例

重要的那个卖点,次要的卖点,也可以放到描述里面。

④ 为宝贝同时设置两个推广标题,可对比哪个标题点击率更高,更吸引买家。

(2) 推广图片优化

图片展示是客户的第一感官接触,要想让客户第一眼看上宝贝,图片一定要不断优化,不仅要展示清楚,让买家一眼就知道是什么商品,商品的卖点是什么,而且最好能立意新颖,和别的卖家加以区分,彰显品牌和信誉。

① 宝贝图片最好是正方形。

直通车宝贝推广的位置是正方形。要让推广宝贝在那么多的图片中脱颖而出,建议上传宝贝图片时,把图片做成正方形。

反例如图 5-54 所示。

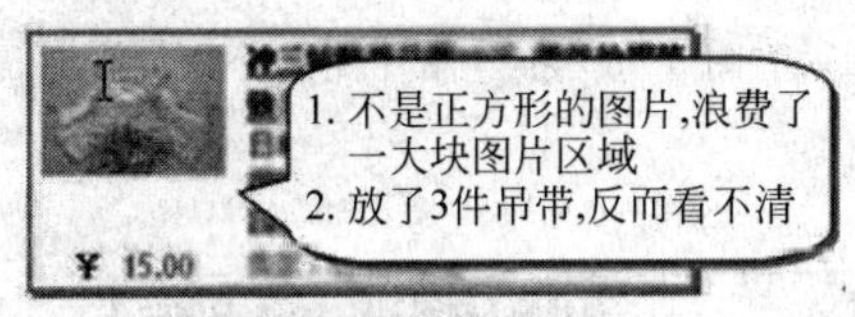

图 5-54　推广图片优化反例(1)

正例如图 5-55 所示。

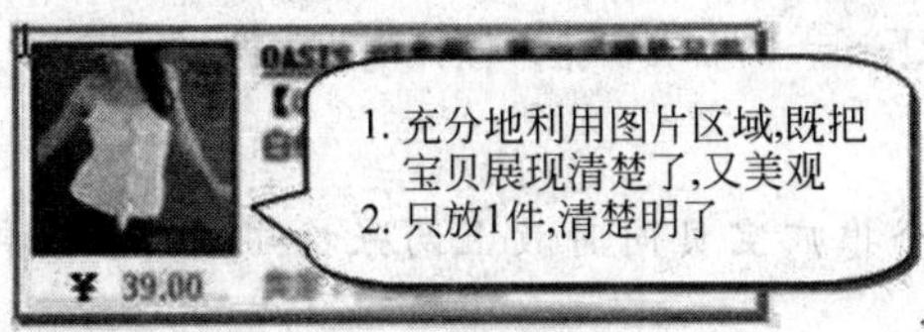

图 5-55　推广图片优化正例(1)

② 一张图只放 1 件商品。

由于直通车展示位置大小有限,商品件数越多,单件宝贝就越不突出,图片整体会不清楚,可与图 5-54 和图 5-55 对比。

③ 尽量不要把太多宝贝细节图片拼在图片里。

图片被自动缩略后，不仅细节图可能看不清，连商品主图也可能会受到影响。反例如图 5-56 所示。

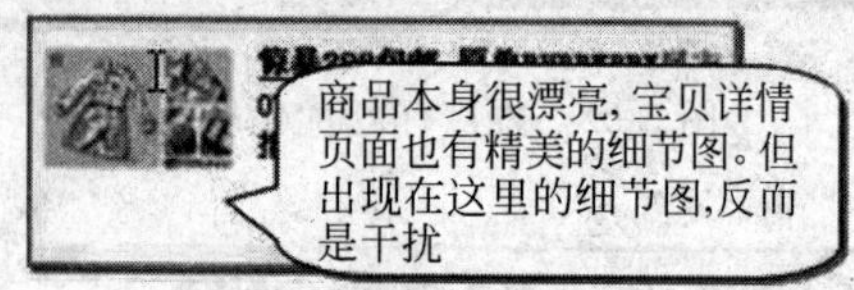

商品本身很漂亮，宝贝详情页面也有精美的细节图。但出现在这里的细节图，反而是干扰

图 5-56 推广图片优化反例(2)

正例如图 5-57 所示。

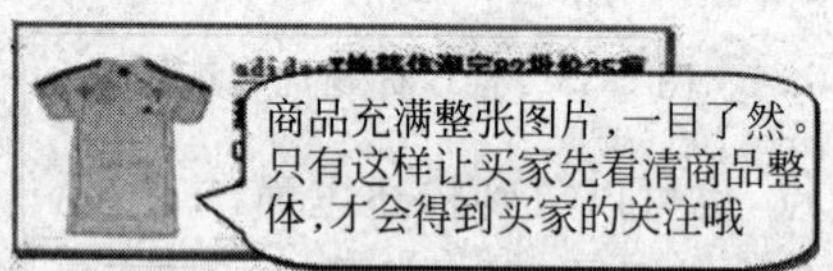

商品充满整张图片，一目了然。只有这样让买家先看清商品整体，才会得到买家的关注哦

图 5-57 推广图片优化正例(2)

④ 太复杂的背景或夸张的水印有可能干扰买家的视线。

如有背景或者水印，图案颜色不要过于花哨，要尽量做到干净，避免干扰商品主图。反例如图 5-58 所示。

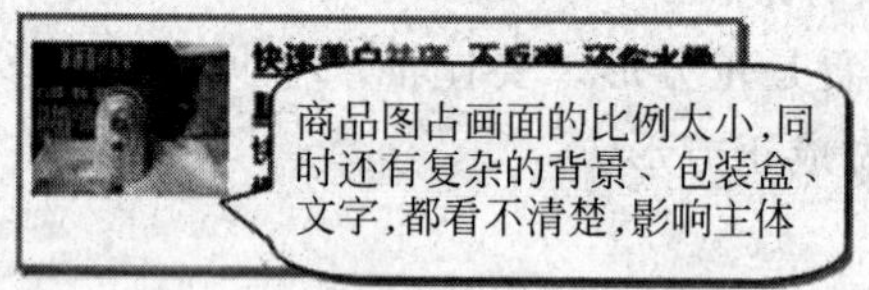

商品图占画面的比例太小，同时还有复杂的背景、包装盒、文字，都看不清楚，影响主体

图 5-58 推广图片优化反例(3)

正例如图 5-59 所示。

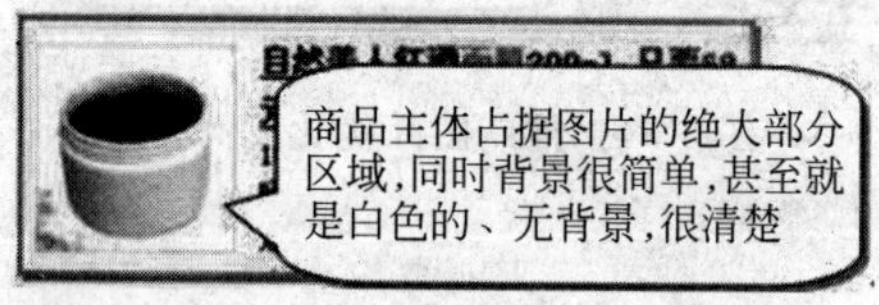

商品主体占据图片的绝大部分区域，同时背景很简单，甚至就是白色的、无背景，很清楚

图 5-59 推广图片优化正例(3)

小知识：可以为每个推广宝贝同时放上两张推广图片，这样就可以对比出更受买家喜爱的图片了。

二、钻石展位推广

钻石展位(以下简称“钻展”)是面向全网精准流量实时竞价的展示推广平台，以精准定向为核心，为商家提供精准定向、创意策略、效果监测、数据分析等一站式全网推广投放解决方案，帮助商家实现更高效、更精准的全网数字营销。

(一) 钻展的优势

(1) 超低门槛：即使花很少的钱也可以在淘宝网最有价值的展示位上发布信息。

(2) 超大流量：首页、各频道焦点图，百万、千万级大流量展示位给卖家更多的选择。

(3) 超炫展现：展现形式更炫丽，展现位置更大，展现效果更好。

(4) 超优产出：不展现不收费。自由组合信息发布的时间、位置、花费，轻松达到最优的投入产出比。

(二) 钻展的收费方式

钻展是按照展示收费的(CPM 收费方式)；直通车是按照点击收费的(CPC 收费方式)。也就是说，钻展的广告是客户看了，就要付费；直通车的广告是客户看了之后，点击了才付费。

(三) 钻展的广告位置

钻展的广告位置有很多，包括站内的和站外的，一般中小卖家选择站内的就可以了，对于大卖家来讲，站内的流量不能满足需求了，还需要购买站外的流量。在钻展后台资源里面可以看到所有的可以投放的资源位，如图 5-60 所示。

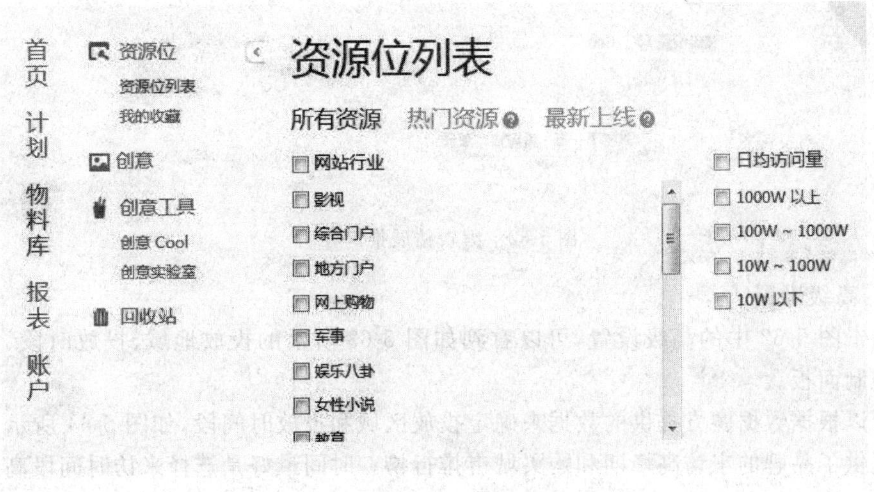

图 5-60　钻展资源列表

(四) 钻展的基础操作

1. 建立计划

如图 5-61 所示，按照箭头的指向，选择展示网络。

2. 计划设置

为新建的计划命名，一般以广告位置命名比较方便记忆。比如“首焦 2”，每日投放预算根据自己的预算来确定，如果设置成 10000 元，那么钻展消耗完 10000 元时推广计划就

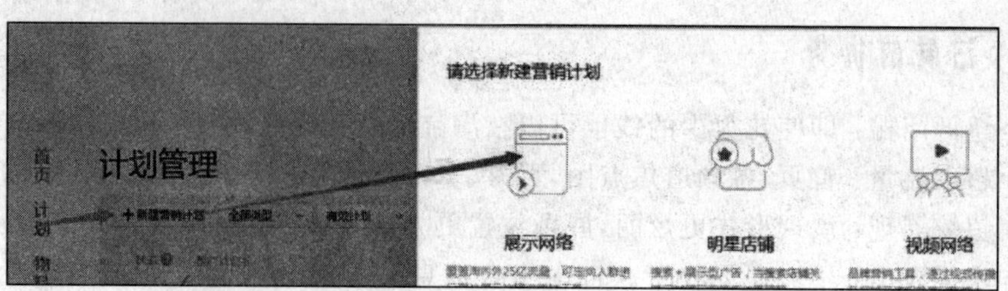

图 5-61　新建钻展推广计划

自动停止推送推广信息，如图 5-62 所示。

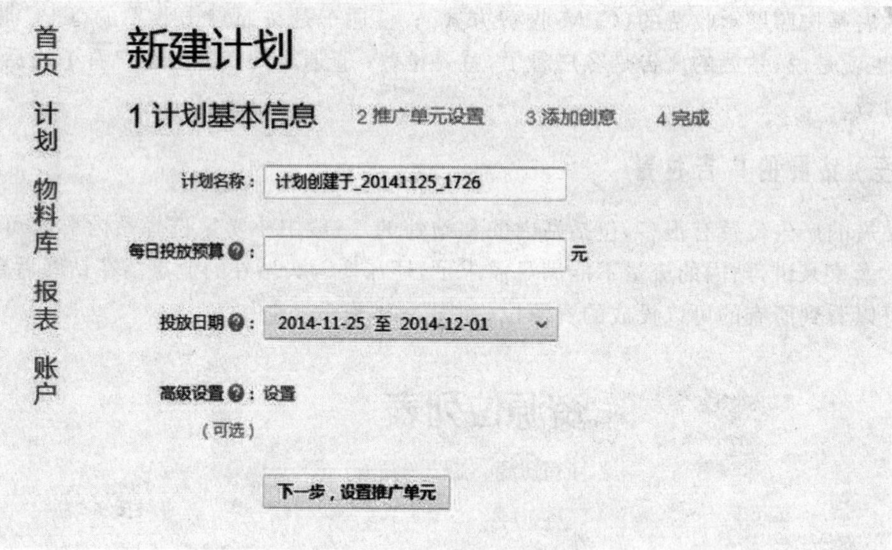

图 5-62　编辑钻展推广计划

3. 高级设置

点击图 5-62 中的高级设置，可以看到如图 5-63 所示的投放地域、投放时段、投放方式等控制面板。

可以根据数据魔方提供的数据来确定投放区域和投放时间段，如图 5-64 所示。数据魔方提供了品牌的来访高峰期和购买城市排行榜。时间最好是选择来访时间段高的时间段。投放地域也是，选择销量好的地区投放，更能节省推广资源。

钻展投放方式包括尽快投放和均匀投放，尽快投放会优先消耗推广费用以达到最大曝光量，而均匀投放则会在所选择的时间段内陆续投放完毕，一般卖家常规投放方式都会选择均匀投放。

4. 创意上传

在设计钻展创意时，通常需要制作多个版本的创意，创意审核通过之后，点击从创意库选择添加创意，及时地观察，哪个创意的点击率比较高，就采用哪个创意，反之则删除，如图 5-65 所示。

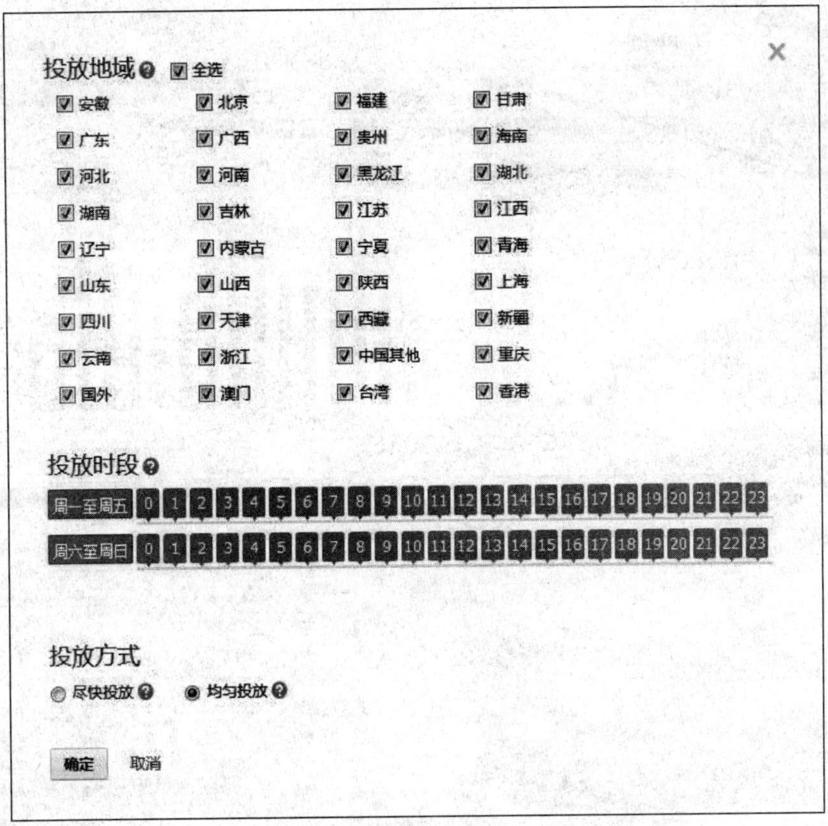

图 5-63　设置钻展推广计划(高级)

三、天猫活动推广

天猫活动推广包括官方活动、第三方活动和类目活动。官方活动是指由天猫官方提供的活动资源，例如聚划算、试用中心。另外，官方活动还包括平台组织的大型促销活动，比如“双十一”和“双十二”活动等。第三方活动是指由第三方服务商提供的活动，活动很多，时效性强。类目活动是指不同产品类目定期组织的活动。

(一) 活动报名

可以进入天猫商家后台的营销中心/官方活动报名，进入天猫活动列表页面，如图 5-66 所示。

官方活动列表页列出了最新的活动资源，商家可以根据自己店铺和产品的情况报名参加，选择需要报名的活动，点击后面的店铺报名或商品报名即可进入活动报名页面，按活动要求填写相关资料并提交报名即可等待审核，如图 5-67 所示。

小知识：活动报名前一定要弄清楚活动对店铺或商品的要求，确定符合条件才开始报名，否则会导致活动审核不能通过，耽误时间。

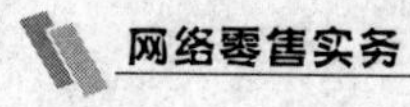

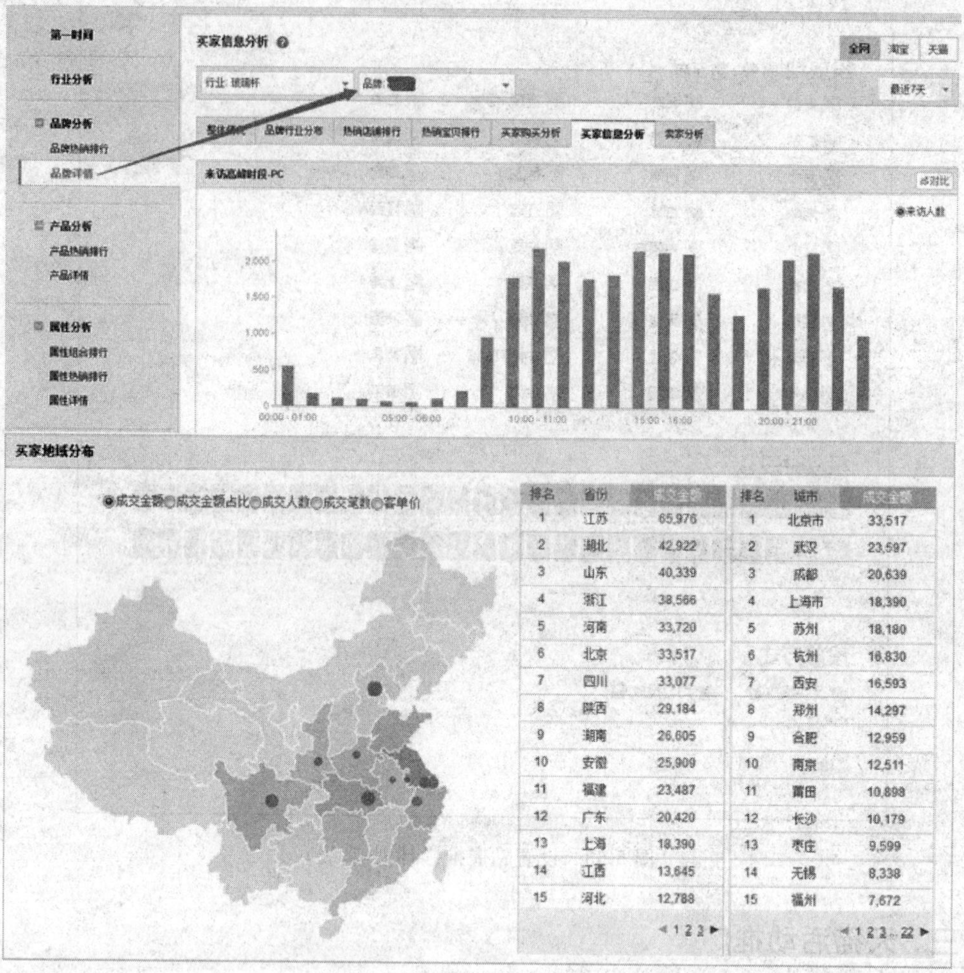

排名	省份	成交金额
1	江苏	65,976
2	湖北	42,922
3	山东	40,339
4	浙江	38,566
5	河南	33,720
6	北京	33,517
7	四川	33,077
8	陕西	29,184
9	湖南	26,605
10	安徽	25,909
11	福建	23,487
12	广东	20,420
13	上海	18,390
14	江西	13,645
15	河北	12,788

排名	城市	成交金额
1	北京市	33,517
2	武汉	23,597
3	成都	20,639
4	上海市	18,390
5	苏州	18,180
6	杭州	16,830
7	西安	16,593
8	郑州	14,297
9	合肥	12,959
10	南京	12,511
11	莆田	10,898
12	长沙	10,179
13	枣庄	9,599
14	无锡	8,338
15	福州	7,672

图 5-64 数据参考分析

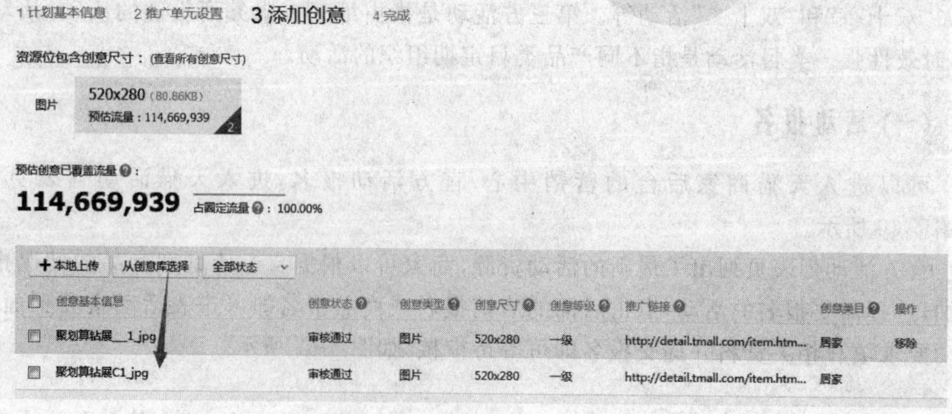

图 5-65 添加钻展推广创意

图 5-66　天猫活动报名中心

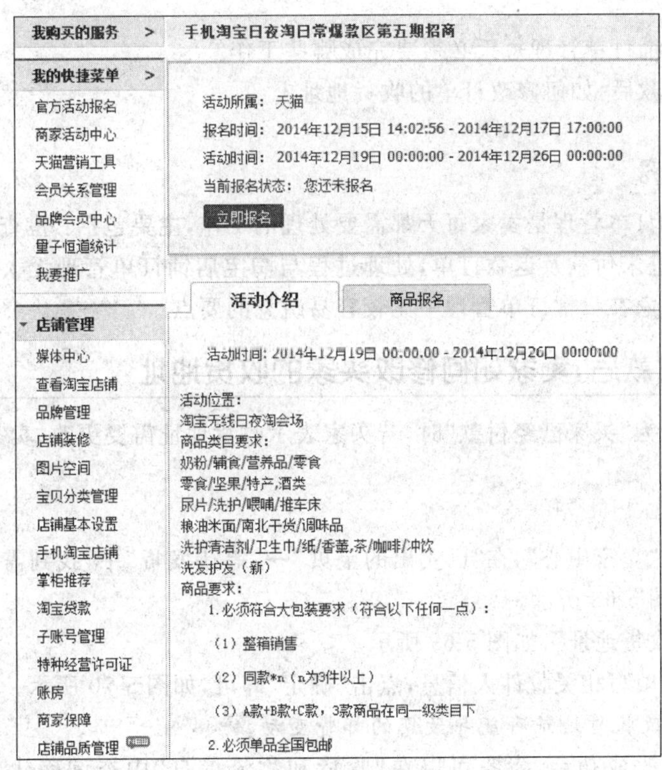

图 5-67　活动报名

(二) 活动跟进

活动报名成功后，一般会有旺旺提醒或站内信提示，一定要多留意。根据官方活动提示调整或设置商品页面，确保商品库存及在架状态，不要影响了活动上线。

活动进行过程中，流量和询盘量会比较大，客服部门要做好接待工作，并积极推荐关联产品。

任务六 订单管理

案例导入

天猫的订单该如何处理呢？

经过一段时间的运营，小军管理的天猫店铺逐渐有了人气，从无人问津到每天有一定咨询量，自从开始了直通车推广后，每天的成交订单数量也在上升，成绩喜人，接下来小军该开始订单管理工作了。

问题与思考：

(1) 天猫店铺订单管理每天必须要完成哪些工作？

(2) 买家付款后，如何修改订单的收货地址？

知识探究

天猫店铺的订单管理是卖家每天都需要处理的工作，主要包括：检查订单状态、处理已付款订单、跟进未付款及退款订单，处理过程与淘宝店铺订单管理无太大差异，因此本任务重点讲解卖家在日常订单管理中比较容易疏忽的要点。

一、买家付款后，卖家如何修改买家的收货地址

在交易状态为“买家已经付款”时，若买家表示收货地址需要更改，卖家可以在发货前进行修改。

方法一：

卖家登录到“卖家中心”，在“已卖出的宝贝”→“等待发货”中，找到需要修改的订单，点击“详情”，如图 5-68 所示。

点击“修改收货地址”，如图 5-69 所示。

按页面要求填写相关收件人信息，点击“确定”即可，如图 5-70 所示。

小提醒：修改收货地址可能导致您的邮费变动。

收货地址修改成功后，卖家可以在“收货和物流信息”中查询确认新的收货地址，如图 5-71 所示。

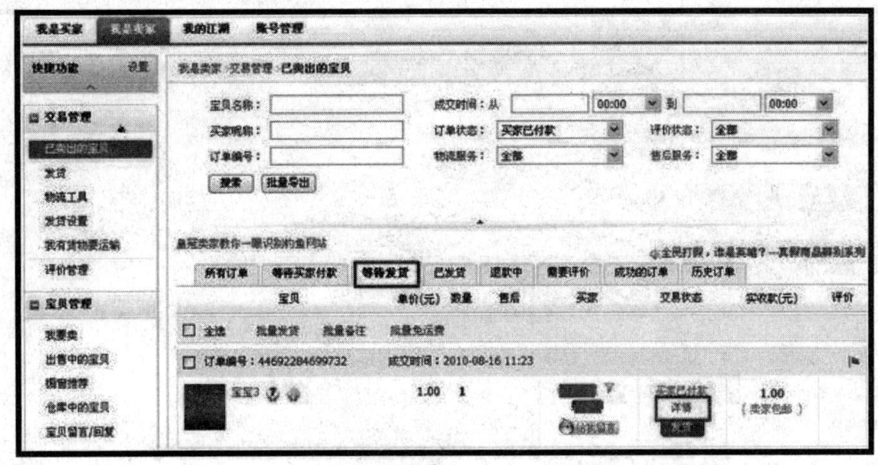

图 5-68　编辑订单信息

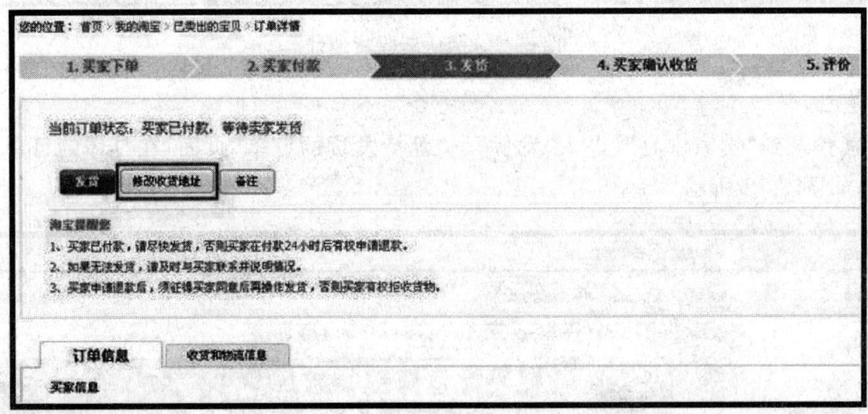

图 5-69　修改收货地址

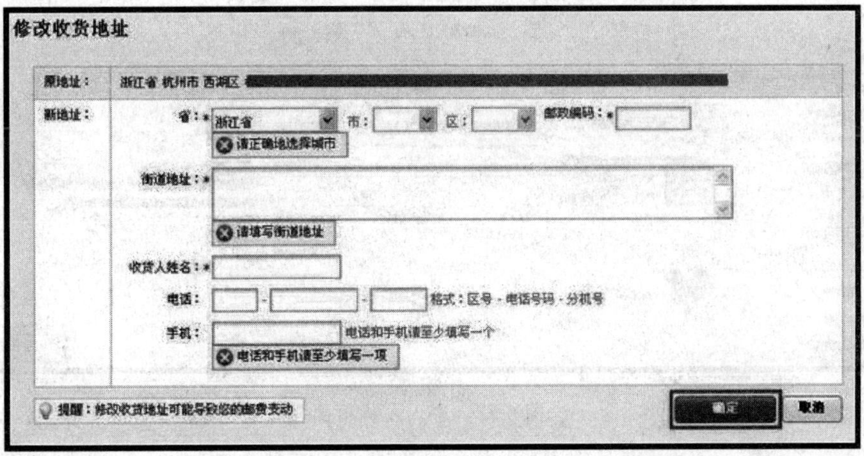

修改收货地址

原地址：浙江省 杭州市 西湖区

新地址：省：* 浙江省　市：　区：　邮政编码：*

请正确地选择城市

街道地址：*

请填写街道地址

收货人姓名：*

电话：　-　-　格式：区号 - 电话号码 - 分机号

手机：　电话和手机请至少填写一个

电话和手机请至少填写一项

提醒：修改收货地址可能导致您的邮费变动

确定　取消

图 5-70　填写新收货地址

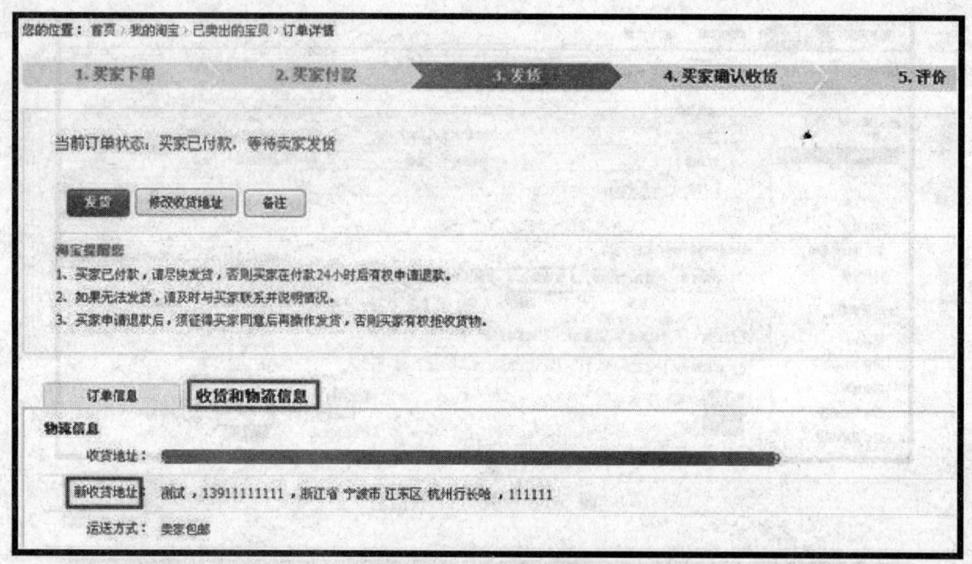

图 5-71　确认新收货地址

方法二：

卖家登录到“卖家中心”，进入“发货”→“等待发货的订单”页面，在具体的订单后点击“发货”，如图 5-72 所示。

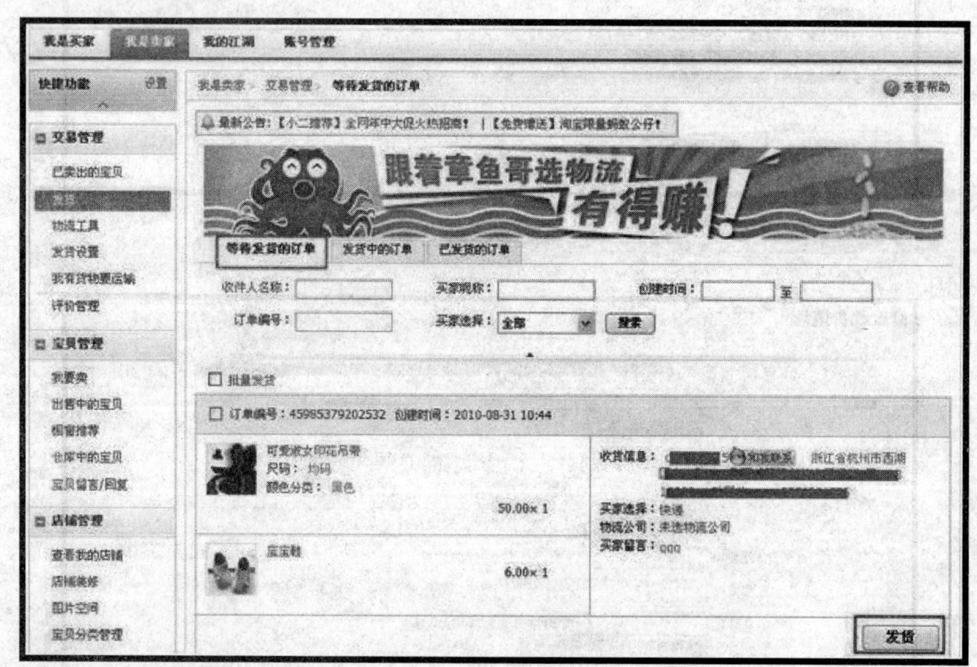

图 5-72　进入发货页面

点击“修改收货信息”，填写新的收货信息后，点击“确认”即可，如图 5-73 所示。

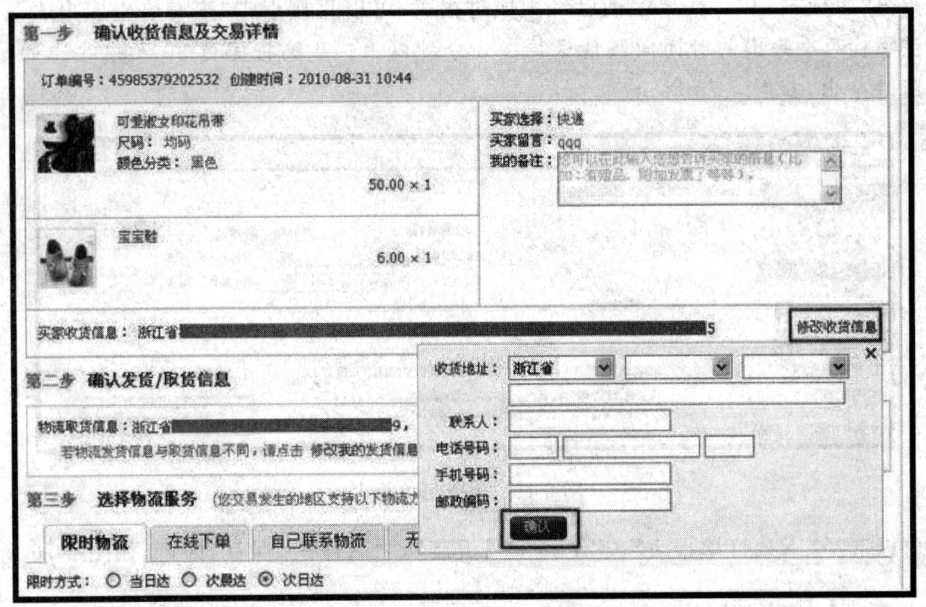

图 5-73　修改收货信息

二、买家拍下商品不付款怎么办

(1) 如果遇到买家拍下商品却没有付款,建议与买家联系,核实买家是否需要货物,如需要,则提醒买家拍下后 72 小时内付款,逾期未付款系统会自动关闭交易。

(2) 利用旺旺工具和短信等通知买家,成功付款后才会及时安排发货。

(3) 告知买家商品的活动促销信息等,逾期活动优惠将取消,促使买家产生付款紧迫感。

三、如何导出已卖出宝贝订单的记录

登录"卖家中心",进入"已卖出的宝贝"页面,在搜索条件栏中输入需要导出记录的具体条件,点击"批量导出"导出卖出宝贝记录,如图 5-74 所示。

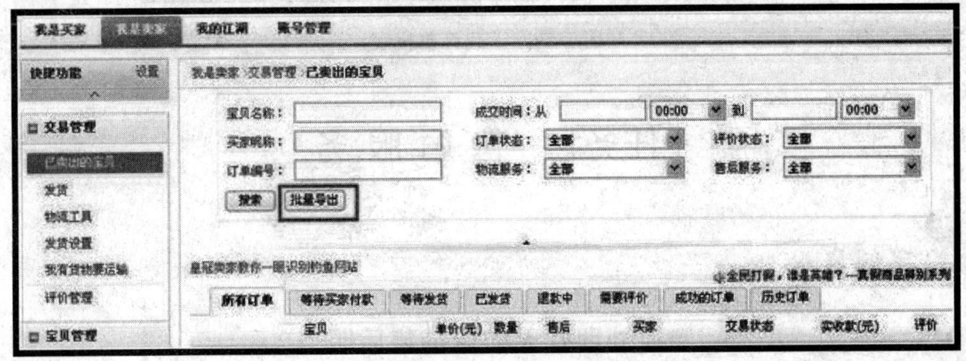

图 5-74　导出订单记录

点击“生成报表”。如果之前已经生成过报表，可以直接点击“查看已生成报表”。

注意：两次导出的时间间隔请保持在 5 分钟以上；系统将保留 30 天内导出的数据，便于随时导出，如图 5-75 所示。

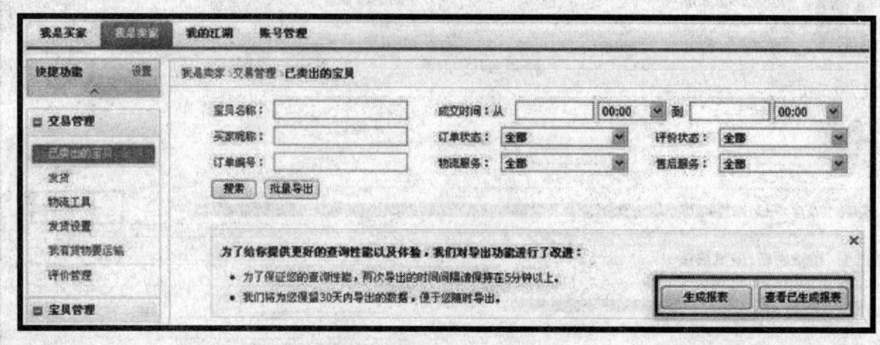

图 5-75 生成订单报表

可以选择“下载订单报表”或“下载宝贝报表”，之后点击“保存”即可，如图 5-76 所示。

图 5-76 下载订单报表

任务七 售后服务

如何处理好天猫店铺售后服务？

近期，小军管理的天猫店铺业绩喜人，每天订单量增加很快，小军在忙得不亦乐乎的

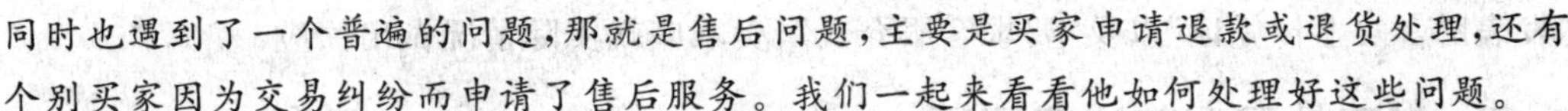

同时也遇到了一个普遍的问题，那就是售后问题，主要是买家申请退款或退货处理，还有个别买家因为交易纠纷而申请了售后服务。我们一起来看看他如何处理好这些问题。

问题与思考：

天猫店铺售后服务主要包括哪些内容？

知识探究

天猫店铺售后服务主要包括退款和售后。退款即买家购买产品后在符合退款条件的前提下申请的退款/退货订单处理，目前天猫店支持 7 天无理由退款服务，所以很大部分买家在 7 天内退款是符合交易规则的；而售后问题一般是产生了交易纠纷，买卖双方无法达成一致，买家可以通过已买到的产品后台申请售后服务，如果售后订单跟卖家还无法达成一致，可以申请天猫小二介入处理，对于售后处理一定要谨慎，务必做好服务并实事求是地跟买家协商，因为一旦天猫官方介入后且判定商家败诉，则会对店铺产生一定影响。

在天猫商家后台可以通过“客户服务”→“退款售后管理”进入操作页面，如图 5-77 所示。

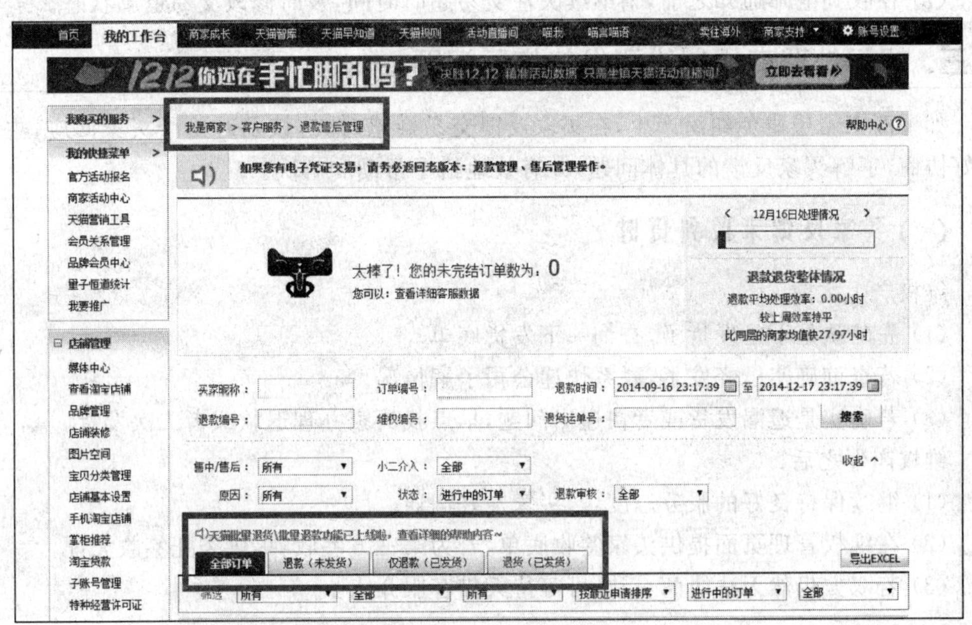

图 5-77　退款售后管理页面

在操作页面可以查看待处理的退款或售后订单，并查看买家申请退款或售后问题的原因，方便了解清楚问题所在，及时协商处理。

一、退款处理流程

收到买家的退款申请后，卖家可以在“商家中心”→“客户服务”→“退款售后管理”内处理买家的退款申请。当收到了退款申请时，卖家可以“同意退款申请”“拒绝退款申请”

“发表留言及上传凭证”以及“要求客服介入”，卖家应就实际情况做出回应。

二、卖家处理退款注意事项

(1) 如需要进行退款，建议先联系买家商议解决方案。如未能找出解决方案，请通过天猫的退款程序处理并提交相关证明，如阿里旺旺聊天记录截图、发货证明(如快递单据)等资料。

(2) 退货过程中所产生的邮费责任问题，需要买卖双方自行商议。

(3) 如收到买家的退款申请，请关注交易超时时间。如未能在交易超时时间内做出回应，系统将视作默认同意退款协议。同样，在卖家拒绝退款后，如买家未能在超时时间内修改退款协议，系统将关闭退款协议。

(4) 如需要退货，买家在退款中填写退货所用的快递公司名称及单号后，卖家将需要在 10 天内点击确认收货、没有收到货品或商品有问题等选项。

(5) 如收到的退货有问题，卖家需要提供相关退货的图片。

(6) 如双方就退款协议始终无法达成一致，可在申请退款的 15 天(虚拟商品为 7 天)后点击“要求客服介入处理”，天猫客服会尽快介入处理。

(7) 在收到电邮通知之前，请继续关注交易超时时间，及时修改交易退款状态。

三、如何处理交易纠纷引发的售后问题

如果商家希望避免纠纷产生，在买家反馈交易疑惑时，应该及时给予买家回应，主动友好协商，了解买家反馈的具体问题，并有效地给予帮助和解决。

(一) 买家反馈未收到货时

维权产生之前：

(1) 先确认是不是发货了，查询一下发货底单。

(2) 若查询确实已经发了，联系快递公司了解情况。

(3) 若确实是遗漏发货或者快递出问题，早点找买家办理退款或者二次发货。

维权产生之后：

(1) 继续保持良好的服务态度，与买家友好沟通。

(2) 在维权管理页面提供买家签收底单，若为第三方签收，提供委托签收凭证。

(3) 若双方仍然无法协商一致，可等待天猫客服介入。

(二) 买家反馈收到的货少货、破损

维权产生之前：

(1) 先确认发货时货物是不是完整的，包装够不够完善。

(2) 联系买家了解一下签收时的情况，了解买家的想法，协商解决。

维权产生之后：

(1) 联系物流公司核实货物签收信息，若非买家本人签收，而是第三方签收，应提供委托签收凭证。

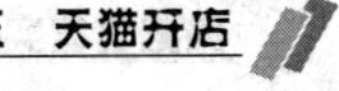

(2) 若双方仍然无法协商一致,可等待天猫客服介入。

(三) 买家反馈收到的货与宝贝描述不符

维权产生之前:

(1) 联系买家提供收到货物的照片,核对仓库中的货物。

(2) 认真比对照片,若确实是自己的过错,承担运费给买家退换货。

维权产生之后:

(1) 提供和买家的完整聊天记录截图,证实双方之前约定的情况。

(2) 若双方仍然无法协商一致,可等待天猫客服介入。

(四) 买家反馈收到的货质量有问题

维权产生之前:

(1) 检查库存商品是否有买家所描述的情况存在。

(2) 主动联系买家,友好地询问买家的解决意向,在能力范围内,为买家提供退换货服务。

维权产生之后:

(1) 提供正规有效的进货凭证,如产品授权书、产品合格证、代购小票等,以便天猫介入时进行审核和判定。

(2) 若双方仍然无法协商一致,可等待天猫客服介入。

(五) 与买家协商一致进行退货时

(1) 联系买家,告知在退货时,在包裹上注明买家ID及商品实际退货原因。

(2) 签收退回的货物时,应及时验货,确认签收。

(3) 若在签收时发现包裹异常,应主动联系买家,告知具体情况,并做好取证工作(如拍照取证、第三方情况说明等)。

(4) 若退回的商品无误,请及时退款给买家,以免造成投诉升级。

任务八 客户管理

案例导入

如何做好天猫店铺客户管理工作?

经过一段时间的运营,小军管理的天猫店铺不仅在业绩上稳中有升,同时也积累了不少客户资源。因为天猫对于店铺运营指标的考核中有一项属于老客户回购率,所以经理对小军提出了加强客户管理的要求,这时,小军才发现原来自己一直没有对店铺的客户进行过管理,更谈不上互动、回访了。

问题与思考：

（1）如何收集客户的信息？

（2）天猫店铺客户互动有哪些方法？

知识探究

客户关系管理（Customer Relationship Management，CRM）的概念最早是由美国 Gartner Group Inc. 公司提出的，关于 CRM 的解释非常多，这里不做细致的讨论，我们可以单纯从字面上的意思来理解：CRM 就是如何更好地服务于客户，如何维护现有的客户资源，如何开拓新的客户市场，从而提高企业的效益。

客户是商家的衣食父母，电商行业同样重视客户维护，但是作为一个在近十年才兴起的行业，它又有许多自己的特征。最明显的一点是：电商的客户一般都在线上完成交易，买卖双方互不见面，它并不像传统行业那样可以通过平时的嘘寒问暖、走动拜访来保持稳定的关系，相比传统行业它基本不可能对每个客户都进行一对一的沟通，这样就造成电商客户的不稳定性更大，加上每个客户在线上面对的选择更多，客户的流动性和不稳定性就更大了。每个网店的经营者在线上，面对的客户都是海量的，可以说这既是优势也是劣势，劣势如上所说，优势是只要管理得当，拥有固定的客户群体，可以说就坐拥了一座挖不完的金山。

那么作为店铺的管理者在日常运营管理中如何去实现客户管理呢？简单地说可以从客户信息管理和客户维护管理这两个方面入手。

一、客户信息管理

所有针对客户营销的手段都是基于客户的信息进行操作的，如果没有客户的手机号码或者邮箱是不可能让客户接收到促销信息的，那么如何获得这些客户信息呢？下面提供几种常见的方法。

1. CRM 软件管理

可以自行购买 CRM 管理软件。在天猫服务市场搜索 CRM 管理软件，有很多供应商提供的软件可供选择，这类第三方提供的 CRM 软件功能比较丰富，不仅可以管理会员，还可以设置营销活动，与会员互动，比如定期发送关怀短信和邮件等。

当然天猫后台自带的客户关系管理软件现在功能也日益完善，而且是免费让天猫商家使用的，具体操作方法，可以从天猫“商家中心”→“营销中心”→“会员关系管理”进入管理页面，如图 5-78 所示。

在会员关系管理后台，可以进行客户管理、营销活动，还有专门的无线会员营销专区，针对无线端推出会员优惠服务，如图 5-79 所示。

客户管理可以对客户进行归类、分级，增加个性化标签等，方便日常营销活动中精准营销；营销活动可以针对店铺会员设置打折促销、发放优惠券、包邮、减现金等活动，此处设置的营销活动仅针对店铺会员有效，用以调动会员积极购买，提升回购率。

2. 销售记录法

销售记录法是比较传统的一种方法，只要有客户咨询、购买过商品，就把该客户具体

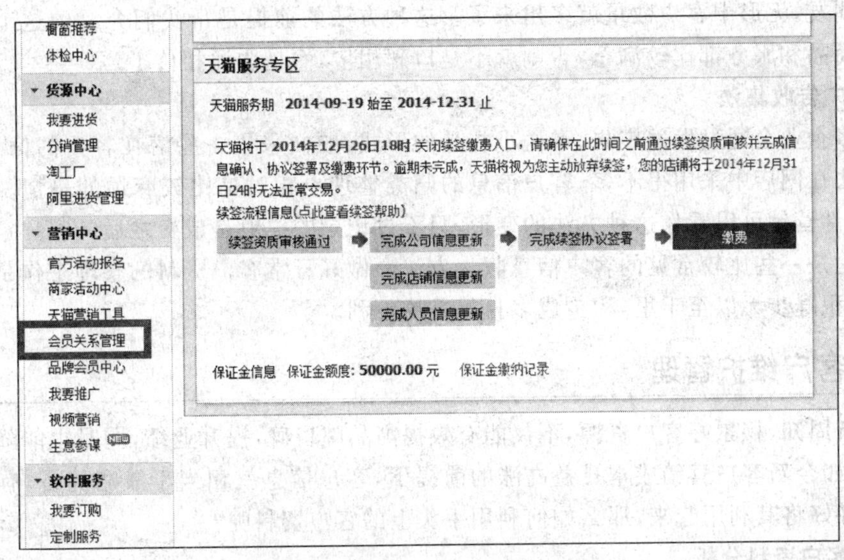

图 5-78 进入会员关系管理

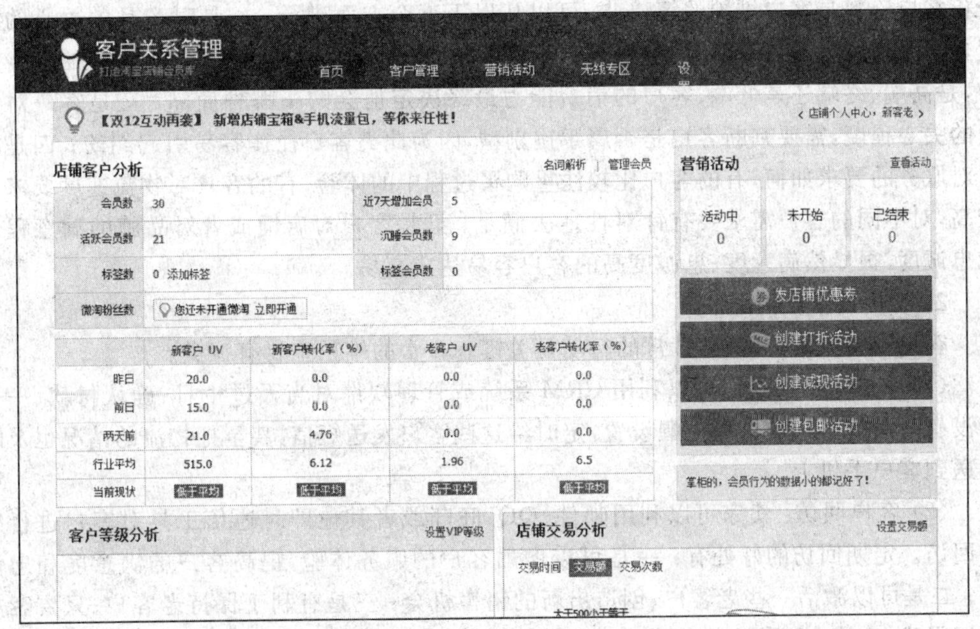

图 5-79 会员关系管理页面

的个人信息录入资料库中，可以记录的信息有客户的基本情况、教育背景、家庭情况、特殊兴趣、个人生活、工作情况等，只要能记录的信息都可以记下来，通过坚持不断的记录，建立比较完整的客户资料库，这种方法的关键在于长期连续地坚持记录。

3. 客户转介绍法

商家都明白，服务好客户可以为商品建立好口碑，那么口碑怎么用呢？当然是把它宣传出去，所以精明的卖家经常会要求客人帮忙介绍一些客户，拥有一个客户就可以影响他更多的朋友，无形中客户数量就多出来了。这种方法的前提是帮我们介绍的这个客户对我们的商品和服务都比较满意，否则就不是口碑相传，而是恶评相传了。

4. 广告收集法

很多企业会通过发送广告、赠送小礼品的形式，顺便采集一些潜在客户的信息，不过此种方法在网店中采用得不多，客户信息的归类整理也相对是比较麻烦的事情。线上的短信、邮件营销可以看作这种方法的变形，只不过记录的一般是成交之后的客户。

以上是一些比较常见的客户信息收集方法。做好日常客户资料的整理工作是非常重要的，不积跬步无以至千里，积少成多自然无往不利。

二、客户维护管理

众所周知，积累好客户资源，不仅能有效提高品牌口碑，提升业绩，同时也能降低营销成本，在如今新客户营销成本日益高涨的前提下，客户信息就相当于战略储备，有了储备还应当好好将其利用起来，那么如何利用手头上的客户资料呢？

1. 客户资料分析

分析客户资料能够了解客户需求，把握住客户需求就能够抢先一步把握商机。所以分析客户资料是客户维护的第一步，可以从以下五个方面进行：一是对产品的关心的程度，比如对款式、颜色、尺寸的喜好等；二是客户对价格的接受程度，要分析客户的消费能力，是高端、终端还是低端，客户的消费能力最终决定他会购买哪种商品；三是客户对质量的关心程度，需要判断客户是否属于挑剔型，因为此类客户往往容易引起纠纷；四是客户对服务的要求如何，有的客户比较注重购买过程中的体验，有的客户对物流速度要求比较高，对不同的客户需求要有针对性地去满足；五是客户对店铺或者对品牌的满意程度或忠诚度，很显然满意度、忠诚度高的客户容易达成交易。

2. 客户日常维护

客户资料分析是基础，日常的行动是关键。日常的维护主要有三类。

(1) 客户关怀：我们可以利用 CRM 系统或管理软件对当天过生日、确认付款、一个月没有联系的客户等进行提醒设置，定时给这些客户发送短信，甚至把物流的情况也及时发送到客户手机上。

(2) 客户回访：卖家可以利用邮件、QQ、旺旺或者其他即时通信工具对客户进行定期回访。定期回访的好处有：一是可以增加客户的服务体验，提高客户的满意度和忠诚度；二是可以激活一些老客户，创造出新的销售机会；三是有利于保持老客户，只要客户还记得我们，就有可能为我们带来销量。回访可以设置固定的频率，例如 1 个月、3 个月、6 个月，遇到五一、国庆、元旦这样的特殊节日也可以增加回访的次数。

(3) 新品通知：一旦店铺有新品上架可以给客户发送新品通知，和促销通知有些不一样，新品通知会让客户感觉功利性弱，顾客会觉得店家更多的是从他们的角度进行考虑和推荐。有针对性地为客户推荐是非常重要的，这必须建立在对客户资料详细分析、归类的基础上。不同的客户采用不同的推荐方式，推荐不同的新品。一般的客户都不会介意接受新品通知，当然在客户成交时提前咨询客户会让客户感到更受尊重，商家也会显得更加专业。

答疑解惑

天猫和淘宝由于定位不同,所以在日常运营操作中有所不同,天猫主要是为品牌或零售企业经营提供服务,而淘宝网主要是为个体经营者或个人卖家提供经营服务。天猫汇聚了大量品牌和有实力的商家,面向的是中高端消费者,消费者对商家的商品和服务质量有较高的期望值,销售竞争非常激烈,因此,入驻天猫的商家必须有长远的规划、严密的组织以及系统的经营策略与运作才能立足并获利。而淘宝店则是以个人或小团队经营为主,面向的是中低端消费群体,消费者对卖家的期望值相对不是很高。因此,相比之下,天猫对每个岗位的要求更高,无论从操作熟练程度还是整体配合度都需要提升一个层次。

在学习本项目内容时,如果仅是注重简单的操作知识是远远不够的,更多的是需要学以致用,在学习理论的同时重视实践,通过实践操作努力提升自己的运营技能。

由于篇幅所限,一些需要特别注意的问题在此列出。

1. 关于天猫店铺申请

天猫店铺申请时除了需要提供企业资质、品牌资质、产品资质外,还要密切关注所经营类目的详细要求,每个类目的要求不同,比如有些需要提供企业一般纳税人资质,有些需要提供注册商标 R 证书满 3 年以上,还有些对企业注册年限和注册资金都有要求。

基于优胜劣汰理论及对平台本身的发展的需要,天猫对于企业入驻的标准每年都在调整变化,发展趋势是天猫店铺入驻门槛将来会越来越高。

2. 关于店铺装修设计

天猫属于企业经营主体,所以在视觉设计上除了要体现出产品本身的特色外,同时还要注意全店视觉风格的统一以及与企业品牌标准规范协调一致。

3. 关于产品策划包装

天猫产品描述的策划包装要遵从严谨规范、形象生动的原则,对于重点推广的产品,一定要利用数据分析工具提前做好市场调查分析,选款后,要结合产品本身特色发挥主观能动性,提炼卖点,撰写文案描述,再通过优秀的设计呈现给买家,只有这样才可以提升产品转化率和店铺形象。

4. 关于站外推广

本项目内容重点介绍了天猫站内推广的几大工具,比如直通车、钻展、天猫活动报名等,但作为一个品牌天猫店铺还有很多站外推广方法,比如新媒体推广(微博、微信等)、社交推广(QQ 站群、论坛、博客)等,还有天猫官方的推广工具"微淘",也是维护客户关系的利器,都要好好加以利用。站外推广虽然不能带来直接销量,但可以为产品和店铺甚至品牌推广起到口碑宣传的作用,利用这类口碑传播积累能量,很快就会吸引大量的客户,最后变成实实在在的利润!

项目小结

本项目主要介绍了天猫店铺运营操作,按照实际工作过程安排了各个环节内容,主要分为两大部分:基础操作和进阶操作。其中,基础操作包括开店准备、店铺搭建、商品管理、防范交易风险等，进阶操作包括营销推广、订单管理、售后服务、客户管理等，内容涉及天猫店铺日常运营的各个岗位操作技巧，需要用心学习和体会，动脑思考和分析，并结合实际操作才能融会贯通。

很多基础的入门操作技巧，在上一章淘宝开店中已经介绍，所以本项目侧重进阶操作，特别是在店铺营销推广方面增加了不少内容。对于没有接触过电商运营的初学者，先熟悉淘宝开店运营基础操作知识，再学习天猫运营操作会更容易理解。

实训练习

一、填空题

1. 天猫店铺主要分为________、________、________三种类型。

2. 根据天猫规则，所有天猫店铺必须遵循以下三点：原装正品、________、必须提供发票。

3. 根据天猫规则，新店铺审批成功后________个工作日内，商家必须发布一定数量的产品并装修店铺后点击开店按钮，否则需要重新申请店铺。

4. 天猫产品描述页设计的宽度尺寸是________像素。

5. 天猫店铺站内的推广工具有________、________、________等。

6. 天猫直通车后台有三种推广方式，分别是：________、________、________。

7. 天猫直通车后台每款推广产品可以建立________个创意方案。

二、简答题

1. 简述天猫店铺和淘宝店铺的区别。

2. 天猫店铺入驻标准及申请流程是怎样的？

3. 天猫商品促销价格通过哪些官方工具设定？

4. 简述如何新建一个直通车产品推广计划。

三、实操题

1. 进入天猫店铺后台，按类目要求发布一个完整的产品。

2. 进入天猫直通车后台，新建推广计划，并至少完成一款产品推广操作。

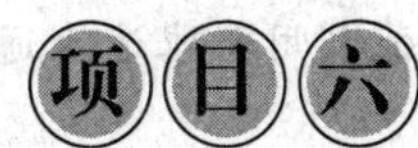

跨境零售

2014 年 11 月 11 日，阿里巴巴“双十一”购物狂欢节总成交额以 571.12 亿元最终落定，创造了新的世界纪录。然而令人瞩目的成绩背后还有一组悄然攀升的数据不可小觑，截至“双十一”收官，阿里巴巴旗下的全球速卖通平台最终总订单超过 680 万笔，总计有美国、俄罗斯、巴西、西班牙等全球 211 个国家加入这场全球化的盛宴，提交订单的海外买家中，最北来自格陵兰岛，最南来自智利。

我国拥有众多的资源和低廉的劳动力，这使得我国大多数商品在国际市场上拥有无与伦比的竞争优势，如何将我国物美价廉的商品展现给全球消费者？商品又是通过什么方式输送到全球消费者手中？接下来，我们将以阿里巴巴全球速卖通为例，介绍如何开展跨境零售业务。

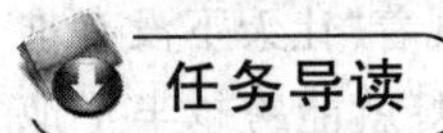

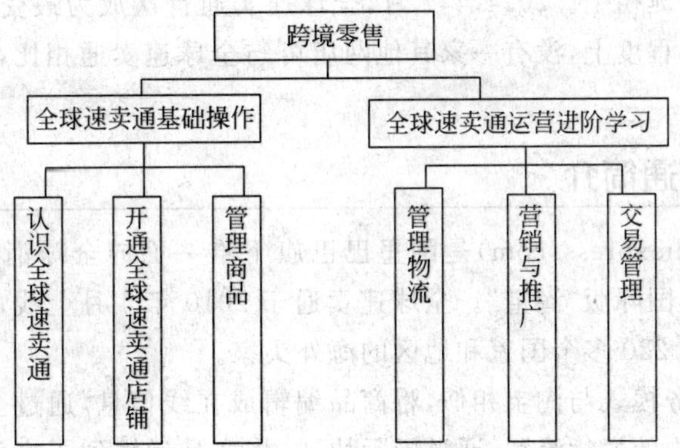

知识目标：

了解并熟悉全球速卖通交易平台；熟悉全球速卖通基平台规则；掌握全球速卖通各业务环节操作流程和方法；掌握全球速卖通数据分析的基本方法。

能力目标：

能承担全球速卖通店铺经营各环节包括店铺申请、店铺搭建、商品管理等基础工作；

能利用全球速卖通平台进行营销推广，开展跨境电商零售业务。

任务一 认识全球速卖通

案例导入

大明的秘密

近来，小钟发现同事大明每天泡在计算机上，并在业余跑出去寄包裹，出于好奇，有一天小钟跟踪大明。大明发现被跟踪之后，只得向小钟坦白，掂了掂手中的包裹，炫耀起来说："知道这个卖多少钱不？50美元！成本才100元人民币呢！"小钟非常不解，继续刨根问底追问其中是什么买卖。大明说自己在一个专门针对国外顾客的购物平台上开了网店，把国内的产品卖到了国外。

问题与思考：

(1) 全球速卖通是如何将商品卖到全球消费者手中的？

(2) 如果你是小钟，在开通全球速卖通店铺之前要做哪些准备呢？

知识探究

用技术扩展商业的边界，阿里巴巴旗下全球速卖通平台正努力实现着"让天下没有难做的生意"这一美好愿景：美国的消费者一点鼠标，义乌生产的圣诞彩灯就能跨越半个地球，挂到洛杉矶的圣诞树上。2014年7月，全球速卖通首次成为最受俄罗斯用户欢迎的十大网站，在受欢迎程度上，没有一家其他网店可与全球速卖通相比，每月登录的俄罗斯人近1600万。

一、全球速卖通简介

全球速卖通(Aliexpress. com)是阿里巴巴旗下唯一面向全球消费者的在线交易平台，被广大卖家称为国际版"淘宝"。全球速卖通于2010年4月上线，经过4年多的迅猛发展，目前已经覆盖220多个国家和地区的海外买家。

全球速卖通业务模式与淘宝相似，将商品编辑成在线信息，通过全球速卖通平台，发布到海外。类似国内的发货流程，通过国际快递，将商品运输到买家手上，与220多个国家和地区的买家达成交易，赚取美元。

如图6-1所示，目前全球速卖通覆盖3C、服装、家居、饰品等30个一级行业类目；其中优势行业主要有服装服饰、手机通讯、鞋包、美容健康、珠宝手表、消费电子、计算机网络、家居、汽车摩托车配件、灯具等。

二、全球速卖通的机遇

目前在传统外贸出口逐渐趋缓的全球经济形势下，外贸跨境电商成为新兴的蓝海市

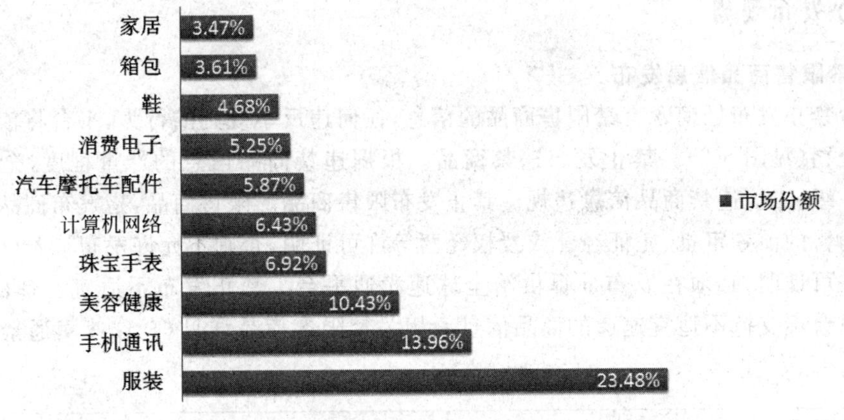

图 6-1 全球速卖通各行业市场份额

场。全球速卖通应市而生，直接向海外终端零售商供货，缩短流通渠道，直接在线支付收款，拓展产品利润空间，创造更多收益。

1. 市场大

中国最大的 B2C 交易平台，覆盖 220 多个国家和地区。Alexa 排名 35，日海外流量超过 5000 万人次，真正实现中国制造货通全球。

2. 门槛低

相对于其他跨境电商网站，全球速卖平台准入门槛低，发布产品即可免费开店，订单完成后平台收取 5%交易佣金，也远低于同类外贸电商网站。

3. 发展快

2013 年全球速卖通发展速度迅猛，Alexa 排名不断上升的同时，订单数以 600%速度增长。2014 年 11 月 11 日在国内天猫双十一购物狂欢节如火如荼进行的同时，全球速卖通也开启了首次国际双十一购物节之旅。在此次活动中，全球速卖通买断全球线上流量并在俄罗斯等各国线下投放广告，来自全球 200 多个国家的消费者最终总订单超过 680 万笔。

4. 新兴市场

速卖通 2014 年将重点发力俄罗斯、巴西等新兴市场，目前全球速卖通已成为俄罗斯人最喜欢的十大网站之一。正如全球速卖通对外宣传所说，由于海外市场才刚刚起步，其市场潜力相当于 2005 年刚刚起步的淘宝。

小知识：Alexa 排名是指网站的世界排名，主要分为综合排名和分类排名，Alexa 提供了包括综合排名、到访量排名、页面访问量排名等多个评价指标信息，大多数人把它当作当前较为权威的网站访问量评价指标。

三、全球速卖通平台规则

全球速卖通平台规则又称卖家规则，会对全球速卖通用户增加基本义务或限制基本权利，规则会不定期更新在全球速卖通官网。概括总结几条最重要的违规规则如下。

(一) 发布规则

1. 禁限售商品信息发布

平台禁止发布任何含有禁限售商品的信息，任何违反本规则的行为，平台将依据本规则给予处罚(见图 6-2)。禁止发布违禁商品。根据违禁商品信息的严重程度，全球速卖通区分一级、二级违禁商品信息违规。禁止发布限售商品。限售商品，指发布商品前需取得商品销售的前置审批、凭证经营或授权经营等许可证明，否则不允许发布。若已取得相关合法许可证明，必须在发布前提供给全球速卖通平台。禁止发布不适宜速递的商品。速卖通平台不支持不适宜速递的商品信息。相关禁限售商品详见《全球速卖通禁限售商品目录》。

<table>
<tr><th>处罚依据</th><th>行为类型</th><th>积分处罚</th><th>其他处罚</th><th>备　注</th></tr>
<tr><td rowspan="2">《禁限售规则》</td><td rowspan="2">发布禁限售商品</td><td>严重违规：48 分/次(关闭账号)</td><td>1. 退回/删除违规信息</td><td rowspan="2">规则新增的 30 天内拦截的信息，只退回或删除，不积分</td></tr>
<tr><td>一般违规：0.5～6 分/次(1 天内累计不超过 12 分)</td><td>2. 若核查到订单中涉及禁限售商品，速卖通将关闭订单，如买家已付款，无论物流状况均全额退款给买家，卖家承担全部责任</td></tr>
</table>

图 6-2　禁限售商品信息发布处罚

2. 搜索作弊

大部分买家都是通过站内搜索功能进行商品查找，为保障速卖通买家的搜索体验，同时给广大卖家提供一个公平竞争的经营环境，速卖通对通过搜索作弊骗取曝光机会、排名靠前的行为自动进行日常的监控和处理。

(二) 侵犯知识产权

若发布、销售涉嫌侵犯第三方知识产权的商品，则有可能被知识产权所有人或者买家投诉，平台也会随机对商品信息进行抽查，若涉嫌侵权，则信息会被退回或删除。投诉成立或者信息被退回/删除，卖家会被扣掉一定的分数，一旦分数累计到达相应节点，平台会执行处罚。具体规则如表 6-1 所示。

表 6-1　侵犯知识产权管理规则(2013 年 10 月 31 日修订)

<table>
<tr><th>违规类型</th><th colspan="2">扣 分 方 法</th><th>备　注</th></tr>
<tr><td rowspan="2">盗用他人图片</td><td>被权利人首次投诉</td><td>警告</td><td>五个自然日内的投诉记为一次投诉</td></tr>
<tr><td>被权利人两次及以上投诉</td><td>每次扣 12 分</td><td></td></tr>
</table>

续表

<table>
<tr><th>违规类型</th><th colspan="3">扣分方法</th><th>备　注</th></tr>
<tr><td rowspan="4">商标侵权、专利侵权以及除盗用他人图片以外的著作权侵权</td><td rowspan="2">知识产权所有人投诉</td><td>卖家首次被某投诉方的某知识产权投诉</td><td>每次扣2分</td><td>1. 五个自然日内相同知识产权对同一会员的投诉记为一次投诉
2. 不同投诉方的不同知识产权对同一会员的首次投诉均扣2分</td></tr>
<tr><td>被首次投诉后，未及时删除其他同类侵权信息或卖家再次发布侵权信息，导致被相同投诉方的相同知识产权再次投诉</td><td>每次扣6分</td><td>五个自然日内相同投诉方的相同知识产权对同一会员的投诉记为一次投诉</td></tr>
<tr><td>买家投诉</td><td>买家投诉商品涉嫌假货、仿货</td><td>每次扣12分</td><td>订单以笔为单位统计</td></tr>
<tr><td>平台抽样检查</td><td>卖家因涉嫌侵权导致退回或删除</td><td>每次退回或删除一次扣0.2分；有如下情形之一的，每退回或删除一次扣2分：①发布涉嫌侵权的品牌衍生词；②发布涉嫌侵权信息且错放类目</td><td></td></tr>
</table>

(三) 交易违规

(1)“成交不卖”规则。成交不卖是指买家对订单付款后，卖家逾期未按订单发货，或买家取消订单并选择卖家原因导致付款未发货。成交不卖包括如下两种类型：①买家对订单付款后，卖家未在其设置的发货期内发货导致订单关闭；②买家对订单付款后，在卖家发货前申请取消订单，同时选择卖家原因。

(2)“虚假发货”规则。虚假发货是指在规定的发货期内，卖家填写的货运单号无效或虽然有效但与订单交易明显无关，误导买家或全球速卖通平台的行为。例如，为了规避成交不卖处罚填写无效货运单号或明显与订单交易无关的货运单号等。“货运单号无效”是指货运单号本身不存在(包括使用小包未挂号导致无法追踪物流信息的情况)。“虽然有效但与订单交易明显无关”是指货运单号虽然存在，但与订单下单时间不符(如物流的收件时间明显早于订单下单时间)，或寄递的地址明显与买家提供的地址不同(如寄递地址与收件人地址不在一个国家)。

(3)“货不对版”规则。货不对版是指买家收到的商品与达成交易时卖家对商品的描述或承诺在类别、参数、材质、规格等方面不相符。

(4)“信用及销量炒作”规则。信用及销量炒作是指通过不正当方式提高账户信用积分或商品销量，妨害买家高效购物权益的行为。

欲了解规则的详细内容可访问全球速卖通网站(http://seller.aliexpress.com)"速卖通规则"分栏。

小知识:为了突显商品质量及服务能力好的卖家,提升买家购物体验,速卖通平台正式推出全新卖家服务等级,考核卖家在买家服务方面的各项能力。该服务等级将于2015年1月5日正式生效。卖家服务等级每月评定一次,并于次月3日前在后台更新,用以考核过去90天卖家的经营能力,包括卖家责任裁决率和好评率,特别是买家不良体验订单率(Order Defect Rate,ODR),即买家不良体验订单占所有考核订单的比例。根据考核结果,将卖家分为优秀、良好、及格和不及格卖家,不同等级的卖家将会获得不同的平台资源。

拓展练习

(1) 查阅全球速卖通相关资料,并与淘宝、阿里巴巴等网站进行比较、分析,完成表6-2。

表6-2 各网站比较分析

比较项目	淘宝网	全球速卖通	1688批发网
网站性质	国内C2C		
主要业务	在线零售		
买家	中国内地、港澳台个人买家		
支付方式	支付宝		
物流	国内快递(如圆通、中通、韵达等)		

(2) 分析以下卖家行为哪些存在违规现象,将受到速卖通平台什么处罚?

① 卖家发布一款i68手机,free shipping状态下0.1/piece销售。

② 一件婚纱正常销售价格是$159.47,卖家将商品价格设置$0.01,运费设置成$159.46。

③ 同一个卖家同件商品,商品为主图不同角度的图片,但标题、属性、价格高度雷同。

④ 卖家设置运费中以小包方式进行运费计算,降低商品整个成本价格,但在详细描述中又写出是达到一定的数量,这样存在对买家的欺骗,同时也加大了卖家发货后的风险。

⑤ 卖家发布一双骆驼品牌的登山鞋,并用CAMEL作为关键词。

任务二 开通全球速卖通店铺

案例导入

如何拥有自己的全球速卖通店铺?

小钟上次从朋友那里得知全球速卖通后,在网上查阅了很多关于全球速卖通的资料,更加坚定了他创业的想法，准备入驻全球速卖通开设店铺，开始跨境零售业务。万事开头难，小钟在建立店铺的前期遇到了不少问题，通过查看全球速卖通网站上的帮助，最终顺利地开通了店铺。

问题与思考：

（1）小钟开通自己的全球速卖通店铺需要哪些条件呢？

（2）请你帮小钟的全球速卖通店铺起个名字。

知识探究

个人开速卖通店铺和开设淘宝店铺一样，在线免费注册，然后进行身份认证，通过后发布 10 个商品即可开通店铺了。

针对淘宝的卖家，全球速卖通提供了更方便的操作。淘宝卖家点击淘宝后台导航的“卖往海外”，可以借助“淘代销”工具将店铺的宝贝自动翻译成英文并快速批量发布到速卖通海外的买家面前。

一、全球速卖通注册

新卖家可以登录全球速卖通卖家频道，点击“免费注册”，进入速卖通普通会员免费注册页面。如果已经注册过淘宝账号，可以直接登录。

（1）进入全球速卖通卖家页面，点击“免费开店”，如图 6-3 所示。

图 6-3　点击“免费开店”

（2）使用邮箱注册账户，此邮箱用于接受速卖通订单等相关消息，如图 6-4 所示。

（3）到邮箱里查收验证邮件，如果邮箱有误或者没有收到邮件，可以按照提示的方法重新发送邮件或修改邮箱。

（4）准确、完整地填写表单信息，如图 6-5 所示。

二、全球速卖通身份实名认证

在速卖通发布产品进行销售之前，必须完成实名认证。认证信息将作为该店铺的唯

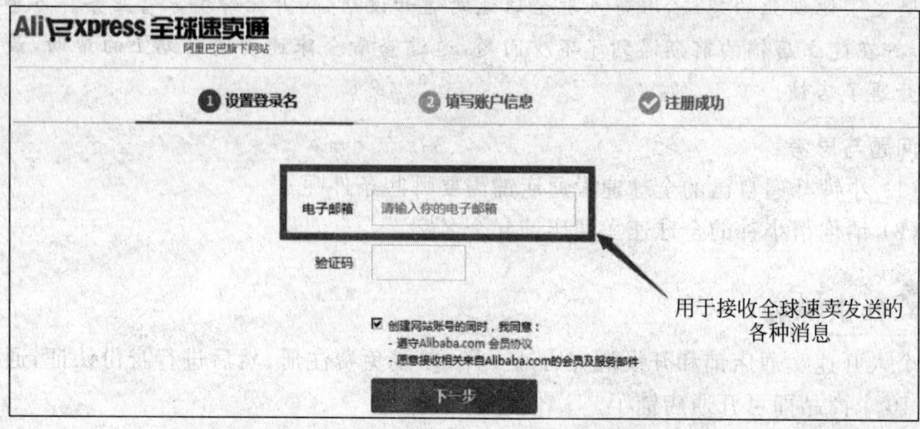

图 6-4　使用邮箱注册全球速卖通账号

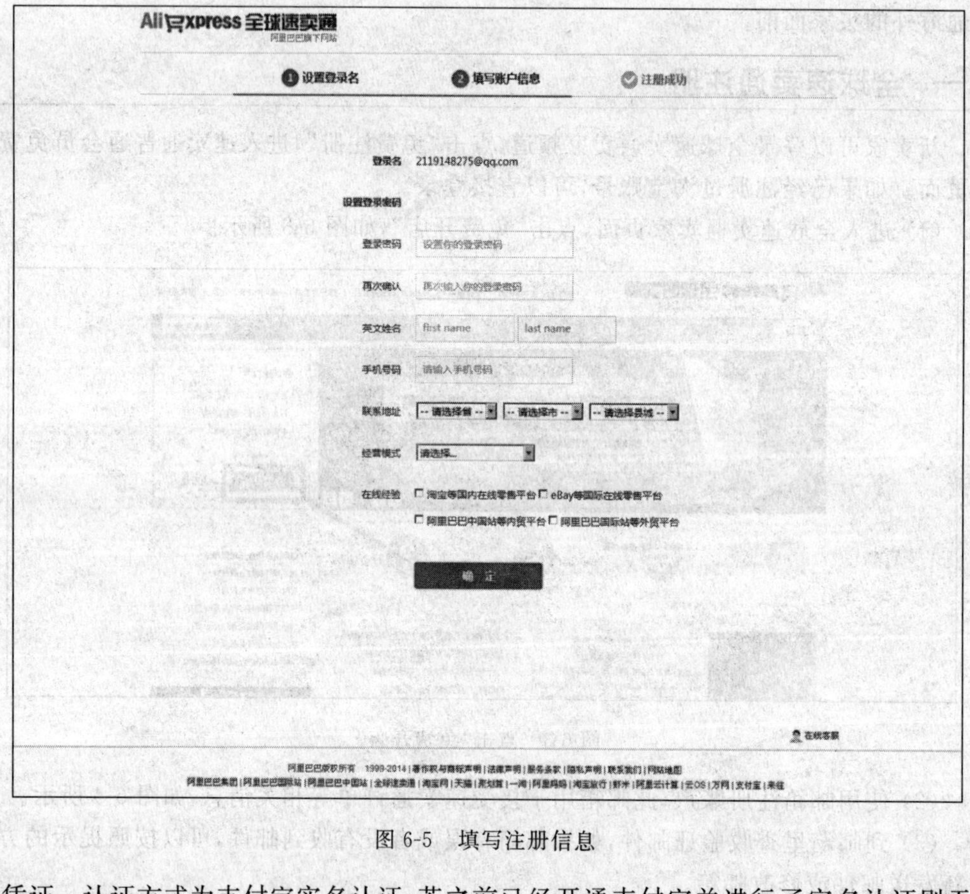

图 6-5　填写注册信息

一凭证。认证方式为支付宝实名认证，若之前已经开通支付宝并进行了实名认证则无须再进行身份认证；如果没有，则需要登录支付宝账号进行认证，认证流程和淘宝网开店流程大致相同，如图 6-6 所示。

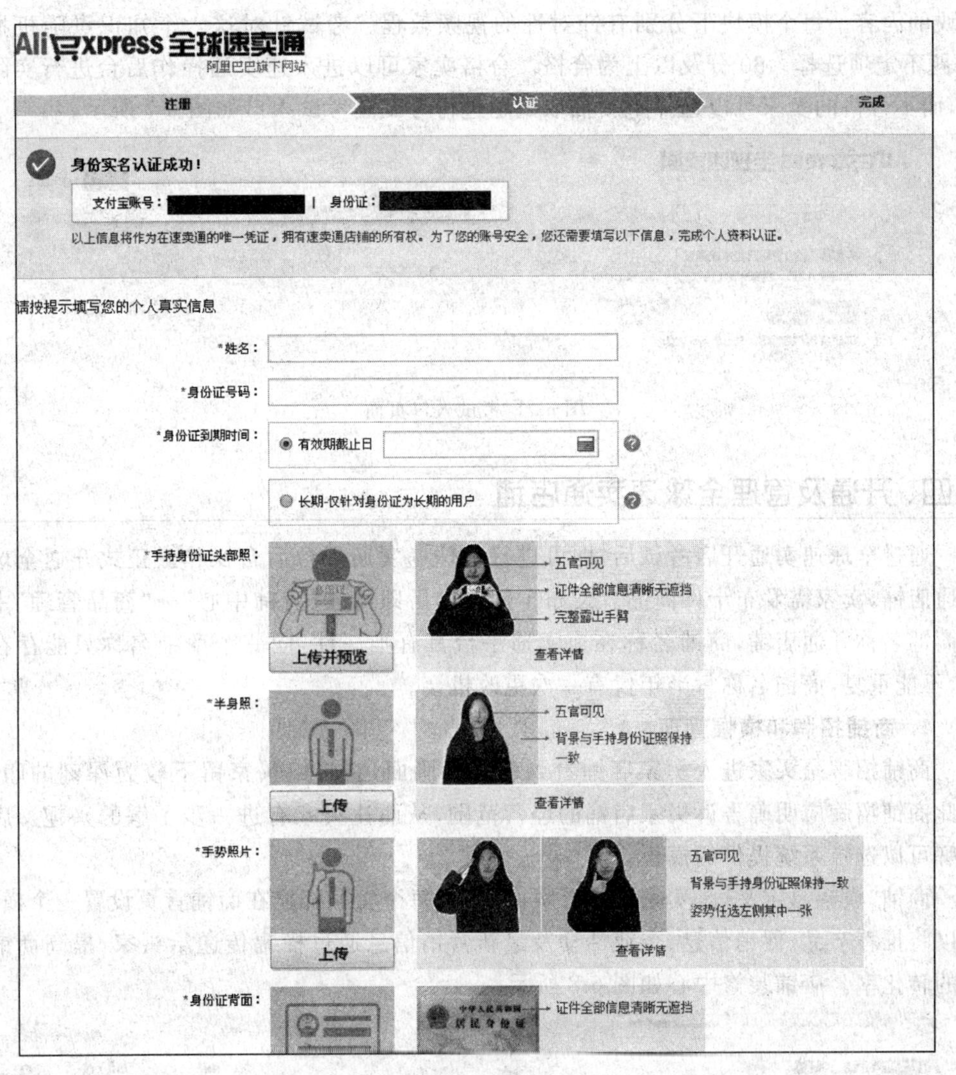

图 6-6 速卖通个人身份认证

小知识：速卖通实名认证有两种形式：个人实名认证和企业实名认证。选择了“个人实名认证”或“企业实名认证”，决定了速卖通店铺性质为个人或企业，店铺性质一经确定，永不修改。

三、全球速卖通平台规则考试

为了让新卖家尽快了解与熟悉速卖通，在进入操作后台进行实际操作之前，会有一个开店考试，通过对发布产品、国际物流、平台规则、营销与数据等几个交易核心环节的考查，让新卖家了解速卖通、熟悉平台操作，并具备基本的出单技巧。

考试包含：速卖通及操作平台基本知识、如何发布一个完整产品、国际物流、在速卖通平台如何营销和推广商品、如何通过数据提升店铺整体经营情况、速卖通平台规则六个模块的内容。每个模块下分别有针对性的视频教程。考试针对这六个知识点随机抽取50题不定项选择。90分及以上为合格。合格卖家可以进入速卖通操作后台进行实际操作,而不合格的卖家可以选择重新抽取试题进行考试。考试入口如图6-7所示。

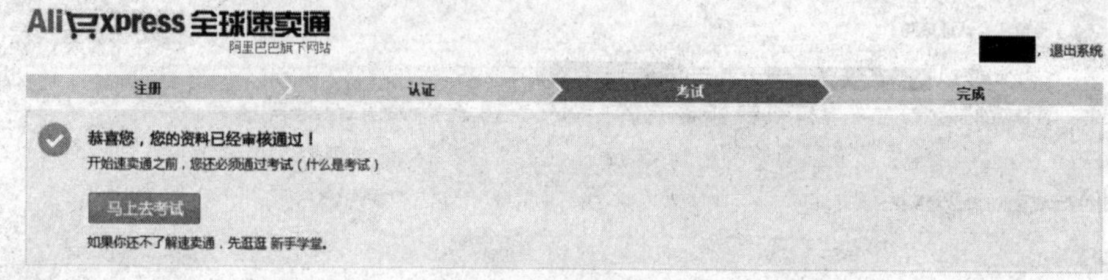

图6-7 考试入口页面

四、开通及管理全球速卖通店铺

通过全球速卖通开店考试后,即可进行全球速卖通平台后台操作。正式开通全球速卖通店铺,卖家需发布十件商品。发布十件商品后即可在"店铺中心"→"商品管理"中填写商铺名称开通店铺,商铺名称在速卖通平台具有唯一性,同一个商铺名称只能存在一个,不能重复,商铺名称每半年仅有一次更改机会。

1. 商铺招牌和横幅管理

商铺招牌是买家进入卖家店铺看到的第一画面,它将给买家留下较为深刻的印象。因此商铺招牌应明确告诉买家店铺的经营范围,从而让买家有进一步了解的兴趣。店铺招牌可以选择系统提供的模板。

商铺"横幅自定义"是卖家商铺首页的广告,每个卖家都能在商铺首页设置一个横幅。可以将推荐产品、促销信息、企业活动及最新营销信息通过横幅传递给买家,提高商铺交易的转化率。店铺装修中心如图6-8所示。

图6-8 店铺装修中心

小知识：全球速卖通平台开通了旺铺模板市场，装修模板是由 AE 设计师团队设计的，打破现有店铺格局的模板，直接应用即可使用。

2. 账号设置

店铺开通后若需要更改注册邮箱，手机号码，编辑个人信息，可在“账号设置”中进行变更，变更信息需要手机短信验证，务必保证可以获得手机验证短信，如图 6-9 所示。

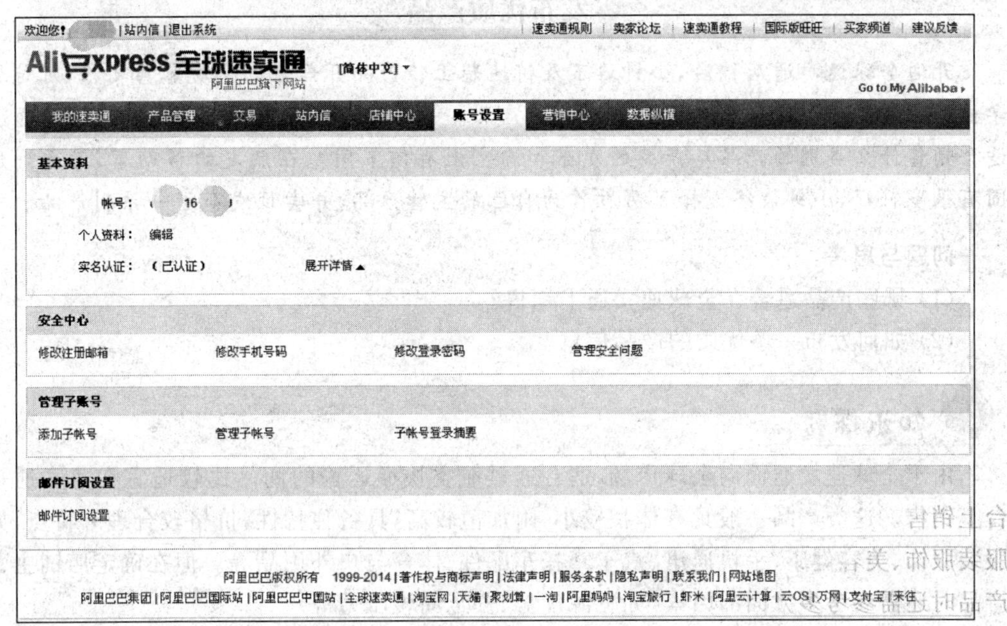

图 6-9 账号信息变更

拓展练习

通过本次任务的学习，开通全球速卖通店铺，并对店铺进行简单的装修，填写表 6-3。

表 6-3 全球速卖通店铺装修计划

店铺名	
店铺地址	
店招设计	
横幅广告 1	
横幅广告 2	

任务三 管理商品

案例导入

发布优质产品

开通全球速卖通店铺后，小钟迫不及待地想上传产品开始他的跨境零售之旅，可是从学校毕业到工作小钟仅仅在淘宝上发布过产品。一系列的问题困扰着他，全球速卖通上适合销售什么类别的产品？产品的发布和淘宝上有何不同？在朋友的帮助下，考虑到周围有很多鞋厂，小钟最终选择了男鞋作为自己的主营产品，并尝试发布了一系列产品。

问题与思考：

(1) 哪些产品适合在全球速卖通上销售？

(2) 如何发布一条优质的产品信息？

知识探究

由于全球速卖通面向全球市场，适合通过航空快递运输的商品比较适宜在速卖通平台上销售。这类产品一般具有体积较小，附加值较高，具备独特性，价格较合理等特点，如服装服饰、美容健康、手机通讯、汽车摩托车配件、体育与户外用品等。但在确定店铺主营产品时还需参考多方面的因素，如货源优势、资金周转压力等。

一、市场选品

选品是全球速卖通卖家最先遇到的问题，也是后期商品推广成交、店铺可持续发展的基础。但是很多进入速卖通的新手卖家刚开店，不会做市场调查和数据分析，不知道可以卖什么东西，什么产品更适合海外市场，凭感觉地发布一些自己认为有优势的产品，结果自然是不理想。久而久之，卖家朋友们就想出了一些取巧的花招，比如抄袭、跟风。这种方式到现在就自然而然演变成了价格战。那么我们如何选品呢？

(一) 利用全球速卖通平台“商机发现”工具进行选品

通过速卖通后台提供的“商机发现”工具，我们可以了解目前各行业的竞争情况，通过分析后台数据纵横飙升词等，挖掘背后买家的需求，了解买家需要什么。

(1) 通过行业数据查看该行业最近 7 天/30 天/90 天的流量、成交转化和市场规模数据，了解市场行情变化情况，如图 6-10 所示。

(2) 通过蓝海行业细分，选择自身优势蓝海行业，发布对应商品，把握更多商机；对应行业的供需指数越低，说明竞争度越小，出单机会越大，如图 6-11 所示。

(3) 利用选品专家，根据国家和行业的组合，选择热搜和热销的商品品类；选择完毕可以根据竞争度的大小选择适合的商品，并且根据热卖国家特点发布对应商品，如图 6-12 所示。

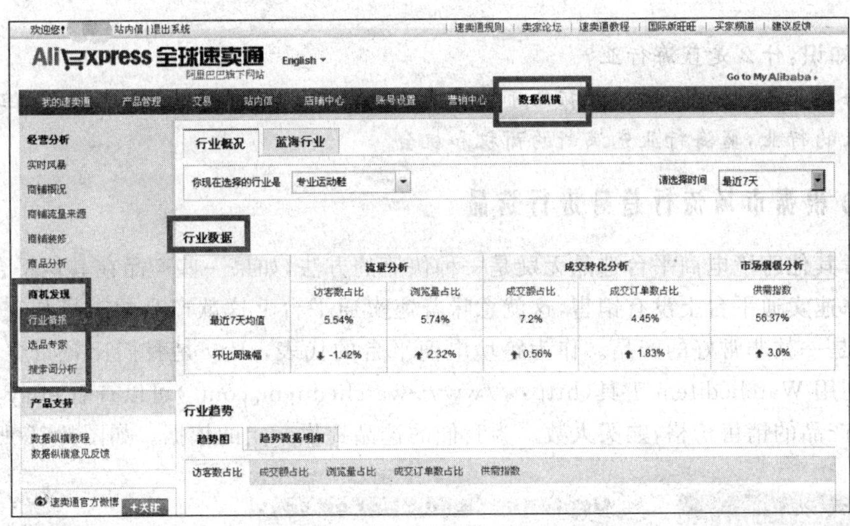

图 6-10　行业数据

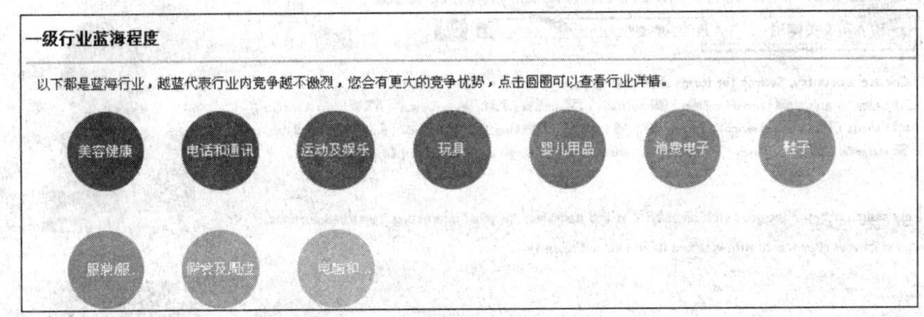

图 6-11　一级行业蓝海程度

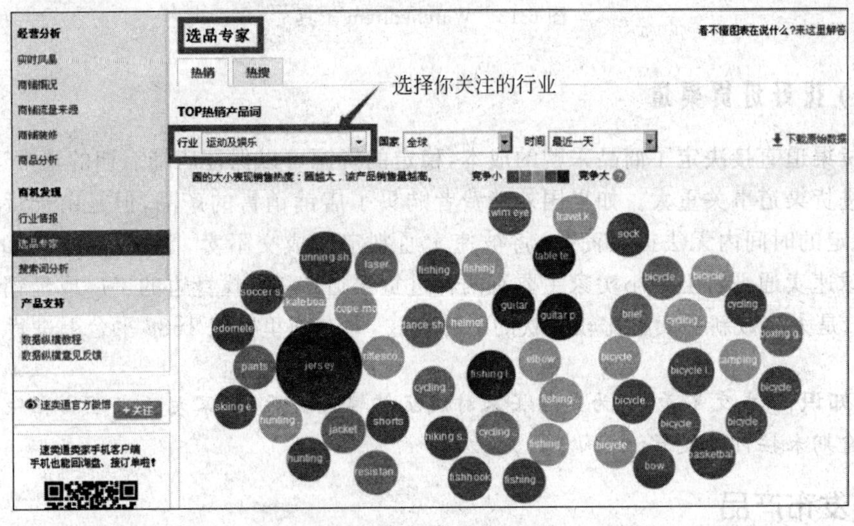

图 6-12　选品专家工具

小知识：什么是蓝海行业？

蓝海指的是未知的，有待开拓的市场空间。蓝海行业是指那些竞争尚不大，但又充满买家需求的行业，蓝海行业充满新的商机和机会。

（二）根据市场流行趋势进行选品

参考其他跨境电商平台选品无疑是一种快捷的方法，如果一些产品在其他平台热卖，而在全球速卖通平台上没有销售，这就意味着速卖通平台上这款产品的市场是完全空缺的，可能是一款非常好的产品。作为跨境电商平台的代表，eBay是我们比较重要的参考对象。利用Watcheditem工具（http：//www. watcheditem. com/）可以查看eBay大类目下，热销产品的销售价格，购买人数。为我们的选品提供一定的依据。如图6-13所示。

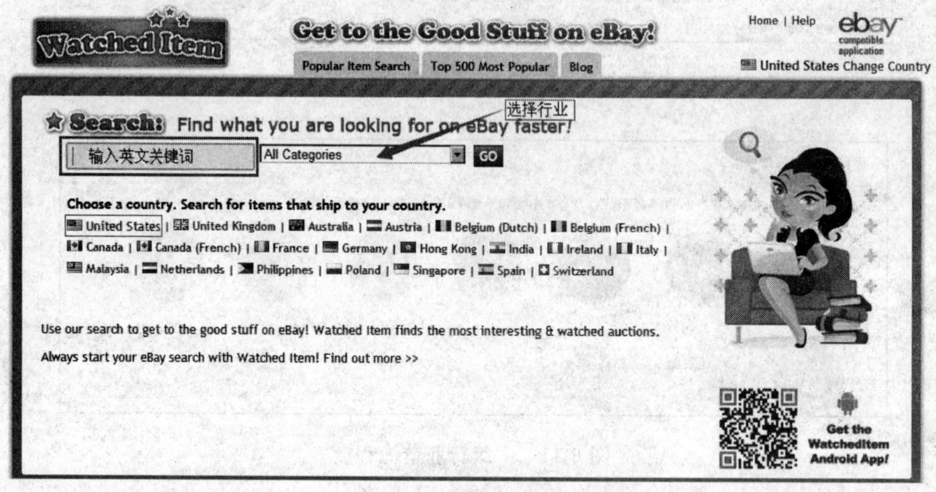

图6-13　Watcheditem工具

（三）找好进货渠道

进货渠道直接决定了商品采购的成本，稳定的货源可以保证店铺后期的正常运营，因此找好进货渠道事关重大。如果国外消费者购买了店铺销售的产品，但是由于货源的关系，在规定的时间内无法提供商品，将被速卖通判定为成交不卖，受到平台严厉的处罚。目前全球速卖通平台上的小卖家主要有两种进货渠道：一是找身边的工厂或经销商直接进货；二是大多数新手卖家比较喜欢的一种方式，即在阿里巴巴1688平台上进货。

小知识："成交不卖"行为是指买家对成交订单付款后，卖家无正当理由拒绝出售或者卖家逾期未按订单发货。

二、发布产品

全球速卖通面向全球市场，很多淘宝网上允许销售的商品，在速卖通上会被禁止销

售，比如减肥药，所以卖家发布产品之前需要充分地了解速卖通产品发布规则。发布产品具体操作如下。

(1) 类目选择。进入速卖通后台管理系统，选择“发布产品”，选择合适的类目，如图 6-14 所示。

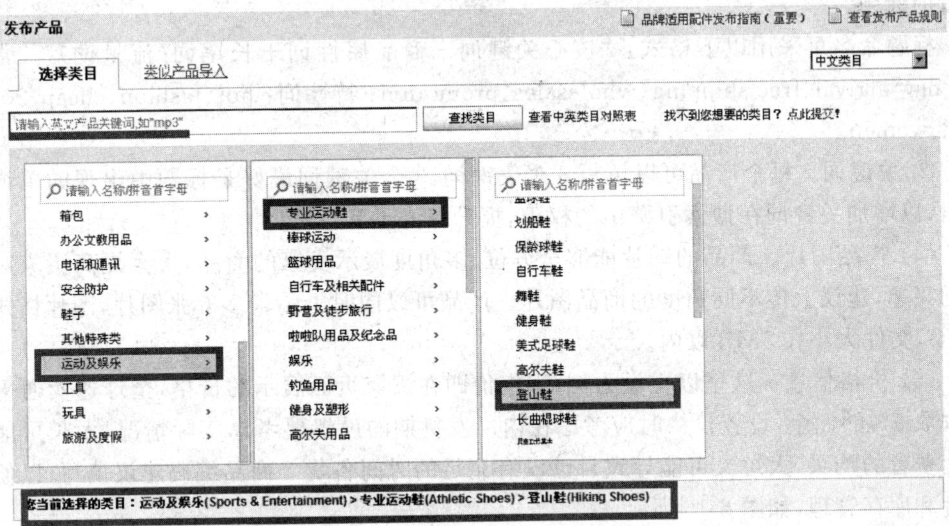

图 6-14　正确选择类目

(2) 属性填写。若不知道具体属性可不填，切忌乱填，如图 6-15 所示。

1. 产品基本信息

产品属性：当前产品的属性填写率为0%，该产品所在类目下优质商品的属性填写率为 78%，完整且正确的产品属性有助于提升产品曝光率！

系统属性中没有合适的属性或者属性值？点此提交

适用人群　Adult

运动鞋类型　Hiking Shoes

! 性别　--请选择--

! 开口类型　--请选择--

! 鞋子宽度　□ ExtraNarrow(AAA+)(较窄)　□ ExtraWide(E+)(加宽)　□ Medium(B,M)(中等)　□ Narrow(AA,N)(窄)　□ Wide(C,D,W)(宽)

! 鞋底材质　--请选择--

! 鞋面材质　--请选择--

中底材质　--请选择--

里衬材质　--请选择--

! 产品特性　□ Breathable(透气)　□ Disposable(一次性)　□ Height Increasing(增高)　□ Lighted(发光)　□ Massage(按摩)　□ Waterproof(防水)

品牌　--请选择--

部分品牌（参考列表）的商品需提交申请后方可发布。我要申请

型号

是否可定制　--请选择--

添加自定义属性

* 产品标题：　您还可以输入 128 个字符

* 产品关键词：　此处只能填写一个关键词，如mp3

添加更多关键词

图 6-15　产品信息填写

(3) 标题和关键词。

① 标题。可以通过速卖通后台的搜索词分析工具进行关键词的筛选，新卖家也可在速卖通网站上搜索相关产品，可借鉴同类产品较好的关键词，但一定不能复制整条标题，因为速卖通系统会自动辨别，标题相似度高的，后发的商品会排名降权，可以借鉴2～4家同行的标题。

标题命名可采用以下格式："核心关键词＋商品属性词＋长尾词(流量词)"。常用词：new arrival、free shipping、wholesales、promotion；特性词：hot、fashion、cheap、2015、men、women。

② 关键词。每个产品可以填写3个关键词，3个关键词最好是标题中出现的单词或短语，以增加关键词在搜索引擎中的权重，提升曝光量和排名。

(4) 产品图片。产品的图片能够全方位、多角度展示卖家的商品，大大提高买家对商品的兴趣，建议上传不同角度的商品图片。产品可以同时上传最多6张图片，图片格式为JPEG，文件大小在5MB以内。

(5) 价格信息。这里以鞋类为例，零售价即在买家页面展示的价格，全球速卖通平台会收取5%的佣金，设置价格时应考虑在内。发货期的设置要考虑实际情况，太长可能影响消费者的购买，太短又可能导致自己没有充足的时间备货。商品编码建议填写，以便于发货和库存管理，如图6-16所示。

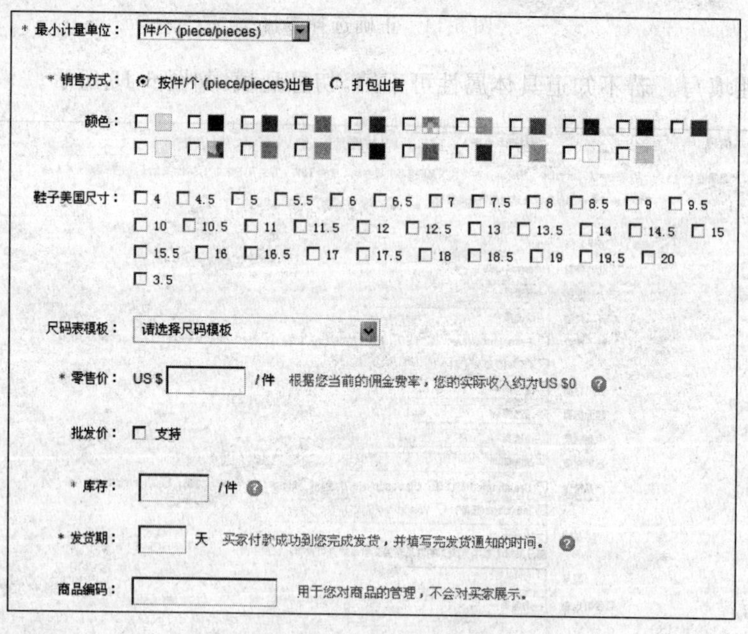

图6-16　价格信息填写

(6) 详细描述。产品的详细描述是让买家全方面了解商品并有意向下单的重要因素。优秀的产品描述能增强买家的购买欲望，加快买家下单速度。

促成买家下单的详细描述大都包含以下几个方面。

① 商品重要的指标参数和功能(例如服装的尺码表、电子产品的型号及配置参数)。

② 5 张及以上详细描述图片。

③ 售后服务条款。

(7) 包装信息和物流设置。准确填写包装后重量和产品包装尺寸,可以避免因填写错误而造成的运费损失和交易性降低。不同的物流公司计算运费的方式会有所不同。EMS、专线服务、中国邮政大小包和香港邮政大小包以产品包装实重来计算运费。FedEx、UPS、DHL、TNT 等会根据产品包装实重和产品包装体积两者的较高值来计算运费。

三、管理产品

卖家的产品信息提交成功后,全球速卖通的工作人员会对产品信息进行审核。如果符合阿里巴巴信息发布规则的要求,发布的产品会在两到三个工作日之内审核完成,高峰期顺延。可以点击"产品管理"→"管理产品",在"正在销售"状态栏下查看和编辑通过审核的产品。

(1) 产品修改。登录"我的速卖通",点击"产品管理"→"管理产品",选择要修改的产品,点击"编辑"进入编辑页面,修改信息之后,点击"提交",进入等待审核阶段,如图 6-17 所示。

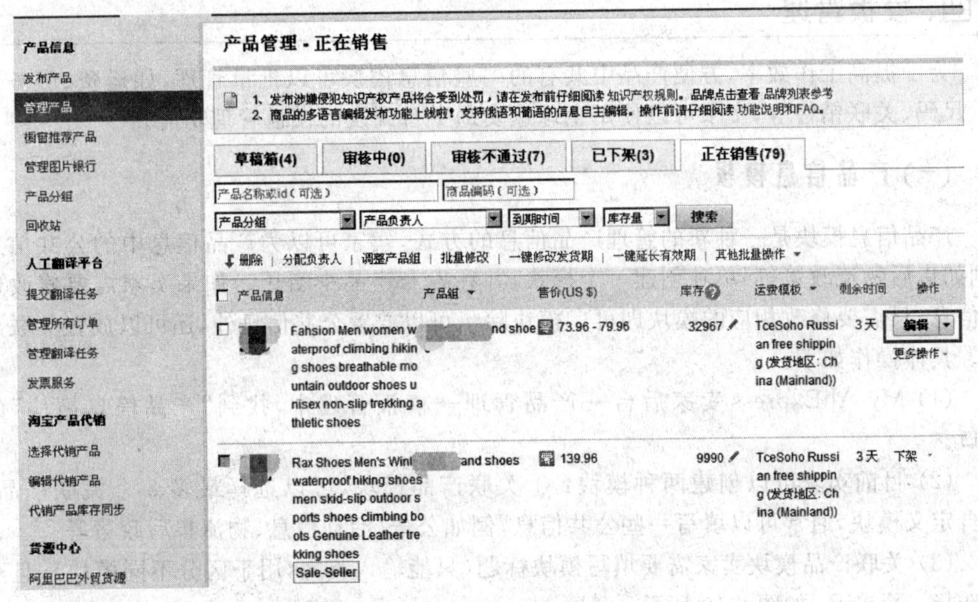

图 6-17　修改产品

(2) 产品下架。产品的有效期分为 14 天、30 天,过了有效期的产品将从"正在销售"转为"已下架"状态。可以在"已下架"状态栏下查看下架产品,也可以将已下架产品重新上架。建议产品有效期设置为 14 天,产品在快下架的时间会有额外的曝光和流量。

(3) 产品分组。为了更好地管理产品,方便顾客更好地在店铺主页浏览商品,可以将产品进行分组,如图 6-18 所示。

(4) 橱窗推荐。橱窗推荐又名卖家热推,是指卖家将自己的主打产品设置为橱窗产品,这些橱窗产品将在搜索结果页中获得优先推荐。

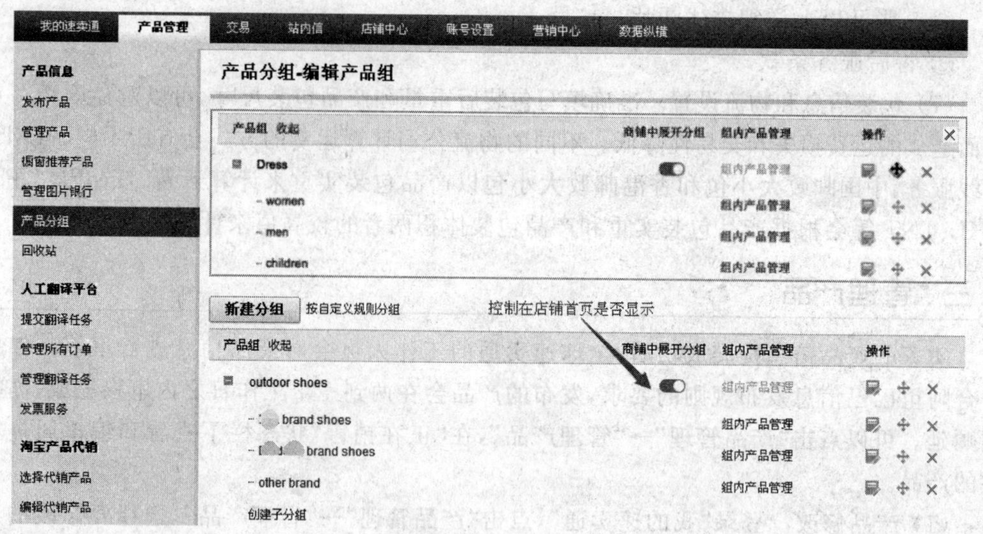

图 6-18 产品分组

四、模板管理

为了提高工作效率，方便产品中共有的一些信息模块可以批量管理，如运费、服务信息、尺码、关联销售等，卖家可以使用全球速卖通平台开发的模板管理功能。

（一）产品信息模板

产品信息模块是一种新的管理产品信息的方式，卖家可以为产品信息中的公共信息（例如售后物流政策等）单独创建一个模块，并在发布产品中引用。如果卖家需要修改这些信息，只需要修改相应的模块即可。模块除了可以放置公共信息外，还可以放置关联产品。具体操作如下。

（1）My AliExpress 卖家后台→产品管理→模板管理中，找到“产品信息模块”的入口。

（2）目前卖家可以创建两种模块：①关联产品模块，可以选择最多 8 个关联产品；②自定义模块，通常可以填写一些公共信息，例如公告、活动信息、物流售后政策等。

（3）关联产品模块卖家需要填写模块标题（只能输入英文，用于区分不同模块），且至少选择一个产品，如图 6-19 所示。

（4）自定义模块卖家同样需要填写标题，跟关联产品不同的是，自定义模块中卖家可以随意填写需要的内容。需要注意的是：自定义模块的内容是需要通过审核的，只有审核通过的自定义模块才能够被使用。

（5）在详细描述编辑器中点击“插入产品信息模块”即可使用编辑好的模块。在一个产品中卖家最多只能插入两个产品信息模块，并且关联产品模块最多只能插入一个。

（二）服务模板

设置服务模板并与商品关联，卖家提供的服务会在商品详情页面展示，为买家选择商

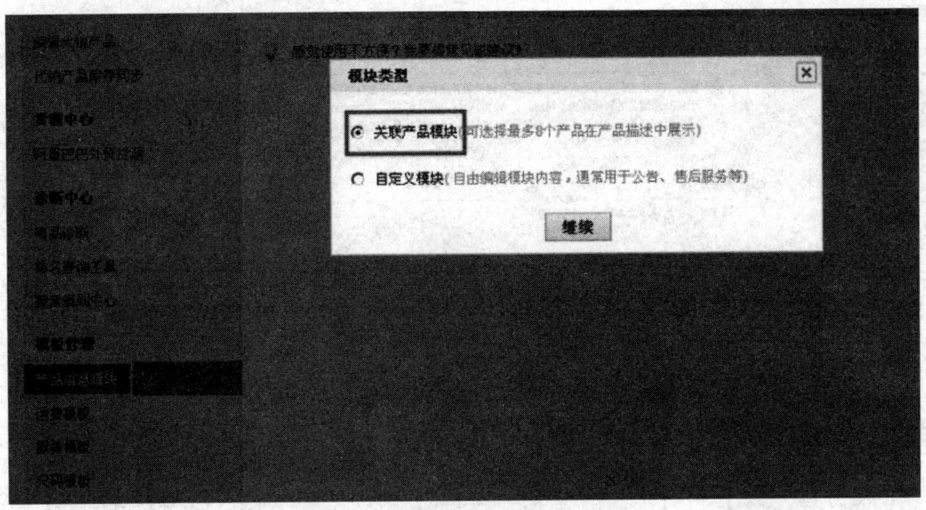

图 6-19 产品信息模块

品提供参考。目前一般商品的服务模板只有两个选项：货不对版买家要求退货和卖家是否接受无理由退货。建议新卖家选择系统自带的默认服务模板 Service Template for New Sellers。

(三) 尺码模板

卖家可以根据商品的尺码信息创建尺码模板并在发布商品时选择对应的模板，这样买家就可以在购买时明确知道尺码信息，有助于提升商品的转化率并减少纠纷。操作流程和方法如下。

(1) My AliExpress 卖家后台——产品管理，即可看到尺码表模板的选项入口。

(2) 进入尺码表模板管理页面后，首先需要选择一个大类，例如想要给男鞋创建尺码表，那么就可以选择“鞋子尺码”这个大类，然后点击“新增模板”。

(3) 进入尺码编辑页面，给所创建的尺码模板指定一个名称，然后进行尺码设置，如图 6-20 所示。

小知识：由于我国各个厂家鞋子的尺码换算并不统一，不是很标准，因此，在设置尺码模板时一定要结合实际情况，根据鞋舌内自带的尺码表进行有针对性地设置。

五、商品诊断与排名查询

商品发布成功后，全球速卖通平台会自动对商品进行诊断，若不符规范，速卖通会提醒卖家对相应的商品进行修改。

(1) 商品诊断和商品质量优化提醒。商品诊断主要包括重复铺货、类目错放、属性错选、标题堆砌、标题类目不符、运费不符；商品质量优化提醒主要包括：关键属性缺失、必填属性缺失、主图牛皮癣。

(2) 商品排名查询。在速卖通卖家后台利用商品排名查询工具，可以方便地查询卖

	美国码	欧洲码	英国码	巴西码	澳大利亚码	脚跟到脚趾长(in cm)
□	3.5	35	3	33	3	
□	4	35.5	3.5	33	3.5	
□	4.5	36	4	34	4	
□	5	37	4.5	35	4.5	
□	5.5	37.5	5	35	5	
□	6	38	5.5	36	5.5	
□	6.5	38.5	6	36	6	

图 6-20　男鞋尺码模板设置

家店铺或账号下销售的产品排名情况，目前能展示搜索结果页前 20 页排名。

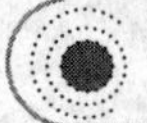

拓展练习

（1）结合当地实际经济环境和自身情况，选一类商品作为速卖通店铺的主营产品，并找好进货渠道。

（2）在发布商品时使用自定义模板制作商品促销广告，运用到店铺所有商品详情页面，并查看效果。

任务四　管理物流

案例导入

为店铺量身定做物流模板

小钟在发布产品时发现，每次发布平台都有关于物流模板的选项，小钟每次都是选择 Shipping Cost Template for New Sellers 模板，他发现自己的产品在速卖通上显示均为不包邮，怎样才能和淘宝一样将产品设置成包邮呢？全球各个地区的运费是否一样呢？都有哪些方式可以将商品送到国外消费者手中？这些问题深深困扰着小钟，于是他开始学习关于国际物流的相关知识。

问题与思考：

（1）可以通过哪些方式将商品送到国外消费者手中？

（2）如何设置一个物流模板保证全球大部分地区包邮而又不亏本呢？

知识探究

全球速卖通是面向全球市场打造的在线交易平台，必须通过国际快递将商品送到买家手上，国际快递由于费用差异大，路途远，所以选择安全可靠、价格合理的快递方式尤为重要。在全球速卖通上有三类物流服务，分别是邮政物流、专线物流以及商业快递，90%的交易使用的是邮政物流的邮政大小包。

一、几种常用的国际物流

1. 中国邮政航空小包

中国邮政航空小包（China Post Air Mail）又称中国邮政小包、邮政小包、航空小包，是指包裹重量在2千克以内，外包装长宽高之和小于90厘米，且最长边小于60厘米，通过邮政空邮服务寄往国外的小邮包。它包含挂号、平邮两种服务，可寄达全球各个邮政网点。挂号费为每件8元，可提供网上跟踪查询服务。中国邮政小包比较经济实惠，如1千克的商品到俄罗斯费用大约在90元。

2. Epacket

Epacket又称国际E邮宝。国际E邮宝是中国邮政速递物流为适应国际电子商务轻小件邮递的需要而推出的经济型速递产品。2012年3月，全球速卖通平台与中国邮政速递物流有限公司正式合作，为速卖通平台卖家提供更具性价比的轻小件物流服务——国际E邮宝，暂时只支持中国至美国的服务。国内段使用EMS网络发运；出口至美国后，美国邮政将通过其国内一类函件网投递，一般7～10个工作日内即可完成妥投。最新收费标准如下。

（1）单件包裹不超过65克：7.8元/件。

（2）单件包裹66～250克：0.12元/克。

（3）单件包裹251～300克：30元/件。

（4）单件包裹301～2000克：0.1元/克。

3. 四大商业快递

目前市场上较为主流的国际快递有DHL、UPS、FedEx、TNT快递。四大商业快递的特点是速度快，服务质量高，专业，高效，但相对价格比较高，适用于商品价格较高或买家要求比较高的交易。由于目前全球速卖通平台主推性价比比较高的产品，因此，商业快递用得并不是很多，除非顾客对时效有特殊的要求。

几种常见的国际物流方式见表6-4。

表6-4 几种常见的国际物流方式

国际物流方式	价格计算规则	运输时效	优 劣 势
中国邮政航空小包 China Post Air Mail	按地区，按重量收费	15～50天	优势：价格便宜，海关通关能力强 劣势：时效慢

续表

国际物流方式	价格计算规则	运输时效	优劣势
国际E邮宝 Epacket	按重量收费	7～20天	优势：价格便宜，时效较快，海关通关能力强 劣势：只能发往美国
四大商业快递 DHL、UPS、FedEx、TNT	根据产品包装实重和产品包装体积（材积）两者的较高值来计算运费	3～7天	优势：时效快 劣势：价格昂贵，需要计算体积

二、物流模板设置

数据统计发现，绝大部分海外买家喜欢用带有 Free shipping（包邮）的短语来搜索商品，所以针对这种情况，很多速卖通卖家在产品标题开头都加了 Free shipping。但是全世界的国家中有离中国很近的，也有离中国很远的。如果所有国家都包邮，那显然是不现实的，所以要想在标题中加 Free shipping 关键词，又能盈利，那么设定一个合理的运费模板就非常重要了。

1. 认识系统自带的新手运费模板

新手运费模板是系统设置好的，无须再设置，直接使用即可。新手运费模板包含 4 种物流方式，包括 EMS、Epacket（E 邮宝）、DHL Global Mail、China Post Air Mail（中国邮政小包）。Epacket、DHL Global Mail 分别只支持 United States、Germany。

China Post Registered Air Mail 采用标准收费，默认到达的国家如图 6-21 所示。

China Post Registered Air Mail		
运费组合	运送国家	收费标准
1	Australia, Belgium, Brazil, Canada, Switzerland, Germany, Denmark, Spain, France, Ireland, Israel, Italy, Japan, Malaysia, Norway, New Zealand, Poland, Russian Federation, Sweden, Singapore, Thailand, Turkey, United Kingdom, United States, Austria, South Korea	标准运费减免(0%)
2	其余国家	不发货

图 6-21 China Post Registered Air Mail 默认到达地区

2. 新增自定义运费模板

新手模板中，中国邮政小包只能送达极少数地区，而且还需要买家承担运费，显然不能满足发货需求。下面以中国邮政小包为例，设置目前全球速卖通平台上比较流行的“俄罗斯包邮”运费模板。

中国邮政小包全球派送的资费标准并不一样，运费最便宜的国家是日本，62 元/千克，而绝大部分非洲国家的运费为 176 元/千克。因此，可设定一个标准。这里以俄罗斯运费 96 元/千克为标准，凡是低于这个值的全部设为包邮，高于这个值的就按照资费标准补足差价，如到巴西、阿根廷等美洲国家运费为 110 元/千克，即每千克加收 14 元运费价差。在定价时，将运费统一按照 96 元/千克的标准计算在内，中国邮政小包每件需加收 8 元挂号费。设置流程和方法如下。

(1) 点击“运费模板”→“新增运费模板”,设置发货地,如图 6-22 所示。

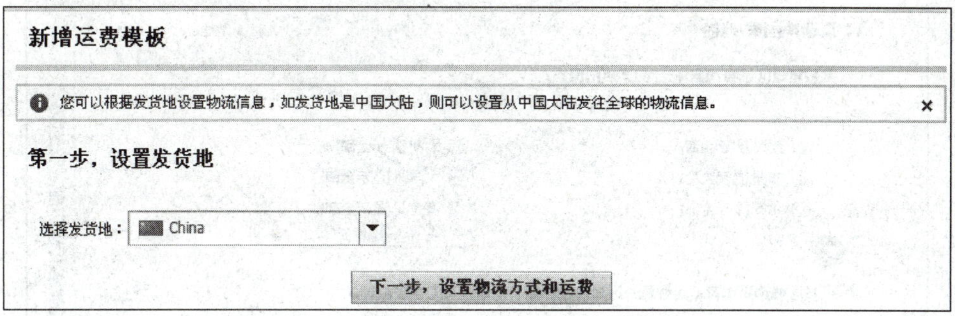

图 6-22 新增运费模板

(2) 选择中国邮政挂号小包,如图 6-23 所示。

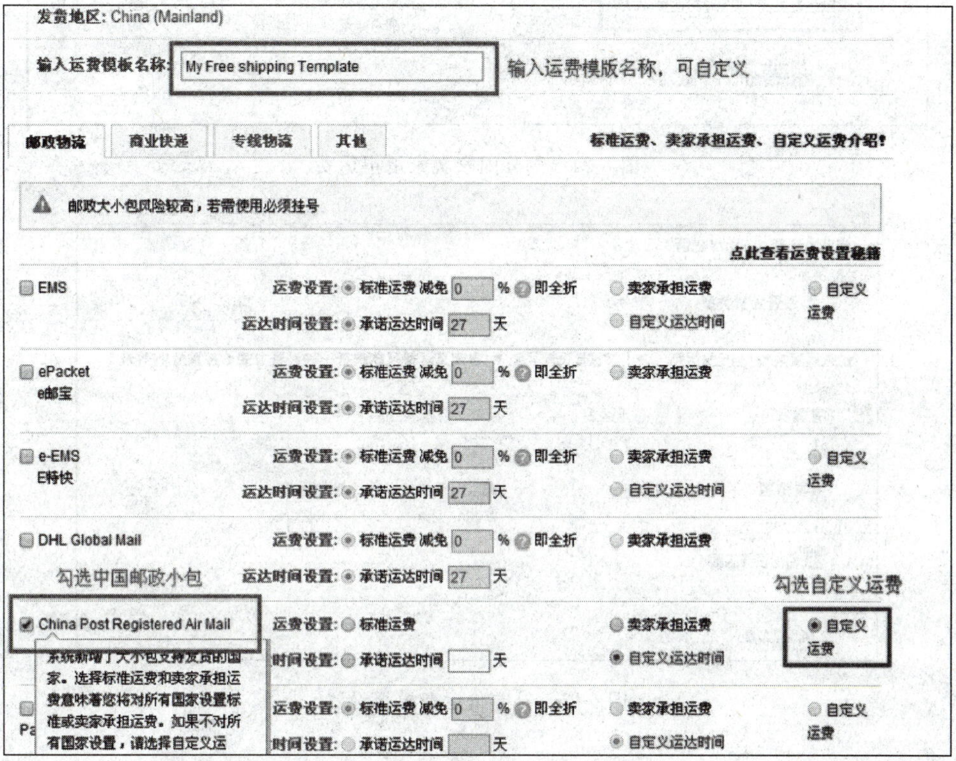

图 6-23 勾选中国邮政小包自定义运费

(3) 按照邮政小包划定的各个地区进行运费标准设置。

低于或等于俄罗斯运费标准的,全部设置成“卖家承担运费”,如亚洲的韩国、泰国、马来西亚、新加坡、印度、印度尼西亚;欧洲的英国、西班牙、法国、乌克兰等国家,如图 6-24 所示。

高于俄罗斯资费标准的,补运费差价。如巴西运费为 110 元/千克,即每千克加收 14 元运费价差,约每千克补差价 2.3 美元,如图 6-25 所示。

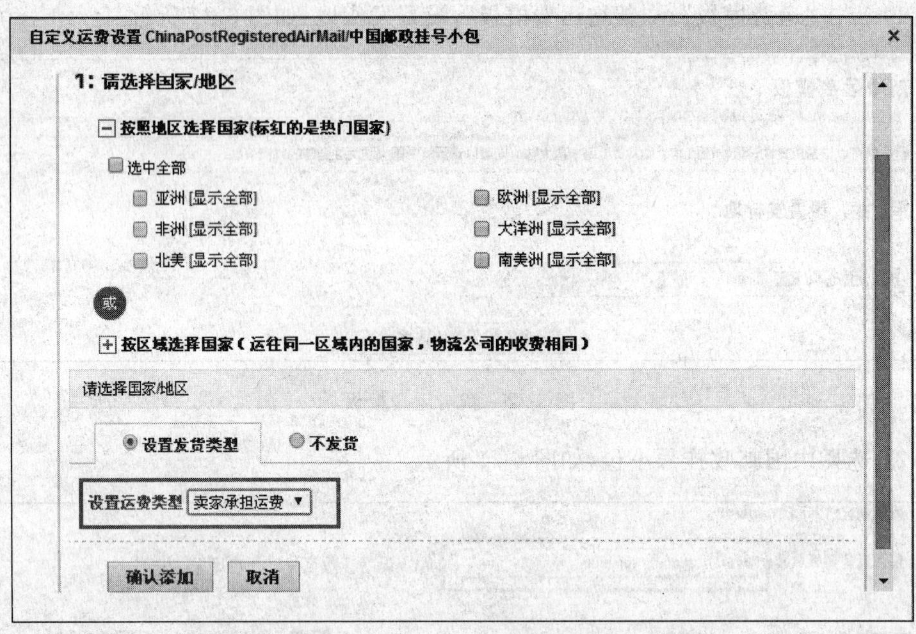

图 6-24　部分国家卖家承担运费

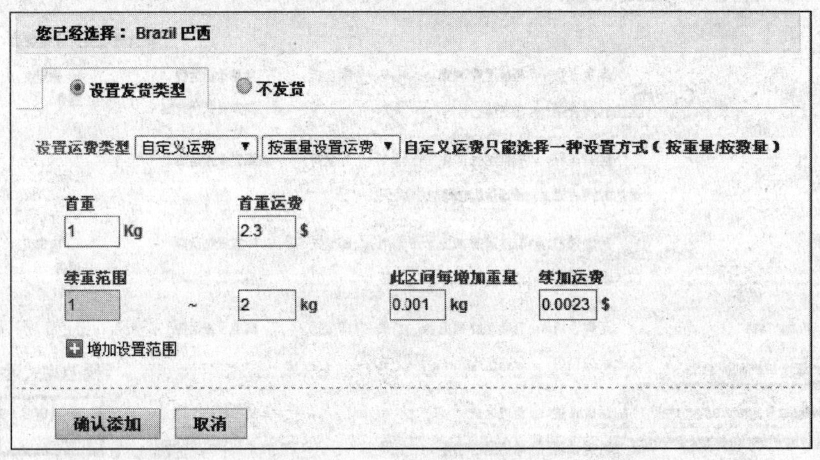

图 6-25　补差价运费模板设置

小知识：选以俄罗斯为标准的原因是，目前俄罗斯顾客是全球速卖通平台上数量较多的消费者群体，运费低于俄罗斯的国家基本涵盖了全球速卖通大部分顾客所在地。当然也可以以巴西为标准设置运费模板。

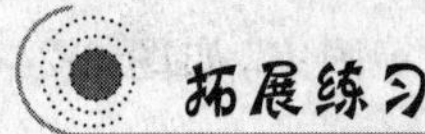

拓展练习

(1) 小钟店中，有一件商品进货价格是 116 元，使用俄罗斯包邮物流模板，商品重量为 1.2 千克，利润率为 30%，该商品要如何定价？(物流默认使用中国邮政小包，俄罗斯运费为96元/千克，每件收挂号费8元。）

（2）以巴西为标准设置中国邮政小包包邮运费模板。

任务五 营销与推广

怎样快速获得订单

小钟辛辛苦苦上传了几十个商品，也设置了合理的运费模板，以为很快就会有订单。但是，他再一次失望了。由于店铺较新，商品较少，曝光量也不高，因此，排名总是在后面几页，如果商品能出现在搜索页面的第一页前三名就好了。在朋友的建议下，小钟制订了店铺组合营销方案，并加入直通车，结果令小钟很满意。

问题与思考：

（1）可以通过速卖通平台的哪些工具进行商品推广？

（2）小钟这份综合营销方案是怎样制订的？

新店与资深店铺相比有以下弱点。

（1）缺少热卖产品导致店铺无法根据市场精确定位。

（2）店铺信誉低，评价少，导致转化率低，人气差。

（3）排名靠后，流量少且不稳定。

要想在短时间内获得较多流量和订单，做好店铺营销推广尤为重要。速卖通已经推出四款营销工具，即限时限量折扣、全店铺满立减、店铺优惠券、全店铺打折等。另外还有直通车、联盟营销、SNS营销等多种方法可以进行店铺推广。

一、店铺营销工具

1. 限时限量折扣

限时限量折扣是由卖家自主选择不同的折扣力度推新品、造爆品、清库存的一款店铺营销工具。利用限时限量折扣工具，可以获得额外曝光，买家购物车、收藏夹里的商品一旦打折，立刻会收到系统提示，提升购买率；通过“限时限量折扣”工具打折的商品，就有机会展示在速卖通买家搜索结果页面的第一页，如图6-26所示。

2. 全店铺满立减

全店铺满立减由卖家设置，订单达到指定金额就可以获得一定优惠。这样的活动可刺激买家多买。它是继“限时限量折扣”营销工具之后，速卖通推出的提升客单价的利器。卖家可以根据自身经营状况，对店铺设置“满X元减Y元”的促销规则，X和Y都是自由设置的。例如，买家的一个订单，若总金额（商品加运费）超过设置的X元，在买家付款

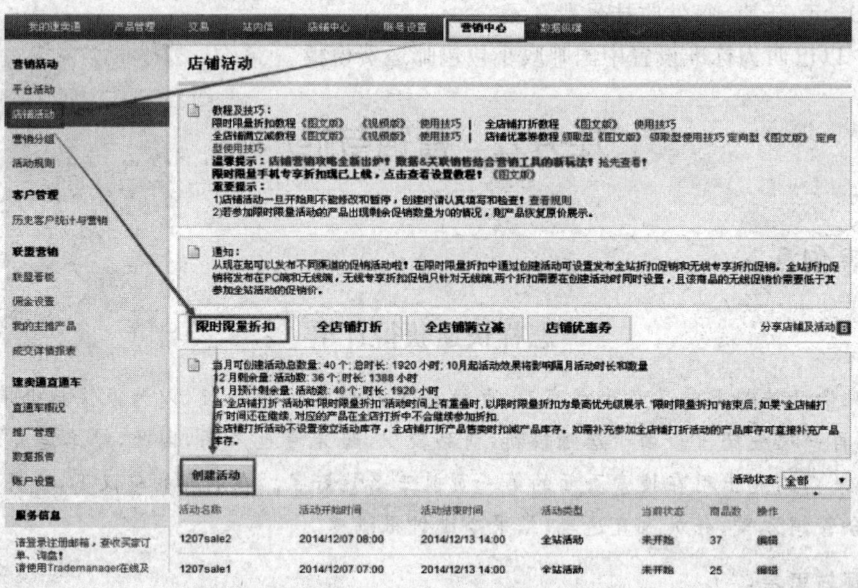

图 6-26　限时限量折扣工具的使用

时，系统自动减掉 Y 元，无须卖家修改价格，操作非常方便。全店铺满立减可以刺激买家多买，促使买家对原本可买可不买的商品下单，从而提升客单价。例如，买家原来只挑选了 80 美元的商品，但是看到店铺有满 100 美元减 10 美元的活动，买家就会再挑几件商品凑够 100 美元以获得减 10 美元的优惠，如图 6-27 所示。

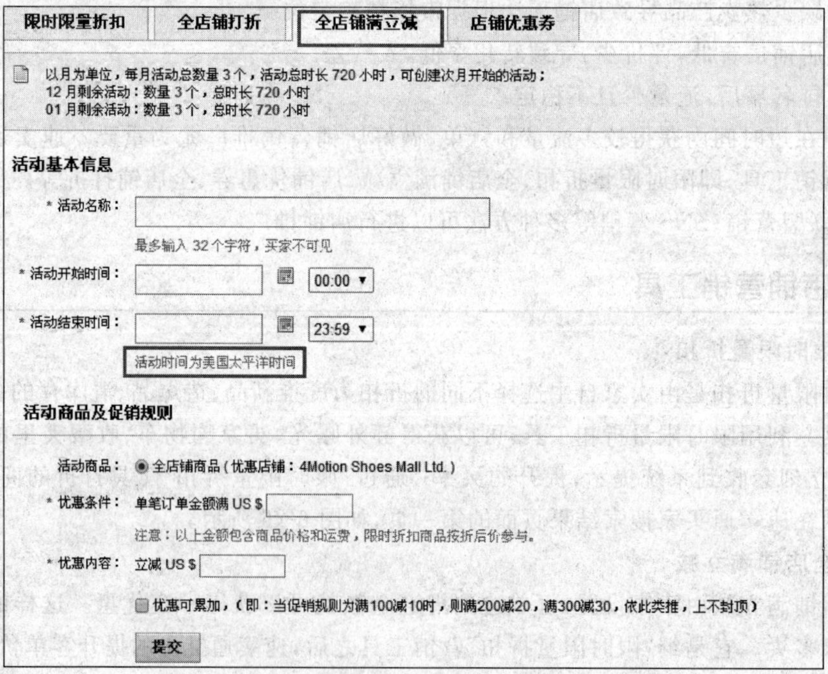

限时限量折扣　全店铺打折　全店铺满立减　店铺优惠券

以月为单位，每月活动总数量 3 个，活动总时长 720 小时，可创建次月开始的活动；
12 月剩余活动：数量 3 个，总时长 720 小时
01 月剩余活动：数量 3 个，总时长 720 小时

活动基本信息

* 活动名称：
最多输入 32 个字符，买家不可见
* 活动开始时间：00:00
* 活动结束时间：23:59
活动时间为美国太平洋时间

活动商品及促销规则

活动商品：全店铺商品（优惠店铺：4Motion Shoes Mall Ltd.）
* 优惠条件：单笔订单金额满 US $
注意：以上金额包含商品价格和运费，限时折扣商品按折后价参与。
* 优惠内容：立减 US $
优惠可累加，（即：当促销规则为满100减10时，则满200减20，满300减30，依此类推，上不封顶）
提交

图 6-27　全店铺满立减工具的使用

设置全店铺满立减规则的小技巧如下。

(1) 计算客单价,设置合理的促销规则。如果客单价是 80 美元,设置成满 100 美元、120 美元都是合理的,但是如果设为满 300 美元才减,对消费者就没有吸引力了。

(2) 巧妙插入关联商品,让想要享受优惠的买家快速找到搭配商品。例如,在手机的详情页面中,插入数据线、耳机、手机壳等关联商品。

(3) 满立减是针对全店铺所有商品的,对于已经参加折扣活动的商品,买家购买时以折扣后的价格计入满立减规则中。所以,同时使用打折工具和满立减工具时,一定要好好计算利润。

(4) 如果买家购买多个商品,必须使用购物车合并下单,才能享受优惠。满立减的规则是按照订单来实现的,例如,今天买家 A 在店铺下了 3 个订单,3 个订单加起来满足了满立减规则,但是系统不会自动减价,因为必须是同一个订单,必须在卖家店铺、详细描述中有明显的活动提醒。

3. 店铺优惠券

店铺优惠券是由卖家自主设置优惠金额和使用条件,买家领取后在有效期内可使用的优惠券。优惠券不仅仅是给买家一个折扣,还可以促进单次消费,让买家先领券再下单,这是非常直接的一种刺激消费的方式。对于新买家下单就是一剂强心针,帮助其下决心购买。优惠券还可以巩固老买家的黏度,维护老买家对于店铺是非常重要的,将店铺优惠券信息发给老买家,作为奖励和回馈,提高顾客的回头购买率。同一时间段可设置多个店铺优惠券活动,满足不同购买力买家的需求,从而获得更多订单。

店铺优惠券可以为店铺引流,得到优惠券的买家,会形成"不用就亏了"的心理暗示,因此会在店铺中寻找合适的商品,大大增加了店铺中商品的曝光和浏览,买家下单的概率会比平时更高,如图 6-28 所示。

4. 全店铺打折

全店铺打折是可根据商品分组对全店商品批量设置不同折扣的打折工具,帮助买家批量设置折扣,可以快速提升销量,积累客户。可以利用营销分组根据不同分组的利润率设置不同的折扣力度,折扣在 10%以上的商品更易出单。

(1) 全店铺打折活动开始前 24 小时至活动结束阶段,所有商品将无法修改只能下架。全店铺打折活动持续时间不宜过长,一般 7 天之内结束较为合适。

(2) 所有营销活动的开始时间和结束时间都必须在同一个月内,但是可以提前创建下个月的活动。由于很多卖家都不会提前创建下个月的活动,导致每月月初的活动商品是最少的,但是买家需求依然很旺盛,所以提前设置下个月月初活动,可以帮助店铺获得更多订单。

(3) 每个卖家店铺里的商品根据类目(或分组)的不同,利润率也不相同,如果使用同一折扣反而会顾此失彼,影响购买率,所以根据自己的利润率设置不同的折扣更容易获得订单,如图 6-29 所示。

5. 合理使用营销工具

在商铺内搞活动,折扣只是一种手段,更重要的是通过折扣这种手段吸引更多的买家,达到最终全店铺盈利的目标。目前速卖通后台提供四种打折营销工具,应该怎样设置

限时限量折扣 全店铺打折 全店铺满立减 店铺优惠券

领取型优惠券活动：活动开始后，您设置的优惠券信息会在店铺内、商品详情页、买家购物车等地方展示，买家可通过"领取按钮"领取优惠券。
以月为单位，每月活动总数量 5个当本月活动数量用完后才可创建次月开始的活动，12月剩余活动 5 个，01月剩余活动 5 个。

定向发放型优惠券活动：活动开始后，您需要添加相应的用户到发放列表中给用户发放，只有您添加的用户才能收到优惠券。
以月为单位，每月活动总数量 20 个，12月剩余活动 20 个。

活动基本信息

* 活动名称：活动名称最大字符数为32
最多输入 32 个字符，买家不可见
* 活动开始时间： 00:00
* 活动结束时间： 23:59
活动时间为美国太平洋时间

优惠券领取规则设置

设置优惠券的面额

领取条件：买家可通过领取按钮领取Coupon
* 面额：US$
每人限领：1
* 发放总数量：

优惠券使用规则设置

设置优惠券的使用条件
新店建议勾选不限

使用条件：不限
订单金额满 US $

图 6-28 设置店铺优惠券

限时限量折扣 全店铺打折 全店铺满立减 店铺优惠券

当月可创建活动总数量: 20 个; 总时长: 720 小时; 10月起活动效果将影响隔月活动时长和数量
12 月剩余量: 活动数: 20 个; 时长: 720 小时
01 月预计剩余量: 活动数: 20 个; 时长: 720 小时

活动基本信息

* 活动名称：
最多输入 32 个字符，买家不可见
* 活动开始时间： 00:00
* 活动结束时间： 23:59 可跨月设置
活动时间为美国太平洋时间

设置营销分组，灵活设置折扣

活动商品及促销规则（活动进行期间，所有活动中商品均不能退出活动且不能被编辑，但可以下架）

活动店铺：全店铺商品（优惠店铺：4Motion Shoes Mall Ltd.）
折扣设置：

组名	促销折扣
Other ?	% OFF

阅读并同意 活动规则

提交

图 6-29 设置全店铺打折

更合理呢？每个工具都有各自的优势，在开始设置活动之前，最好先对各种工具进行比较，就能根据实际需要，进行不同活动的合理搭配，如表 6-5 所示。

表 6-5 各种营销工具对比表

营销工具	工具作用	使用场合	活动搭配
限时限量折扣	新品推荐，季末清仓，打造爆款	① 在新品上市时，做新品的活动推荐，并且为新品打造爆款做准备 ② 对于需要清仓的商品，可以低折扣吸引更多流量，快速出货	全店铺满立减或者全店铺打折，选其中一个即可
全店铺打折	季末清仓，提升店铺曝光率	① 在店铺有大量商品需要清仓时，可以设置整组清仓商品打折扣，配合新品部分让利 ② 提升店铺曝光率，增加更多出单机会	① 搭配全平台大促销或者网站其他促销活动 ② 搭配限时限量折扣活动
全店铺满立减	提升客单价，提升店铺交易金额	① 长期使用，提升单个买家自店铺的购买金额 ② 在有商品参加促销活动时，让活动引入流量更大化	① 搭配限时限量折扣活动 ② 多用关联商品推荐
店铺优惠券	刺激顾客下单和老顾客回头购买	长期使用，时间设置为 7～25 天较合适	搭配限时限量折扣

二、管理直通车

速卖通直通车是阿里巴巴全球速卖通平台会员通过自主设置多维度关键词，免费展示商品信息，通过大量曝光商品来吸引潜在买家，并按照点击付费的全新网络推广方式。速卖通直通车是一种快速提升店铺流量的营销工具。直通车的营销优势主要有三个方面：关键词海量选择、多维度曝光商品和全面覆盖潜在买家。

1. 打造爆款的目的

很多人会发现，有某款商品，或许并没有做什么推广，但是当它卖出几件之后，后面的成交就变得越来越多，越来越容易。成交量越大的商品，后面的销售情况就会越好，这就是爆款的雏形。出现这种情况的原因，就是消费者的从众心理，也是我们俗话说的“随大流”。因为在网购的环境下，商品的展示只是给消费者一种视觉或者听觉上的展示，并不像传统的买卖活动那样，可以接触到实物，然后判断其好坏。爆款会带来以下好处。

(1) 迎合平台搜索规则，销量越高，按销量排行可增加更多访客数。

(2) 让优质的产品更优，产品的数据都好起来后，能大幅提高产品的自然排名。

(3) 带动全店铺其他商品的销量。

(4) 利润产品成为爆款后，销量大幅提高，可以使利润最大化。

2. 选择预爆款

选择信息齐全的商品。标题专业，包含商品属性、销售方式等关键词；属性完整，图片丰富，至少有 5 张及以上细节描述图；描述详尽，包含商品功能属性、商品细节图片、支付、物流、售后服务等相关内容；设置 4 个及以上价格区间；货物充足或者备货时间不超过 3 天；尽可能免运费，或者提供多种运费选择模式。

选择店铺转换率高的商品。挑选主推品时，一定要查看商品的转换率，速卖通比较适合重量轻、价值高的商品，但是价格太高的商品成交的转化率相对会减少，对于爆款打造不是很有利，所以前期最好选择重量轻、价值低的商品，转换率也会相对高些，对爆款打造成功是有帮助的。所以，尽量选择货源充足，成本低，运费便宜，容易打包，不易受损的商品作为爆款。

从买家需求出发。从后台寻找有潜力商品，查看目前行业中的一些飙升词以及高流量词，来判断目前平台上什么商品会比较热卖，可以参考数据纵横中的数据，从买家采购需求分析找到行业中采购需求较大、订单转化率高的商品做突破口；除了后台的判断，也可以从前台的 Best Selling 和 HOT & NEW 里面查找。

3. 利用直通车推广预爆款

精选 3～5 款商品，制订重点推广计划，或者快捷推广计划，让数据来决定第二期的爆品选定。两种计划如下。

(1) 建立 3 个单品重点推广计划，全量添加上系统能匹配的关键词，分时段激活推广计划，每个计划运行三天，记录下当时的曝光点击等一切数据，方便以后爆品的选择，如图 6-30 所示。

图 6-30　爆款推广计划设定页面

(2) 挑选的 5 款单品，放在同一个推广计划里，匹配上所有能匹配的关键词。然后分时段激活其中的一款，让所有的词都集中曝光这款商品，三天后换另一款商品激活和推广，记下每个节点的数据。同等资源的情况下，看哪款单品获得的曝光、点击最多，这款就可以作为下一周期推广的爆品，如图 6-31 所示。

4. 调整推广计划

推广一段时间后，我们要对推广效果进行实时监控，并根据监控的效果对预算、关键词进行一定的调整，以保证直通车效果最大化。比如做好关联销售的优化，每周对关联商品进行调整可以提高整个店铺的转化率。

快捷推广 —— 爆款1

曝光量	点击量	点击率	花费	平均点击花费
4962	16	0.32%	8.36	0.52

计划每日消耗上限：¥20 设置　商品推荐投放：¥0.40 设置

关键词　商品

添加商品　快捷推广计划如何选品　列表项设置

已选 0 个　启动　暂停　移除　输入商品名称　搜索

状态	商品	关键词数	曝光量	点击量	花费	操作
‖	High Quality Genuine Leather 2014 Travel Outdoor Couple Hiking Shoes Hiking Boots Men And Women Winter Waterproof Climbing Shoes	167	0	0	¥0	移动到
‖	High Quality Hot Sale New Design Genuine Leather Men & Women Rax Men Slip Hiking Shoes Lovers Outdoor Climbing Boots	74	0	0	¥0	移动到
●	New 2104 Free Shipping Men's Rax Hiking Shoes Breathable Athletic Genuine Leather Climbing Trekking Waterproof Outdoor Men Shoes	120	3	0	¥0	移动到
●	Rax Man Hiking Shoes Antiskid Breathable Casual Walking Sports Shoes Men Brand Outdoor hiking shoes vibram Free Shipping	41	33	0	¥0	移动到
●	Hiking Shoes Men Outdoor Mountain Climbing Waterproof Shoes 2014 New Zapatos Mens rubber fishing boots Hiking Outdoor Boots	147	30	0	¥0	移动到

图 6-31　直通车快捷推广计划

小知识：推广计划分为重点推广计划和快捷推广计划两种。重点推广计划：重点推广适用于重点商品的推广管理。卖家最多可以建 10 个重点计划，每个重点计划最多包含 100 个单元。每个单元内可以选择 1 个商品。建议优先选择市场热销或自身有销量、有价格优势的商品来进行推广(比如参考商品分析中的成交转化率、购物车、搜索点击率等数据)。独有创意推广等功能，可帮助卖家更好地打造爆款。快捷推广计划：快捷推广适用于普通商品的批量推广。卖家最多可以建 30 个快捷推广计划，每个计划最多容纳 100 个商品、20000 个关键词。快捷推广中的批量选词、出价等功能帮助卖家更加快速地建立自己的计划，捕捉更多流量。

三、SNS 营销

SNS(Social Networking Services，社会性网络服务)专指旨在帮助人们建立社会性网络的互联网应用服务。SNS 营销是随着网络社区化而兴起的营销方式。在情感表达方面比其他的营销手段更加丰富多彩，是一种更容易增加亲密度的工具。

目前，速卖通每天海外买家的访问量已经超过 5000 万次，相关交易已经覆盖 220 多个国家和地区。其中，俄罗斯、印度、巴西、东欧等新兴国家和地区交易增长速度显著。活跃在速卖通的买家很大一部分都是来自俄罗斯以及俄罗斯周边独联体国家，还有东欧等国。这些买家主要使用 VK 这个社交平台。VK(原 VKontakte)是欧洲最大的社交网站，Alexa 的全球排名第 20 位，仅次于搜索引擎 Yandex 的俄罗斯第二大网站。

全球速卖通在产品详情页面增加了“分享到国际主流社会化网站”的按钮，同时被分享的次数将在页面展示并影响到产品在速卖通的搜索排序。同样我们创建的店铺营销活动也可以分享到 VK 社交平台，操作见图 6-32。

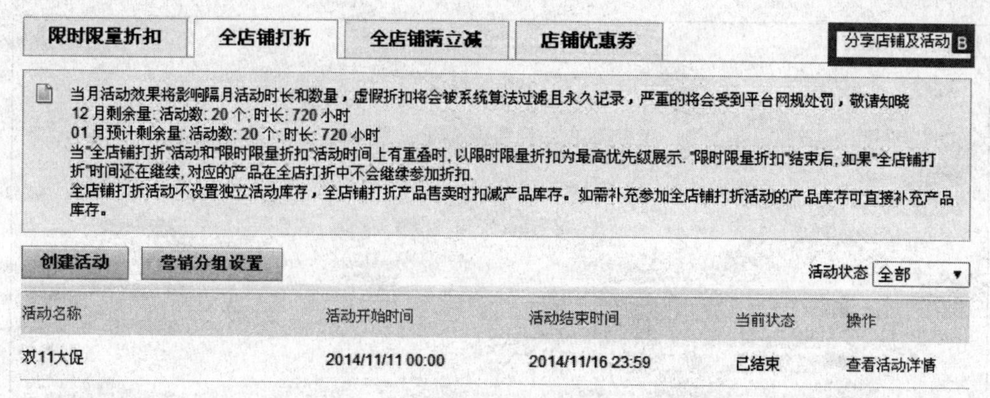
限时限量折扣
全店铺打折
全店铺满立减
店铺优惠券
分享店铺及活动
当月活动效果将影响隔月活动时长和数量，虚假折扣将会被系统算法过滤且永久记录，严重的将会受到平台网规处罚，敬请知晓
12 月剩余量: 活动数: 20 个; 时长: 720 小时
01 月预计剩余量: 活动数: 20 个; 时长: 720 小时
当"全店铺打折"活动和"限时限量折扣"活动时间上有重叠时, 以限时限量折扣为最高优先级展示. "限时限量折扣"结束后, 如果"全店铺打折"时间还在继续, 对应的产品在全店打折中不会继续参加折扣.
全店铺打折活动不设置独立活动库存，全店铺打折产品售卖时扣减产品库存。如需补充参加全店铺打折活动的产品库存可直接补充产品库存。
创建活动
营销分组设置
活动状态 全部
活动名称
活动开始时间
活动结束时间
当前状态
操作
双11大促
2014/11/11 00:00
2014/11/16 23:59
已结束
查看活动详情

图 6-32　将店铺营销活动分享到社交平台

拓展练习

12 月 25 日圣诞节是西方等国家最为重要的节日之一，小钟想借此机会做一次店铺促销活动，以增加销售，请你为他制订一份店铺营销计划。

任务六　交易管理

案例导入

怎样快速获得订单

在设置一系列的店铺营销活动，并尝试开通直通车进行推广后，小钟的店铺陆续得到一些订单，也有很多顾客下单后并没有付款，还有一些顾客在订单后面留了言。又有一些新的问题摆在小钟面前，这些订单信息要如何导出进行发货？那些未付款的订单要如何回复使顾客尽快买单？在顾客收到商品后，要如何引导顾客给予五星好评呢？

问题与思考：

(1) 通过学习帮助小钟解决他遇到的问题。

(2) 顾客下单后，店铺的资金在哪里查看？又如何取现用于周转呢？

知识探究

收到订单后我们要及时导出订单信息，以便备货、打包发货。由于是跨境电商，货物出境需要经过海关的检查，因此我们还需要根据订单信息制作报关单。由于国际物流时间周期长，发出货物后，要做好物流跟踪，及时与买家进行沟通；对未付款订单，要积极和顾客进行联系，了解并协助顾客尽快付款；对订单后面的留言，要第一时间回复留言，及时回复订单留言是提高交易转化率较为重要的方法；在买家收到货物后，要引导买家对店铺进行积极评价，以提高店铺的信誉和好评度。

一、管理订单

在速卖通后台“交易”→“管理订单”栏目可以看到店铺不同状态的订单。订单主要分为“等待卖家操作的订单”和“等待买家操作的订单”两大类。“等待您发货”状态下的订单，我们要及时备货，同时导出物流信息进行发货，发货后要及时将物流单号填写至速卖通上。具体操作如下。

(1) 后台查看“等待您发货”的订单信息，如图 6-33 所示。

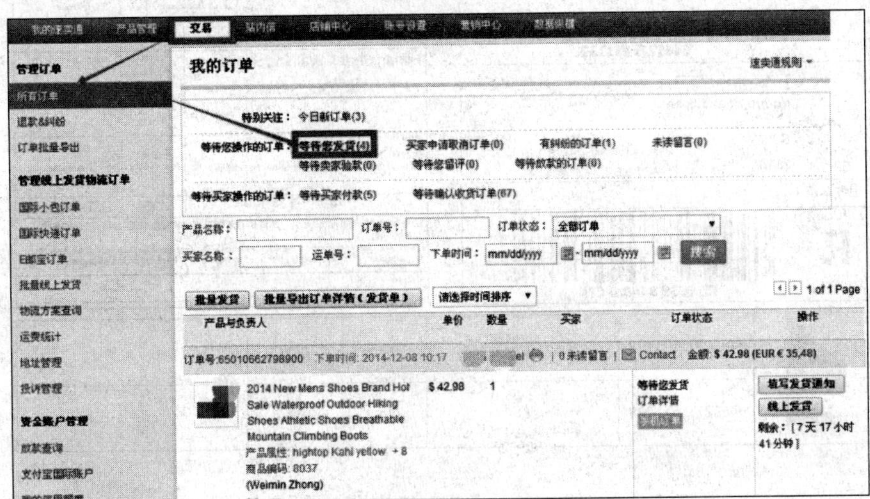

图 6-33　管理等待发货的订单

(2) 填写发货通知，如图 6-34 所示。

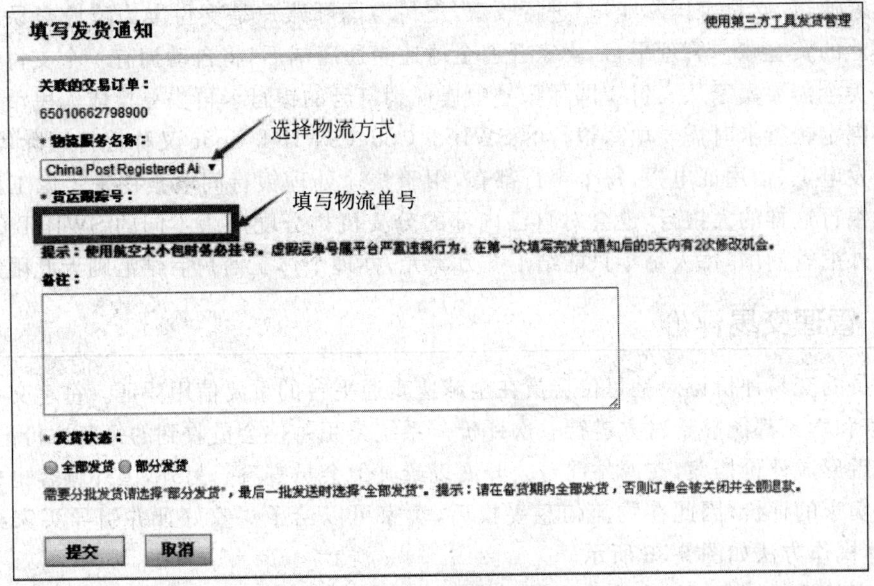

图 6-34　填写发货通知

（3）导出物流信息，并制作物流单和报关单，如果订单数量非常多，建议使用第三方工具进行管理，这样可以大大地提高效率，图 6-35 是用全球交易助手导出的中国邮政小包一体化报关单。

中国邮政 CHINA POST　航空 Small Packet BY AIR　ES 西班牙

协议客户：

FROM :

64637712511198

TO: Da[illegible] L[illegible]ez Lopez
Av. Pablo N[illegible]la [illegible] 3C
Madrid,Madrid,Spain

ZIP : 28018　TEL:34-[illegible]2616　MOBILE:6[illegible]24

退件单位：

R　RL 0539 3449 0 CN

中国邮政 CHINA POST　报关签条 CUSTOMS DECLARATION　邮2113 CN22

可以径行开拆　May be opened officially

邮件种类 Category of item (在适当的文字前划"×")	×	礼品 Gift		商品货样 Commercial Sample
		文件 Documents		其他 Other

内件详细名称和数量 Quantity and detailed description of contents	重量(千克) Weight(kg)	价值 Value
Hiking Shoes Walking Shoes	[illegible]3	USD$115.52
协调系统税则号列和货物原产国（只对商品邮件填写） HS tariff number and country of origin of goods(For commercial items only)	总重量 Total weight	总价值 Total value
	[illegible]	USD$115.52

我保证上述申报准确无误，本函件内未装寄法律或邮政和海关规章禁止寄递的任何危险物品
I,the undersigned, certify that the particulars given in this declaration are correct and this item does not contain any dangerous articles prohibited by legislation or by postal or customs regulations.

寄件人签字 (Sender's signature):

	64637712511198	Color:Khaki Shoe US Size:9	67.3	1piece	
	64637712511198	SKU:fm88s01 Color:Blue Shoe US Size:8.5	48.22	1piece	

图 6-35　中邮一体化报关单

二、管理资金账户

卖家通过"支付宝国际账户"进行收款，支付宝国际账户是支付宝为跨境交易的国内卖家建立的资金账户管理平台，卖家开通全球速卖通店铺后，将自动拥有一个支付宝国际账户。美金需要卖家从支付宝国际账号中提现到自己的银行卡再去兑换成人民币。国际支付宝绑定银行卡时需要填写银行的 SWIFT Code(SWIFT Code 又称银行国际代码，一般用于发电汇、信用证电报，每个银行都有，用于快速处理银行间电报往来。像工商银行和建设银行这样的大银行，也会对自己内部的分支机构分配后缀不同的 SWIFT Code)。我国是外汇管制国，每人每年只能结汇 5 万美元，办理个体工商户后结汇则无此限制。

三、管理交易评价

会员的交易评价记录是每位会员在全球速卖通平台的重要信用凭证。每笔交易成功后，买家和卖家都能够给对方进行一次评价。系统累积每位会员收到的每条评价记录，经过统计后形成评价档案，在网站前台公开展现给其他会员查看。另外，国外顾客也非常希望得到卖家的评价，因此在物流信息妥投后，卖家可以给予买家好评并引导买家给其好评，具体操作方法如图 6-36 所示。

卖家的评价档案可以在卖家店铺的 feedback 页面查看，如图 6-37 所示。

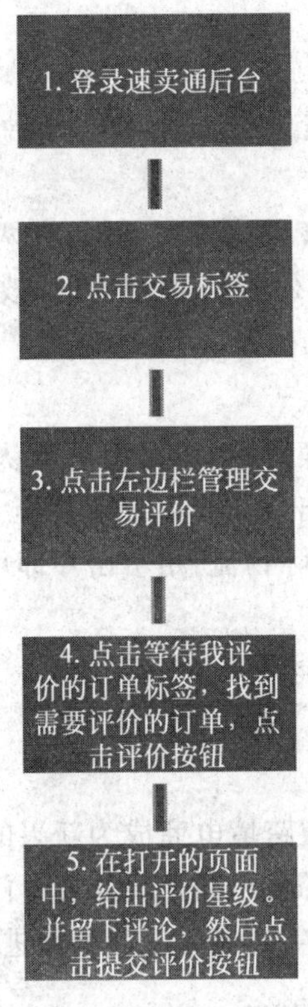

图 6-36 交易评价

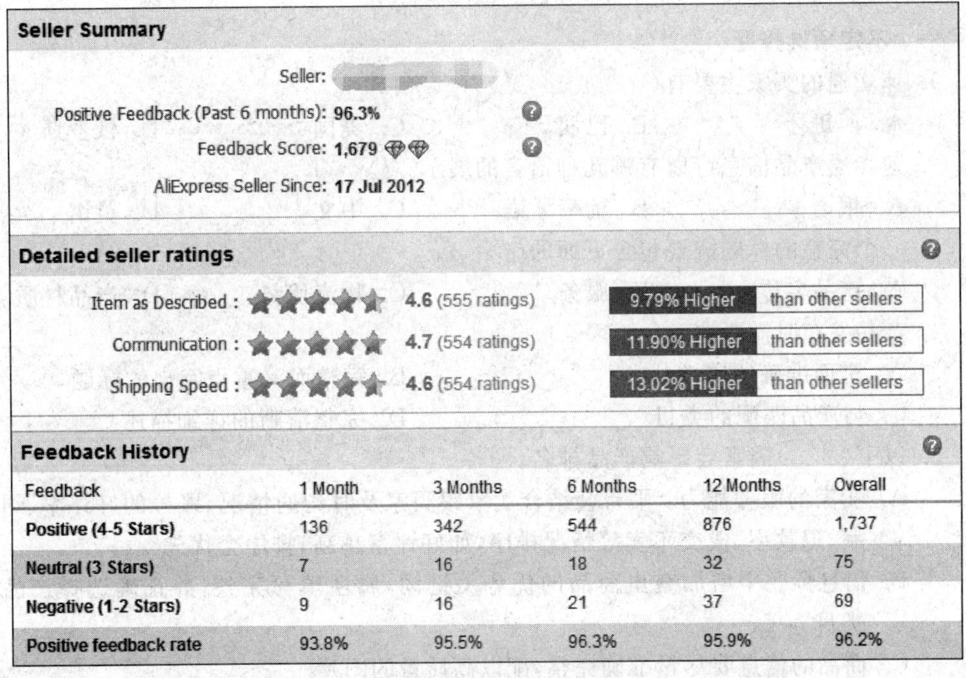

Seller Summary

Seller:

Positive Feedback (Past 6 months): **96.3%**

Feedback Score: **1,679**

AliExpress Seller Since: **17 Jul 2012**

Detailed seller ratings

Item as Described :	**4.6** (555 ratings)	9.79% Higher than other sellers
Communication :	**4.7** (554 ratings)	11.90% Higher than other sellers
Shipping Speed :	**4.6** (554 ratings)	13.02% Higher than other sellers

Feedback History

Feedback	1 Month	3 Months	6 Months	12 Months	Overall
Positive (4-5 Stars)	136	342	544	876	1,737
Neutral (3 Stars)	7	16	18	32	75
Negative (1-2 Stars)	9	16	21	37	69
Positive feedback rate	93.8%	95.5%	96.3%	95.9%	96.2%

图 6-37 卖家信用评价

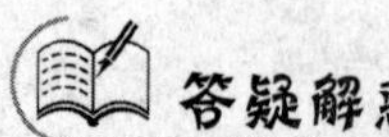

拓展练习

(1) 小钟发现店中有一定数量未付款的订单，小钟应如何有效地与顾客沟通，促使顾客尽快付款？

(2) 小钟店中有一款商品销售量比较大，但是有两三个顾客给予了该商品中评甚至差评，差评会对小钟的店铺造成什么影响？他应如何改善？

答疑解惑

我国商品在国际上以物美价廉著称，而人们通常认为跨境销售只有大型外贸企业才能完成。第三方跨境零售平台的出现让中小企业甚至个人从事外贸零售变得简单快捷，顾客下单后，跨境零售商家通过国际物流，足不出户即可将众多中国制造的商品送到全球各国消费者手中。

项目小结

速卖通天下，跨境新蓝海，外贸跨境电商成为新兴的蓝海市场。由于中外消费行为的差异，跨境电商看似困难实则入门简单，甚至不需要专门的售中客服，通过专业的学习，借助辅助工具如谷歌翻译等，在校学生们也可以顺利地进行跨境零售业务。

实训练习

一、不定项选择题

1. 速卖通的买家主要有(　　)。

A. 西班牙　　B. 巴西　　C. 美国　　D. 俄罗斯

2. 速卖通产品信息可以有哪几种语言的展示？(　　)

A. 俄语　　B. 葡萄牙语　　C. 中文　　D. 英语

3. 一个完整的标题需要包含下面的(　　)。

A. 产品名称　　B. 服务　　C. 物流优势　　D. 产品材质

4. 产品发布时需要注意(　　)。

A. 全面准确的属性　　B. 完整而又重点突出的标题

C. 与产品匹配的类目　　D. 完整清晰的详细描述

5. 以下(　　)因素会影响产品排名。

A. 卖家的服务能力：平台会结合卖家跟买家及时沟通情况、账号的好评率、纠纷率、退款率、成交不卖等情况排序，如好评率越高，排序会优先

B. 信息标题中增加突出商品的优势关键词，属性填写完整，并正确选择产品的类目

C. 商品的信息要尽量准确完整，配以高质量的图片

D. 商品的交易转化能力：买家下单后要及时发货，避免成交不卖

6. 如何优化产品信息才能获得更大的曝光机会？（　　）

A. 标题中切记避免关键词堆砌，比如："mp3，mp3 player，music mp3 player"这样的标题关键词堆砌不能帮我们提升排名，反而会被搜索降权处罚

B. 商品属性填写完整、准确，详细描述真实准确，有助于买家通过关键词搜索、属性的筛选快速地定位到我们的商品

C. 商品发布类目的选择一定要准确，正确的类目选择有助于买家通过类目浏览或者类目筛选快速定位到我们的商品，错误的类目选择会影响曝光机会并且可能受到平台的处罚

D. 标题的描写是重中之重，要真实准确地概括描述我们的商品，符合海外买家的语法习惯，没有错别字及语法错误，不要千篇一律，买家也有审美疲劳

7. 限时限量活动可以实现以下的（　　）促销目的。

A. 推新款　　B. 清库存　　C. 打造爆款　　D. 打造活动款

8. 设置店铺优惠券有以下（　　）好处。

A. 提升店铺购买率　　B. 刺激买家下单，提升客单价

C. 巩固老买家黏度　　D. 商品详情页面标识吸引买家

二、实践活动

以小组为单位建立模拟公司或小型创业团队，收集市场信息，制订速卖通店铺运营计划，并根据实际运营情况进行调整，将运营思路和成果进行展示，相互交流。

店铺名称	
主营产品	
人员及分工	
运营情况	
自我评价	
小组评价	
教师评价	

参考文献

[1] 陈文汉. 零售学[M]. 北京：北京大学出版社，中国农业大学出版社，2009.

[2] 任锡源. 零售管理[M]. 北京：首都经济贸易大学出版社，2007.

[3] 陈德人. 网络零售[M]. 北京：清华大学出版社，2011.

[4] 查尔斯丹尼斯，蒂诺·费内奇，比尔·梅里斯. 网上零售理论与实务[M]. 姚歆，赵敏，译. 北京：中国物资出版社，2008.

[5] 黄洁玲. 电子商务概论[M]. 广州：世界图书出版广东有限公司，2013.

[6] 邓妤彦. 网上运营实务[M]. 广州：世界图书出版广东有限公司，2013.

[7] 星光科技. 无师自通——淘宝网开店与淘金[M]. 北京：人民邮电出版社，2009.